Markus Kieselhorst

Zum Verhältnis von Subjekt und Organisation

Markus Kieselhorst

Zum Verhältnis von Subjekt und Organisation

Eine empirische Studie zu
Qualitätsentwicklungsprozessen
in Kindertagesstätten

VS VERLAG

Bibliografische Information der Deutschen Nationalbibliothek
Die Deutsche Nationalbibliothek verzeichnet diese Publikation in der
Deutschen Nationalbibliografie; detaillierte bibliografische Daten sind im Internet über
<http://dnb.d-nb.de> abrufbar.

Zugl. Dissertation an der Gottfried Wilhelm Leibniz Universität Hannover, 2009

1. Auflage 2010

Alle Rechte vorbehalten
© VS Verlag für Sozialwissenschaften | Springer Fachmedien Wiesbaden GmbH 2010

Lektorat: Dorothee Koch / Tanja Köhler

VS Verlag für Sozialwissenschaften ist eine Marke von Springer Fachmedien.
Springer Fachmedien ist Teil der Fachverlagsgruppe Springer Science+Business Media.
www.vs-verlag.de

Umschlaggestaltung: KünkelLopka Medienentwicklung, Heidelberg
Druck und buchbinderische Verarbeitung: STRAUSS GMBH, Mörlenbach
Gedruckt auf säurefreiem und chlorfrei gebleichtem Papier

ISBN 978-3-531-17402-0

Danksagung

Bei der Erstellung dieses Buches und der Durchführung des empirischen Forschungsprojektes wurde ich von Menschen unterstützt, die ich an dieser Stelle besonders erwähnen möchte.

Mein ausdrücklicher Dank und tiefer Respekt für die geleistete Arbeit gilt dem Träger der beteiligten Kindertagesstätten und in besonderer Weise den Erzieherinnen und Erziehern, die durch ihre Bereitschaft zur Mitarbeit und Offenheit in Gruppendiskussionen und Einzelinterviews entscheidend am Zustandekommen dieser Arbeit mitwirkten.

Ein großer Dank geht an meine Doktormutter Karin Dollhausen, deren anregende und kritische Betreuung meiner Arbeit ein wirklicher Glücksfall für mich war. Bedanken möchte ich mich auch bei meinem Zweitgutachter Dietmar Gensicke, dessen ermunternder Zuspruch mir vor allem die letzte Zeit der Promotion erleichterte.

Mehr als aus den Zitaten deutlich werden kann, war die Zusammenarbeit mit Stefan Brée eine entscheidende Inspiration für das Gelingen dieser Arbeit. Durch zahlreiche Diskussionen, Gespräche und sein Vorbild hat er mich auf dem Weg in das spannende Feld der Kindertagesstätten begleitet. Ohne seine Kooperation und die Einbindung in das Projekt hätte ich keine Gelegenheit gehabt, meine Forschungsarbeit durchzuführen.

Herzlich danken möchte ich meiner Ehefrau Silke Kieselhorst für ihr geduldiges Zuhören und ihren wissenschaftlichen Beirat. Sie hat mich in Zeiten des Zweifels ermutigt und meine Konzentration auf das Thema und die Fertigstellung dieser Arbeit akzeptiert und unterstützt.

Mein besonderer Dank für ihre vielfältige Unterstützung gilt meinen Eltern. Dieses Buch ist ihnen gewidmet.

Inhalt

Verzeichnis der Abbildungen und Tabellen

Abbildungen:

Tabellen:

1 Einleitung

„Ohne schöpferische, selbständig denkende und urteilende Persönlichkeiten ist eine Höher-Entwicklung der Gesellschaft ebenso wenig denkbar wie die der einzelnen Persönlichkeit ohne den Nährboden der Gemeinschaft"
(Einstein 2000, S. 221).

Die vorliegende Studie ist eine Untersuchung zum Verhältnis von Subjekt und Organisation. Das Thema dieser Dissertation ist damit in einem bewegten und wissenschaftlich vielschichtig reflektierten Bereich angesiedelt.

Zum einen berührt es die in der philosophisch-soziologischen Tradition zentrale Fragestellung nach dem Verhältnis von Gesellschaft und Individuum: Wie beeinflussen sich Individuen und Gesellschaft? Welche Handlungen lassen sich bei Individuen aufgrund der sie umgebenden sozialen Verhältnisse beobachten und welche Gesellschaft entsteht aufgrund der aufeinander bezogenen Handlungen diverser Individuen? Die Sozialwissenschaften und auch andere Disziplinen haben versucht, mit Theorien zur Sozialisation, Zivilisation, Individualisierung, gesellschaftlicher Differenzierung u. a. Antworten darauf zu geben. Zum anderen wird dieser Fragestellung in der Organisationsforschung mit der speziellen Unterscheidung von Individuum und Organisation ein großes Maß an Aufmerksamkeit zuteil. Ein unüberschaubarer Bestand von organisationswissenschaftlichen Veröffentlichungen und „Management-Literatur" behandelt diese Thematik. Auch aus einer allgemeinen Perspektive ist das Verhältnis von Subjekt und Organisation zentral, denn in der heutigen „Organisationsgesellschaft" (Jäger/Schimank 2005) verbringen viele Menschen faktisch einen Großteil ihrer Zeit in Organisationen (vgl. March/Simon 1993, S. 21).

Das weit gefasste Thema dieser Dissertation erfährt durch die Einbindung in das Projekt „Wissenschaftlich begleitete Evaluation und Beratung zur Einführung des Lernerorientierten Qualitätsmodells (LQK) in Kindertagesstätten" eine Konkretisierung. Eine ausführliche Beschreibung des Projektes findet sich in Kapitel 5.1. Als wissenschaftlicher Begleiter, aber auch als Trainer und Berater, war ich an diesem zweijährigen Projekt von September 2006 bis September 2008 beteiligt. Mit dem Ziel der Qualitätsentwicklung wurde die Durchführung von Weiterbildungen mit der Einführung eines Organisationsentwicklungssystems verbunden und mit besonderer Aufmerksamkeit für die Integration von Organisations- und Personalentwicklung durchgeführt. Die Zielsetzung dieser Dissertation war es, den Verlauf der Qualitätsentwicklung der Kindertagesstätten zu beobachten und im Hinblick auf die Fragestellung nach dem Verhältnis von Organisation und Subjekt zu bearbeiten. Gerade für die derzeit verstärkt geführte Diskussion um professionelles Handeln und Qualität in Kindertagesstätten ist die Fragestellung aktuell. Denn auf dem Gebiet der wissenschaftlichen Erforschung von Professionalisierungsprozessen in Kindertagesstätten liegen kaum aktuelle Ergebnisse vor (vgl. exemplarisch: Cloos 2001; Dippelhofer-Stiem 2003; 2006). In welche strukturellen Bedingungen die Professionalisierung von Erzieherinnen und Erziehern eingebunden ist, ist daher noch weitestgehend unklar. Auch die Bedingungen zur Umsetzung von Reformen und neuen pädagogischen Konzepten werden selten thematisiert (vgl. Müller 2003, S. 302). Vorliegende Forschungen zeigen jedoch, „dass es nicht die eine 'Stellschraube' gibt, um pädagogische Qualität zu verbessern, bzw. zu steuern, vielmehr muss sich das Augenmerk in einem komplexen System auf die verschiedenen als bedeutsam erkannten Bedingungen gleichzeitig richten" (BMFSFJ 2005 b, S. 349, kursiv im Original). In diesem Sinne versteht sich die hier vorliegende Arbeit auch als Beitrag dazu, die Bedeutung des Verhältnisses von Organisation und Subjekt für den Kontext Kindertagesstätte zu erschließen.

Um die oben dargelegte Themenstellung zu präzisieren, wird im Folgenden bereits der grundlegende theoretische Referenzrahmen kurz skizziert. Denn die Frage nach einem Verhältnis zwischen Organisationslernen und Subjektlernen impliziert u. a. die systemtheoretische Prämisse einer operativen Geschlossenheit organisierter und psychischer Systeme. Beide Seiten werden hier als voneinander getrennt, aber miteinander in einem Verhältnis stehend betrachtet. Das Verhältnis von Subjekt und Organisation wird durch den hier zugrunde gelegten systemtheoretischen Hintergrund in besonderer Weise problematisiert. Organisationsstrukturen haben zwar einen Einfluss auf die Einstellung, Denkmuster und das Verhalten von in ihr arbeitenden Menschen und diese beeinflussen ihrerseits wiederum die Organisation. Jedoch lassen sich soziale Tatsachen hierbei nicht in reduktionistischer Weise durch die psychischen Vorgänge der beteiligten Personen erklären und Gesellschaft determiniert nicht die gedanklichen Operationen psychischer Systeme. Das Verhältnis von organisiertem und psychischem System wird in dieser Arbeit als das einer „Strukturellen Kopplung" verstanden (vgl.: Kapitel 4.3). Auf der einen Seite lässt sich das operativ geschlossene System „Organisation" beobachten, mit Subjekten als relevante Umwelt und auf der anderen Seite ein handelndes Subjekt, das unter den Bedingungen seiner Kopplung an ein Organisationssystem Handlungserweiterung anstrebt. Somit ist mit struktureller Kopplung ein Verhältnis bezeichnet, bei dem Organisationsstrukturen und subjektives Handeln füreinander relevante Umwelten darstellen und sich wechselseitig irritieren. Durch organisierte Kommunikationsstrukturen werden Personen objektive Handlungsräume zugewiesen. Das Verhalten jedes einzelnen Subjektes ist unter eben diesen Bedingungen sinnhaft und funktional und nur im Rückbezug auf diese Bedingungen zu verstehen. Die jeweilige Ausgestaltung dieser Handlungsräume hat wiederum Auswirkungen auf die Strukturen des Organisationssystems.

Dieses Verhältnis zwischen Organisation und Subjekt stellt das Bezugsproblem meiner Forschung dar und macht das Ineinandergreifen beider Seiten in gelingenden Organisationsentwicklungsprozessen erklärungsbedürftig. Systemtheoretisch gesehen sind Menschen mit ihren psychischen Operationen in der Umwelt eines Organisationssystems verortet. Aber Organisationsentwicklung kann nicht bewusstlos die Organisationskommunikation erreichen: „Alles, was kommuniziert wird, muss durch den Filter des Bewusstseins in der Umwelt des Systems laufen. Kommunikation ist in diesem Sinne total abhängig von Bewusstsein und zugleich komplett ausschließend. Bewusstsein ist selbst nie eine Kommunikation" (Luhmann 2002, S. 272). Senge formuliert Luhmanns Aussage in etwas anderer Weise und drückt den Sachverhalt mit Bezug auf die Lernende Organisation so aus: „Organisationen lernen nur, wenn die einzelnen Menschen etwas lernen. Das individuelle Lernen ist keine Garantie dafür, dass die Organisation etwas lernt, aber ohne individuelles Lernen gibt es keine Lernende Organisation" (Senge 2001, S. 111). In jedem Fall handelt es sich bei diesem Wechselspiel um einen entscheidenden Faktor in Organisationsentwicklungsprozessen. „Die Umsetzung an der 'Schnittstelle Mensch' ist der schwierigste Teil des Veränderungsmanagements" (Simon 2002, S. 87).

1.1 Zielsetzung(en) der Arbeit

Die hier vorliegende Arbeit verfolgt das Ziel, einen Beitrag dazu zu leisten, den Zusammenhang von Subjekt und Organisation zu spezifizieren und fassbar zu beschreiben. Die Fragestellung nach dem Verhältnis von Subjekt und Organisation, bzw. von Organisationsentwicklung und subjektiver Handlungserweiterung, wurde zugespitzt auf die Frage nach dem Verhältnis zwischen der Organisationsentwicklung im Rahmen des Beratungsprojektes und der Handlungserweiterung im pädagogischen Kontext der beteiligten Erzieherinnen und Erzieher. Im Rahmen dieser Dissertation erfolgt eine Untersuchung anhand konkreter Fälle aus Kindertagesstätten. In diesem Praxisfeld und der wissenschaftlichen Reflexion darüber ist die Aufmerksamkeit für diese Thematik eher schwach ausgeprägt. Zur Zeit werden im Kontext der Frühpädagogik Ansätze für Veränderungen des Feldes durch die scientific community eher in sehr individuumsbezogener Weise diskutiert, wenn vorrangig von biographischen Entwicklungsprozessen, Wahr-nehmungs-, Reflexions- und Handlungsqualität die Rede ist, bzw. von institutio-nalisierter Aus-, Fort- und Weiterbildung (vgl. exemplarisch: Schäfer 2005). Kindertagesstätten als Organisationen werden allenfalls randständig wahrge-nommen und behandelt. Stattdessen „gibt es einen breiten fachlichen und fach-politischen Konsens, dass im Zentrum der Qualitätsentwicklung die Qualifizie-rung der Akteure im Feld steht" (Urban 2005, S. 6). Eine weitere Zielsetzung dieser Arbeit besteht daher im Versuch, dieser einseitigen Thematisierung entge-gen zu arbeiten. Im Folgenden werden die drei Zielsetzungen dieser Arbeit (a, b, c) eingehender beleuchtet.

a) Analyse zum Verhältnis von Subjekt und Organisation

Diese Arbeit nähert sich ihrem Gegenstand anhand einer empirisch-explorativen Untersuchung mit dem Ziel, Hypothesen und Theorien zu entwickeln. Dabei werden gemäß der systemtheoretischen Ausrichtung die Prozesse und die Dyna-mik struktureller Kopplung untersucht, d. h. die gegenseitige Bezugnahme von Organisation und Subjekt. Es stellen sich die Fragen, wie ist das Verhältnis von Subjekt und Organisation strukturiert ist, wie es aufrechterhalten wird und in welcher Weise sich die Art der Kopplung ggf. verändern kann. Die folgende Abbildung stellt den Forschungsgegenstand schematisch dar.

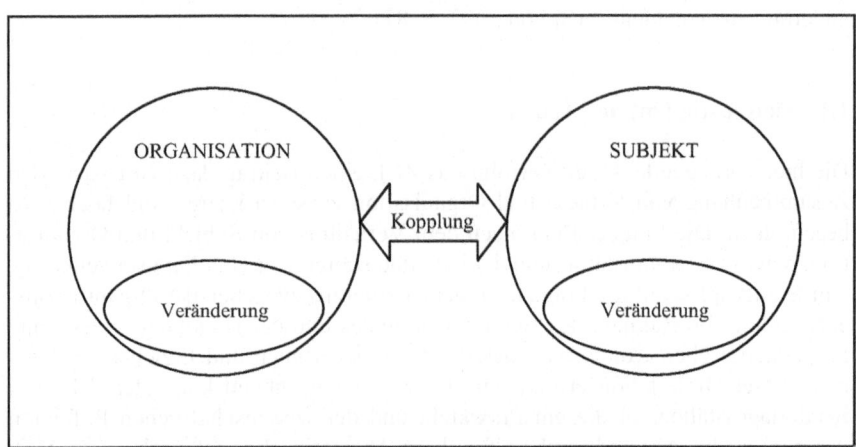

Abbildung 1:   Kopplung operativ geschlossener Systeme

Beim Forschungsvorhaben wird es demnach nicht darum gehen, eine kausale Beziehung zwischen organisationalen und subjektiven Veränderungen herzustellen. Vielmehr wird herausgearbeitet, welcher Art die strukturelle Kopplung ist und welche Veränderungen sich diesbezüglich beobachten lassen. Diese explorative Studie wird dabei in den skizzierten Theorierahmen eingebettet und leitet daraus Aufmerksamkeitspunkte ab. Dann aber wird anhand empirischer Beobachtungen eine gegenstandsbezogene Theoriebildung anstrebt. Ziel ist es demnach, hypothesengenerierend zu arbeiten, anstatt bestehende Theorien zu überprüfen. In dieser Arbeit erfolgt zum einen eine soziologische Ausrichtung der Untersuchung, wobei „das Verhältnis von Individuum und Organisation in der deutschen Soziologie vor allem durch eine 'Unterthematisierung von Organisationen' als relevanten Bezugsgrößen individuellen Handelns gekennzeichnet ist" (Lang 2007, S. 7). Hinzugezogen werden theoretische Versatzstücke einer kritischen Psychologie, um subjektive Prozesse beschreiben zu können. Die Komplexität des Themas ist immens. Im Rahmen dieser Arbeit wurde diesem Umstand mit einer entsprechenden Forschungsmethode begegnet, um die Fragestellung umfassend zu bearbeiten. Mit dieser Arbeit soll der Erkenntnishorizont des hier behandelten Themas ein Stück erweitert und in einen anschaulichen Rahmen behandelt werden. Die Bearbeitung der Fragestellung erfolgt als gegenstandsbezogene Theoriebildung durch Bearbeitung und Reflexion konkreter empirischer Fälle.

b) Umsetzung einer beratenden Forschungsmethode

Diese Studie soll zum einen Erkenntnisse über den eben skizzierten Zusammenhang von Subjekt und Organisation liefern und zum anderen Methoden erproben, die eine Synchronisation von Organisationsentwicklung und subjektiver Handlungserweiterung leisten: Im Forschungsprozess soll das rekursive Zusammenspiel beider Seiten befördert werden. Dieser Ansatz teilt in der theoretischen Reflexion damit nicht den organisationspsychologischen Ansatz der klassischen Organisationsentwicklung, wohl aber ihre pragmatische Vorgehensweise, „Dinge dadurch zu studieren, dass man sie verändert und den Effekt beobachtet" (Festinger 1977, S. 251 f.). Hierzu wurde eine Forschungsmethode entwickelt, die die subjektive Perspektive der Handelnden als kompetente Expertinnen und Experten für die eigene Sache einschließt. Das Schema über die rekursive Wechselwirkung sozialer Struktur und subjektiver Handlung stellt sich sowohl in der graphischen Darstellung als auch in beobachtbaren Prozessen als Kreislauf dar (vgl. Abb. 2).

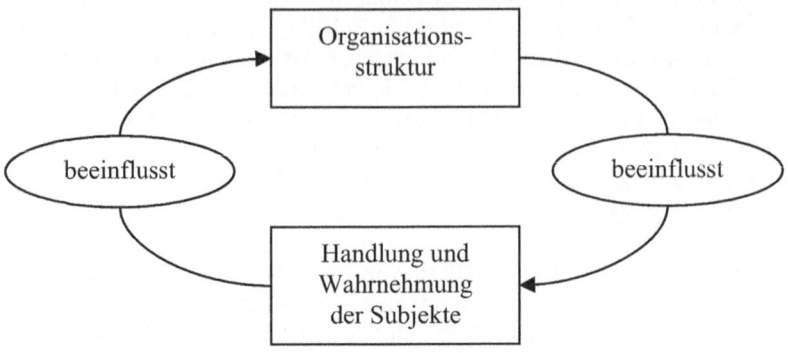

Abbildung 2: Zusammenhang von Organisation und Subjekt

Damit im rekursiven Wechselspiel von Sozialstruktur und Handlung Variationen hervorgerufen werden können, müssen Irritationen erzeugt werden, die Veränderungen von Systemzuständen auslösen. Diese Veränderungen benötigen den Moment der Reflexion, der im Rahmen dieser Forschungsarbeit durch eine beratende Forschungsmethode provoziert wird (Kapitel 5.2). Somit werden Strukturen aufgeweicht und Veränderungen im Regelkreis ermöglicht (vgl. Abb. 3).

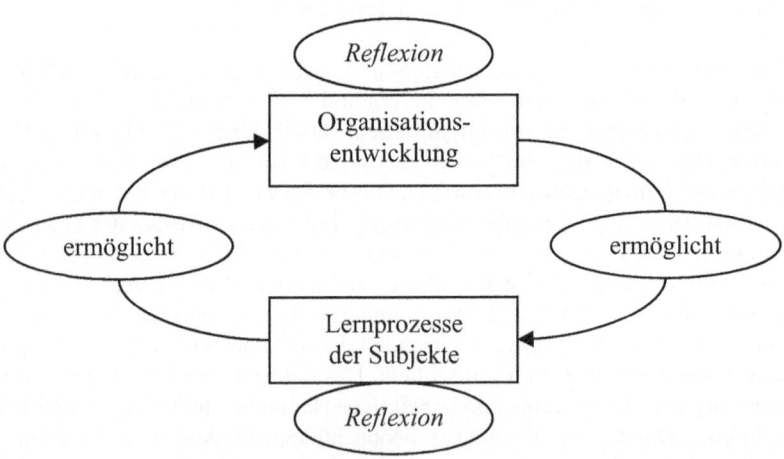

Abbildung 3: Reflexion und Veränderung von Organisation und Subjekt

Die Herangehensweise der zur Bearbeitung entwickelten Forschungsstrategie beinhaltet die Anregung dieser Reflexionen und ist nicht nur in diesem Punkt der Einflussnahme und Manipulation des Gegenstandes von klassischem Forschungshandeln zu unterscheiden. Auch die Unterscheidung von Forschung und Forschungsobjekt wird aufgeweicht. Der Forschungsprozess wird für die Beforschten transparent gemacht und sie werden in diesen involviert. Die Herangehensweise der Forschung verfolgt nicht ausschließlich einen Erkenntnisgewinn, sondern kann als entwicklungsförderliche Didaktik bezeichnet werden. Diese Art der Forschung ist selbst von einer konstruktivistischen Haltung geprägt, bei der es, wie es Kösel für den Fall der Erwachsenenbildung ausdrückt, „nicht mehr möglich ist, in der Koexistenz mit Lernenden Konflikte mit dem Anspruch auf eine eigene Gewissheit auszutragen; die Gewissheit der anderen müssen als genauso legitim anerkannt werden wie die eigenen" (Kösel 1993, S. 206). Der Forschungsprozess wird demnach verstanden als integrierter Beratungsprozess zum Aufbau einer entwicklungsförderlichen Umwelt für Subjekte und Organisationen.

c) Darstellung eines Qualitätsentwicklungsprozesses in Kindertagesstätten

Die dritte Zielsetzung dieser Arbeit besteht in der skizzierenden Darstellung des Qualitätsentwicklungsprozesses der drei beteiligten Kindertagesstätten. Es wird dabei angestrebt, den Aspekt der Organisationsentwicklung für die Professionalisierungsdebatte in der Frühpädagogik fruchtbar zu machen. Neue pädagogische Konzepte können nicht allein auf inhaltlicher Ebene in Weiterbildungen an Erzieherinnen und Erzieher vermittelt werden, sondern bedürfen auch einer Verankerung in den Strukturen der Organisation Kindertagesstätte. Für den Bereich der Erwachsenenbildung, die diesen Umstand bereits eingehender reflektiert hat, konstatiert Dollhausen: „Es besteht in der Fachwelt kein Zweifel mehr daran, dass mit der Förderung neuer Lernformen und der Entwicklung einer neuen Lernkultur auch die Frage nach einem angemessenen Verständnis der organisatorischen Dimension pädagogischen Handelns nahe gelegt wird" (Dollhausen 2006, S. 5).

1.2 Ausblick auf die Arbeit: Kapitelstruktur

Im Anschluss an diese Einleitung werden im Kapitel 2 theoretische Ansätze vorgestellt, die sich auf das Verhältnis von Subjekt und Organisation beziehen. Dabei werden in erster Linie klassische Ansätze vorgestellt, die als Eckpfeiler angesehen werden können und bis heute die wissenschaftliche Reflexion des Themengebietes rahmen.

Das Kapitel 3 erläutert die Relevanz der Fragestellung für das konkrete Forschungsfeld der Kindertagesstätten. Es wird der in der Frühpädagogik stattfindende Paradigmenwechsel skizziert, der m. E. die Berücksichtigung des Verhältnisses von Subjekt und Organisation notwendig macht.

Das Kapitel 4 enthält eine Darstellung des theoretischen Bezugsrahmens, mittels dessen die Fragestellung präzise gefasst wurde. Bei der Bearbeitung eines derart komplexen wie zentralen Themas greift man auf vorhandene Reflexionen zurück und steht in diesem Sinne „auf den Schultern von Riesen" (Merton 1989). Diese theoretischen Prämissen sind dabei als „theoretische Sensibilisierungen" (vgl. Strauss/Corbin 1996, S. 25 f.) zu verstehen, die den Hintergrund der Analyse bilden und den Ausgangspunkt eigener theoretischer Überlegungen darstellen. Grundlegend sind in der hier vorliegenden Arbeit die systemtheoretische Organisationstheorie und psychologische Lerntheorien. Der Gegenstand dieser Arbeit wird als komplexes, rekursiv konstituiertes Bedingungsgefüge im Zusammenspiel von Organisation und Subjekt gedacht. Aus systemtheoretischer Warte ist von Interesse, wie sich die beiden Systemtypen in Veränderungsprozessen wechselseitig irritieren (können) und im Sinne einer strukturellen Kopplung wechselseitig Leistungen füreinander erbringen. Mit Bezug auf den zugrunde gelegten psychologisch-theoretischen Referenzrahmen stellt sich die Frage, in welcher Weise die Subjekte ihre für die Entwicklung notwendigen Lernschleifen konzipieren und dabei auf die Ressource Organisation zurückgreifen.

Das Kapitel 5 stellt die verwendeten Methoden der Forschung und die Durchführung der Erhebung dar. Der besondere Charakter dieses Prozesses als „beratende Forschung" wird anhand systemtheoretischer Prämissen und Konzepten der Praxisforschung erläutert und begründet. Daran anschließend werden die Vorgehensweisen und Implikationen einer auf Dialog und Wertschätzung unterschiedlicher Beobachterperspektiven basierenden Vorgehensweise reflektiert. Abschließend erfolgt eine Beschreibung der Datenauswertung.

Das Kapitel 6 beinhaltet die Ergebnisse der Forschungsarbeit und bildet damit den Hauptteil dieser Dissertation. Der Zusammenhang von Organisation und Subjekt kann als Problem angesehen werden, welches auf unterschiedliche Art und Weise gelöst werden kann. Diese Arbeit identifiziert unterschiedliche Momente in der Kopplung von Subjekt und Organisation. Jedem Moment sind spezifische Möglichkeiten und Schwierigkeiten inhärent. Die vorgelegte Analyse bietet Kategorien zu ihrer Beschreibung an und ermöglicht einen Vergleich zwischen den einzelnen Formen des Verhältnisses von Organisation und Subjekt.

Den Schluss bildet das Kapitel 7 mit einer zusammenfassenden Darstellung und Diskussion der Ergebnisse.

2 Das Verhältnis von Subjekt und Organisation in wissenschaftlicher Reflexion und beraterischer Intervention

Zum Einstieg in die Thematik dieser Arbeit wird im Folgenden zunächst ein kurzer Überblick über klassische und neuere Überlegungen zum Verhältnis von Organisation und Subjekt vermittelt. Dieses Kapitel skizziert in diesem Sinne den Hintergrund wissenschaftlicher Reflexion und Ansätze beraterischen Handelns, vor denen die hier vorgelegte Studie zu sehen ist.

In der wissenschaftlichen Literatur zum Thema „Subjekt und Organisation", welches oftmals unter dem Titel „Individuum und Organisation" gehandelt wird, finden sich verschiedenartige Theorien zu diesem Verhältnis. Deeg und Weibler (2008) unterscheiden generell zwischen Ansätzen mit einseitiger und wechselseitiger Integrationsform.

In einem von einseitiger Integration (vgl. Deeg/Weibler 2008, S. 37 – 73) geprägten Verständnis wird davon ausgegangen, dass sich Individuen an die Organisation anpassen. Diese bestimmt als Struktur das Handeln der Organisationsmitglieder. Solche Konzepte entstanden in erster Linie aus der Rezeption der Schriften des Soziologen Max Webers zu Herrschaft und Bürokratie (vgl. Weber 2005, S. 703 – 738). Weber verstand die formale Organisation in den Dienst eines Prozesses von Rationalisierung und rationalem Zweckhandeln gestellt. Menschliches Handeln wird, so gedacht, u. a. durch die Strukturen einer Organisation, Hierarchie, Rationalität, Spezialisierung, zentralisierte Autorität auf die Erreichung eines bestimmten Zieles hin ausgerichtet. Vor dem Hintergrund eines solchen Ansatzes konzentrieren sich soziologische Untersuchungen auf die Frage des Einflusses, den die Organisation auf das Individuum ausübt: „Eines der Hauptziele besteht darin zu zeigen, in welcher Weise sich Menschen an eine solche Umwelt anpassen können" (Presthus 1962, S. 10). Die Organisation tritt dem Einzelnen dabei in Form von Zwängen, Werten und Zielsetzungen gegenüber und erwartet Konformität und vorhersehbares Handeln. Dieser wiederum fügt sich der Organisation, um die Befriedigung seiner Bedürfnisse nach Sicherheit, Anerkennung und Selbstverwirklichung zu befriedigen. Diese Anpassung des Individuums wird über den Modus von Sanktion und Bedrohung kontrolliert und gesteuert (vgl. Presthus 1962, S. 11 f.). Die Organisation richtet „Appelle an die eingeübte Fügsamkeit gegenüber der Autorität" (Presthus 1962, S. 143), bzw. an deren Loyalität, Opferbereitschaft und Treue gegenüber den Organisationsidealen (Presthus 1962, S. 151). Die Organisation unterwirft Individuen ihrem Diktat und macht sie zu „sub-iecta" (vgl. Neuberger 2000, S. 520). In vielen Organisationstheorien finden sich zumindest Teile dieses Aspektes zur Beschreibung der charakteristischen Merkmale von Organisationen. Kieser und Walgenbach definieren Organisationen in einer sehr kurzen Form als „soziale Gebilde, die dauerhaft ein Ziel verfolgen und eine formale Struktur aufweisen, mit deren Hilfe Aktivitäten der Mitglieder auf das verfolgte Ziel ausgerichtet werden sollen" (vgl. Kieser/Walgenbach 2003, S. 6).

Diese regel- und aufgabenzentrierte Auffassung wurde im „Taylorismus" und in einigen betriebswirtschaftlichen Ansätzen zum bestimmenden Organisationsprinzip. Um in einem Unternehmen aus einem wie auch immer gearteten Ausgangsmaterial in zuverlässiger Weise ein erwartbares, qualitativ hochwertiges Resultat zu erlangen, wurden die notwendigerweise beteiligten Personen auf ihre Funktion reduziert. Ihre Aufgabe war es, effektiv optimierte Handlungsweisen auszuführen. Die Sicht auf Individuen wurde verkürzt auf den „Menschen als Gehilfe der Maschine (adjuncts to machins) bei der Ausführung von routinemäßigen Produktionsarbeiten" (vgl. March 1976, S. 17). Mitarbeitende wurden als Instrumente verstanden, die Anweisungen entgegen nehmen, um dann Aufgaben zu erfüllen, möglichst ohne selbst einen unkontrollierten Einfluss auf den Produktionsprozess auszuüben.

Seit etwa 70 Jahren wurde im Zuge des Human-Relations-Ansatzes zunehmend das Verständnis einer wechselseitigen Integrationsform formuliert (vgl. Deeg/Weibler 2008, S. 73 f.). Hierbei wird nicht mehr von einer einseitigen Determination des Menschen durch die Organisation ausgegangen, sondern vielmehr von einem reziproken Verhältnis zwischen Individuum und Organisation (vgl. Deeg/Weibler 2008, S. 73). Individuum und Organisation beeinflussen sich wechselseitig. Im Vordergrund standen Gruppenprozesse und Mitarbeiterbeziehungen (für einen Vergleich von Taylorismus und Human Relations siehe: Deeg/Weibler 2008, S. 80 f.). Zu deren Bearbeitung entwickelte das von Kurt Lewin gegründete Research Center for Group Dynamics am Massachusetts Institute of Technology die Methoden der Aktionsforschung und darin vor allem den Survey-Feedback-Ansatz und die Laboratoriumsmethode, eine Methode zur Durchführung von Workshops mit Akteurinnen und Akteuren des Feldes (Pieper 1988, S. 49; Gebert/Rosenstiel 1996, S. 313). Es wurde versucht, problematische Prozessabläufe in Unternehmen nicht allein durch die Veränderung der Organisation, sondern auch unter Berücksichtigung der arbeitenden Personen, zu lösen. Unter dem Begriff „Organisationsentwicklung – OE", als dessen Hauptbegründer Lewin gilt (Gairing 1996, S. 48) wurden entsprechende Qualifizierungsmaßnahmen entwickelt und die Wirkung von Gruppendynamik wurde erforscht (vgl. Pieper 1988, S. 43 f.; für eine Übersicht zu Entstehung und Varianten der OE siehe: Gairing 1996). Ganz im Gegensatz zu den Vorstellungen des einseitigen Integrationsansatzes gerieten zunehmend psychologische Faktoren der Organisation in den Vordergrund und theoretische Annahmen zum Zusammenhang von Organisation und Subjekt wurden verstärkt mit Konzentration auf das Individuum formuliert (vgl. für eine Übersicht: Gebert/Rosenstiel 1996, S. 311 f.). Forschungen bezogen sich thematisch vor allem auf die Aspekte von Individuum und Gruppe, bzw. Gruppenphänomene und Gruppendynamik (vgl. Lang 2007, S. 8 f.). Es wurden Methoden entwickelt, die „sich primär die Veränderung individuellen Verhaltens – wenn auch im sozialen Kontext – zum Ziele setzen und die nur im Ausnahmefall auf einen größeren organisationalen Kontext, im Regelfall dagegen auf kleine soziale Einheiten wie Arbeitsgruppen oder Abteilungen gerichtet sind" (Gebert; Rosenstiel 1996, S. 311). Die Aufmerksamkeit richtete sich auf Einstellungen, Motivation und Arbeitszufriedenheit der Mitarbeitenden. So wurden z. B. im Hawthorne-Forschungsexperiment der Einfluss der Lichtstärke am Arbeitsplatz oder der Länge von Pausen auf die Produktivität von Mitarbeitenden untersucht (Kieser 2006, S. 145). Die Ergebnisse dieser Studie belegten in erster Linie jedoch nicht den Einfluss dieser Rahmenbedingungen auf die Arbeitsleistung, sondern die als „Hawthorne-Effekt" bekannt gewordenen Ergebnisse brachten zum Vorschein, dass vor allem die sozialen Beziehungen zwischen den Mitarbeitenden, in diesem Falle die Konkurrenz-Situation von Experimentier- und Kontrollgruppe, entscheidend für die Arbeitsleistung waren. Eine wesentliche Erkenntnis aus dieser Zeit kann in den Forschungsergebnissen des Londoner Tavistock Institut of Human Relations gesehen werden. Hier hatte man entdeckt, dass „die Einführung neuer Technologien nicht ohne eine Veränderung auch der Sozialstruktur in Unternehmen möglich sei" (Pieper 1988, S. 52). Ein Hinweis, der auch im Rahmen der hier vorliegenden Studie relevant werden wird.

Der Begriff der Organisationsentwicklung (OE) wird seit seiner Einführung unterschiedlich definiert (vgl. Trebesch 1982). Eine gewisse begriffliche Unschärfe ging auch mit der Entwicklung unterschiedlicher Ansätze zur Bearbeitung des Zusammenspiels von Individuum und Organisation einher, was zu einem „Sammelsurium von Techniken und Methoden" (Neuberger 2000, S. 488) führte. Während in der Folge die Methoden der OE beispielsweise in den USA hauptsächlich auf gezielte Veränderungen im personellen Bereich und menschlicher Variablen statt auf die Umgestaltung von Organisationsstrukturen abzielten, wurde im deutschsprachigen Raum an einer Integration beider Aspekte, also struktureller und menschlicher Faktoren, gearbeitet (vgl. Pieper 1988, S. 54 f.). Im Kern handelt es sich bei Organisationsentwicklung jedoch stets um Veränderungen von und in Organisationen. Diese Veränderungen werden dann mit einer Konzentration auf bestimmte Ebenen durchgeführt bzw. beobachtet. Die folgende Tabelle (in Anlehnung an Chapulsky 2000, Einleitung ohne Seitenangabe) ermöglicht hierzu einen Überblick.

	Gesamtunternehmen	Gruppe	Individuum
Sachebene	Organisationsstruktur: Aufbau, Abläufe	Aufgaben und Kompetenzen: Arbeitsteilung, Methoden, Sachmittel	Aufgaben und Kompetenzen: Fähigkeiten, Erfahrungen
Beziehungsebene	Unternehmenskultur: Werte, Normen, Überzeugungen	Beziehungen in der Gruppe: Zusammenarbeit, Rollen, Konflikte	Gefühlsebene: Motivation, Bedürfnisse, Widerstände

Tabelle 1: Ebenen der Organisationsentwicklung

In der wissenschaftlichen Reflexion wird die Betrachtung der Beziehung zwischen Mensch und Organisation mit der Konzentration auf unterschiedliche Schwerpunkte ebenfalls immer wieder verschiedenartig zugeschnitten (für eine Übersicht vgl. Lang 2007, S. 4 ff.). Im Wesentlichen pendeln die Auffassungen aber zwischen den beiden Polen einer Konzentration auf die Strukturierung individuellen Handelns durch Organisation, bzw. einer Konzentration auf die Handlungen der Individuen als zentraler Aspekt. Welge und Holtbrügge (1997) machen eine Tendenz zum Individuum aus (für eine Übersicht zur Entwicklung der Organisationstheorie siehe: Miebach 2007, S. 195 – 200 und Kieser/Ebers 2006). Das Verhältnis von Organisation und Subjekt wurde von verschiedenen prominenten Autoren problematisiert und es wurde der Versuch unternommen, die Art des Zusammenhangs präzise zu spezifizieren. Exemplarisch möchte ich hier einige klassische Ansätze vorstellen.

March, Simon und Olsen legen in ihren Betrachtungen einen Schwerpunkt auf die kognitiven Prozesse menschlichen Verhaltens in Organisationen. Damit versuchen sie, Menschen als anpassungsfähige und denkende Wesen zu betrachten (vgl. March/Simon 1976, S. 194). Auch im Verständnis von March und Simon werden die Handlungen von Mitarbeitenden der Organisation koordiniert und anhand von Regeln auf Ziele der Organisation hin ausgerichtet (March/Simon 1993). Dabei muss jedoch das Verhalten verschiedener Individuen koordiniert werden, die mit unterschiedlichen und eventuell sogar widersprüchlichen Interessen und ebensolchem Wissen aufeinander treffen. In ihrem als „organisationale Verhaltenstheorie" bezeichneten Ansatz stellen sie den individuellen Akteur in das Zentrum ihrer Analyse (vgl. Miebach 2007. S. 22).

Ihr Verständnis vom Verhältnis von Individuum und Organisation konzipieren sie als reziproke Lernprozesse innerhalb eines organisatorischen Lernzyklus (March/Olsen 1976, S. 13 f.). Individuelle Handlungen werden dabei in organisatorische Handlungen übertragen, z. B. indem Individuen an Entscheidungsprozessen teilnehmen. Diese Entscheidungen wirken u. a. auf die Umwelt der Organisation ein und provozieren ein Feedback. Dieses wird durch die individuelle Wahrnehmungsfähigkeit der Individuen aufgenommen und wiederum in Handlungen umgesetzt. Damit ist der Kreislauf geschlossen. Dieser Zyklus ist allerdings störanfällig und der Austausch wird vor allem im Hinblick auf Störungen und Blockaden im Verhältnis von Subjekt und Organisation thematisiert (vgl. Lehner 2000, S. 180 f.). Grund für diese Blockaden sind in erster Linie Interpretationen der Subjekte bezüglich ihrer Wahrnehmung der Umwelt und ein Nicht-Lernen bzw. Aufrechterhalten bestehender Präferenzen. Anders als die Vertreter der „rationalen Organisation" führen March und Olsen den Begriff der „begrenzten Rationalität" (March/Olsen 1976) ein. Sie bezeichnen damit den Umstand, dass Handlungen von Personen nicht mit einer vollständigen Informiertheit bezüglich der damit verbundenen Konsequenzen einhergehen und deshalb unter der Bedingung von Unsicherheit durchgeführt werden müssen. Dazu ist Unsicherheitsabsorption in Form von Entscheidungen notwendig. Unter der Bedingung von Unsicherheit, unter der diese Entscheidungen getroffen werden, hängt es von den Nutzenabwägungen der Individuen ab, inwiefern sie motiviert sind, den gesetzten Anforderungen der Organisation zu folgen (March/Simon 1976, S.48 f.; March/Simon 1993, S. 101). Die Integration der Individuen ist daher mitunter schwierig und kann den Zielen der Organisation im Wege stehen. Der „complete cycle of choice" (March/Olsen 1976, S. 13 f.) wird daher vorrangig in Varianten des „incomplete learning cycle" (March/Olsen 1976, S. 56 f.) beschrieben, bei dem die Verbindung zwischen dem Lernen von Subjekten und dem Lernen einer

Organisation problematisiert wird und es im Kreislauf zwischen „individual beliefs – individual action – organizational action und environment response" an jeder Stelle Unterbrechungen geben kann. In den Themenbereich dieser Arbeit fällt dabei vor allem der Fall des „audience experiential learning" (Erfahrungslernen): „In this situation the connection between individual action and organizational action becomes problematic (March/Olsen 1976, S. 58). Resultate individueller Lernprozesse finden keinen Einzug in die Strukturen der Organisation.

Zusammenfassend kann gesagt werden, dass die Kognition der Organisationsmitglieder bei der Betrachtung und Erklärung organisationalen Lernens der zentrale Aspekt im Ansatz von March, Simon und Olsen ist (vgl. Schreyögg/Eberl 1998, S. 518).

Lose Kopplung

Weick schließt an die Modellvorstellung von March, Simon und Olsen zum Zusammenhang von Subjekt und Organisation an und differenziert sie aus. Er analysiert Organisationen in erster Linie durch die Betrachtung aufeinander bezogener und rückwirkender Verhaltensweisen von Personen, die er als „doppelte Interakte" (Weick 1985, S. 130) bezeichnet. In diesen Beziehungen von Organisationsmitgliedern erfolgt eine Sinnerzeugung, eine Wahrheitskonstruktion und Rückversicherung darüber, was die Organisation und das einzelne Mitglied ist, bzw. worin richtiges Handeln besteht (Weick, 1995). Diese Sinnzuschreibung erfolgt Weick zufolge rückwirkend und evolutionär, wodurch er sich von der Vorstellung abgrenzt, Organisationen würden nach Maßgabe rationalen Handelns geführt werden. Als Organisationsstruktur fasst Weick das Muster ineinander greifender Verhaltensweisen auf (Weick 1985, S. 131), deren stabiler Anteil der doppelte Interakt ist. Subsysteme, einzelne Menschen oder Gruppen, können in Organisationen darüber hinaus auch in „loser Kopplung" miteinander in Beziehung stehen: „Zwei Systeme, die durch wenige oder schwache gemeinsame Variablen verbunden sind, werden als lose gekoppelt bezeichnet" (Weick 1985, S. 163). Durch eine solche Kopplung wird ein relativ großes Maß an Unabhängigkeit realisiert und Veränderungen in einem Subsystem lösen nur wenige Veränderungen in anderen Systemen aus. Alles in allem steht bei Weick individuelles Handeln im Vordergrund: „Wann immer Organisationen handeln (...) dann sind es Individuen, die handeln" (Weick 1985, S. 53).

Ein etwas anders gelagertes Bild des Verhältnisses von Individuum und Organisation zeichnen Argyris und Schön in ihrem Anfang der 1970er Jahre entwickelten Konzept einer „Lernenden Organisation" (vgl. Argyris/Schön 2002, S. 20). Auch ihrem Verständnis nach existiert eine formale Organisation mit Hierarchie und Arbeitsplänen, die als notwendige Bedingung dazu dient, sich wiederholende Aufgaben zu erledigen und die Handlungen von Individuen in der Organisation auf einen bestimmten Zweck hin auszurichten. Dennoch erfährt der Individuum-Organisation-Zusammenhang eine gewisse Problematisierung, denn sie entwerfen ein überindividuelles Bild der Organisation, die dennoch mit eben diesen Individuen in Beziehung steht: „Das organisationale Handeln lässt sich nicht auf das Handeln einzelner reduzieren, nicht einmal auf das aller Einzelpersonen, aus denen die Organisation besteht, aber es gibt dennoch kein organisatorisches Handeln ohne individuelles Handeln" (Argyris/Schön 2002, S. 24). Sie unternehmen dementsprechend den Versuch, individuelle und organisationale Lernprozesse zu integrieren. Ihrer Auffassung nach entsteht Lernen durch die Entdeckung von Fehlern, die daraufhin korrigiert werden (vgl. Argyris/Schön 1997, S. 58 f.; Argyris/Schön 2002, S. 45 f.). Entscheidend für den Lernprozess und dessen Tiefe ist der Korrektur-Vorgang bezogen auf den entdeckten Fehler, bzw. bezogen auf die Handlungsblockade. Hierbei unterscheiden Argyris und Schön zwischen drei Lerntypen:

Lerntyp 1 (singel-loop-learning): In diesem Fall dient das Lernen bzw. die organisationale Untersuchung der effizienten Lösung eines Problems. Handeln, das zum Entstehen eines Problems führte oder dem Problem nicht mehr adäquat erscheint, wird im Laufe eines Lernprozesses gegen eine veränderte aber ähnliche Form des Handelns ersetzt. Es werden Lösungen für ein Problem im bestehenden Rahmen bisheriger Werte und Normen vollzogen. Es wird eine inkrementelle Veränderung vollzogen.

Lerntyp 2 (double-loop-learning): Auch bei diesem Lerntyp wird an der Lösung eines Problems gearbeitet, allerdings unter Reflexion und Einbeziehung der Wertvorstellungen und Normen, durch deren Rahmen die Problemlösung selbst strukturiert und durchgeführt wird. Geraten (neue) Lösungswege zu bisherigen Werten und Normen wie Traditionen oder der Unternehmensphilosophie in Konflikt, wird ein Lernprozess erforderlich, welcher die Veränderung eben dieser Normen und Werte mit einschließt. Dies ist z. B. dann der Fall sein, wenn eine Erarbeitung neuer Abläufe und Strukturen im Rahmen von Organisationsentwicklung durch die Arbeit am Leitbild begleitet wird und so eine veränderte Art der Problembearbeitung mit neuen Lösungswegen praktiziert wird. In diesem

Zusammenhang werden Bedingungen, unter denen das Lernen des Typs 1 durchgeführt wird, verändert.

Lerntyp 3 (deutero-learning): In diesem Fall ist das Lernen selbst Gegenstand des Lernprozesses[1], d. h. das Lernen wird gelernt. Es wird analysiert, wie im Lerntyp 1 und 2 gelernt wird, mit dem Ziel zu einem überlegten und bewussten Umgang mit diesen Prozessen zu gelangen. Die organisationale Untersuchung bezieht sich auf die Fähigkeit der Organisation zur gezielten Anwendung der Lerntypen I und II.

Das Grundmerkmal dieser Ansätze ist die Vorstellung, dass das Lernen eines Individuums im Zusammenhang mit Lernprozessen einer Gruppe durch umfassende Institutionalisierung dieser Lernprozesse zu organisationalen Lernen kulminiert. Argyris und Schön sehen im Rahmen dieser organisationalen Untersuchungen Ähnlichkeiten in der Vorgehensweise von Praktikern und Sozialwissenschaftlern (Argyris/Schön 2002, S. 45 ff.), wobei letztere ihnen zufolge eher verallgemeinerbare Kausalmodelle entwerfen, während die Praktiker auf der Suche nach situationsspezifischen Kausalmodellen sind. In einer Kooperation von Wissenschaftlern und Praktikern sehen sie vor allem eine mögliche Hilfe für letztere, ihre auf die Organisation gerichtete Untersuchung auszuweiten und in der Intensität zu steigern.

Einen entscheidenden Faktor für Lernprozesse von Individuen und Organisationen sehen sie in den beiden Formen der „handlungsleitenden" und der „vertretenden Theorien" (Argyris/Schön 2002, S. 126 ff.). Die vertretenden Theorien bestehen in Aussagen von Personen darüber, wie sie handeln. Dies muss jedoch nicht mit beobachtbarem Handeln in Übereinstimmung stehen. Denn, ohne dass es diesen Personen bewusst ist, handeln sie zum Teil in völlig anderer Weise, gemäß einer „handlungsleitenden Theorie". Diese wiederum kann organisationales Lernen des Typs II verhindern. Aufklärungsprozesse zu diesem Sachverhalt werden durch Scham, Peinlichkeitsgefühle, Schuldzuweisungen und Verschleierungen behindert. Zur Bearbeitung dieser Aspekte in Organisationsentwicklungsprozessen legen Argyris und Schön umfassende Interventions-Modelle (Modell-II-Intervention: Argyris/Schön 2002, S. 159 ff.) vor, die in der Zusammenarbeit mit Praktikern der Organisation sukzessive double-loop und deuteroloop-learning ermöglichen, demnach zu einem Verständnis dieser Strukturen führen und diese einer Bearbeitung zugänglich machen. Auf diesem Wege werden Organisationslernen und das Lernen von Subjekten verbunden.

Das Konzept der Lerntypen beschreibt über die drei Stufen eine Steigerung der Reflexivität von Lernprozessen und den Tiefengrad der damit einhergehenden Veränderungen. Für den Zusammenhang meiner Arbeit findet sich hierdurch

---

1 Den Begriff und Zuschnitt dieses Lerntyps „Deutero-Lernen" übernehmen Argyris und Schön aus der Lerntheorie Batesons (Bateson 1985).

ein Konzept, das nicht allein den Zusammenhang zwischen Organisation und Subjekt beschreibt, sondern auch ein Modell anbietet, dass für die Intensität von Veränderungen sensibilisiert.

Wissensmanagement

Neuere Ansätze zur Klärung des Verhältnisses von Subjekt und Organisation beziehen sich verstärkt auf den Wissensbegriff und erklären Lernprozesse durch die Veränderung der organisatorischen Wissensbasis (vgl. Schreyögg/Eberl 1998, S. 519). Eng damit verbunden ist der Begriff des „Wissensmanagement". Der Begriff deutet dabei eher auf ein methodisches Vorgehen als auf eine wissenschaftliche Reflexion hin. Er wird vor allem im Hinblick auf Unternehmensführung und Informations- und Kommunikations-Technologiesysteme verwendet. Die Fragestellung fokussiert im Allgemeinen auf Wissensbestände und deren effizienter Verwertung im Rahmen des Managements des Unternehmens. Ansätze des Wissensmanagements orientieren sich an der Unterscheidung von Wissen vs. Nicht-Wissen (vgl. Götz 1999) und greifen in der theoretischen Reflexion u. a. auch auf grundlegende Theoriekonzepte zu subjektiven und organisationalen Lernprozessen zurück.

Für die in dieser Arbeit eingenommene prozessorientierte Sichtweise bieten soziologische und psychologische Perspektiven eine ausreichende theoretische Grundlage. Letztlich geht es im hier betrachteten Fall auch um den Umgang oder die reziproke Erzeugung von Wissen von Subjekten und Organisationen. Diese Vorgänge liegen aber auf Prozessen auf bzw. sind diesen nachgelagert, die nicht primär in den Zuständigkeitsbereich des Wissensmanagements fallen, wie etwa der gegenseitigen Beobachtung von Subjekt und Organisation, ihre selbstbezügliche Realitätskonstruktion oder die Determination subjektiven Handelns durch entscheidungsförmige Kommunikation.

Diese Arbeit soll keine repräsentative Darstellung der ohnehin unüberschaubaren Literatur zum Thema „Organisation und Individuum" bieten. In Arbeiten, die sich mit einer solchen Bestandsaufnahme beschäftigten (für eine Übersicht siehe u. a. Miebach 2007, Deeg/Weibler 2008), wurde festgestellt, dass die Frage nach dem Verhältnis von Individuum und Organisation, bzw. dem Übergang vom individuellen zum organisationalen Lernen, bislang nicht erschöpfend beantwortet wurde (vgl. Schüerhoff 2006, S. 110 ff.) und keine einheitliche Theorie dazu vorliegt, was organisationales Lernen ist oder wie eine Organisation zu einer lernenden Organisation wird (vgl. Lehner 2000, S. 181). Sicherlich sind zudem eine Reihe weiterer ungelöster Probleme noch nicht beantwortet (vgl. Schreyögg/Eberl 1998, S. 519 f.). Wie ist die Stellung von Individuen in Prozessen des organisationalen Lernens? Wie werden Lernergebnisse organisatorisch festgehalten? In welcher Form lassen sich organisationale Lernprozesse steuern?

Bevor eine forschende Annäherung an solche Fragen erfolgt, soll im anschließenden Kapitel dargestellt werden, welche Bedeutung die Thematik meiner Arbeit für Kindertagesstätten hat. In diesem Feld wurde die Fragestellung von mir bearbeitet. Es zeigte sich, dass die von mir verfolgte Forschungsfrage gerade durch die derzeit ablaufenden Veränderungen frühpädagogischer Praxis an Relevanz gewinnt.

3 Der Forschungskontext: zur Relevanz der Fragestellung für Kindertagesstätten

In diesem Kapitel wird skizziert, vor welchem allgemeinen Diskussionshintergrund sich die Fragestellung dieser Arbeit bewegt. Hierdurch wird zum einen das Thema der Studie in seiner Relevanz für Kindertagesstätten deutlich. Zum anderen werden aber auch die Ausführungen zum Aufbau und Anliegen des Forschungs- und Beratungsprojektes sowie zu feldspezifischen Besonderheiten, die an einigen Stellen relevant werden, vorbereitet.

3.1 Paradigmenwechsel in der Frühpädagogik

Die Thematik der Qualitätsentwicklung von Bildungsorganisationen hat in Deutschland seit den 1990er Jahren in besonderer Weise und auf verschiedenen Ebenen den Bereich der Kindertagesstätten erreicht (vgl. Bostelmann/Metze 2000; Strätz 2003; Tietze 2003). Spätestens seit den Schulleistungsuntersuchungen, der so genannten Pisa-Studien, wird auf breiter gesellschaftlicher Ebene nach der Qualität der Lehr- und Lernprozesse auch in Kindertagesstätten gefragt. Negative Aspekte, wie Defizite in der Sprachentwicklung und Benachteiligungen von Kindern aus sozial schwachen Familien werden stärker registriert. Hinzu kommen gesellschaftliche Phänomene wie die Auflösung herkömmlicher Lebensmuster und Familienstrukturen, eine zunehmende Migration und die sich schnell ändernden Lebenswelten. Auch Kindertagesstätten wird die Aufgabe zugeschrieben, Kinder auf diese neuen Herausforderungen vorzubereiten und ihnen die Möglichkeit zu geben, hierfür relevante Schlüsselkompetenzen zu erlernen.

In zunehmendem Maße werden Kindertagesstätten als Bildungsorganisationen verstanden (vgl. Fthenakis 2002), wenn es um die Förderung frühkindlicher Bildungsprozesse geht bzw. als „lernende Organisation" bezüglich ihrer eigenen Entwicklungsprozesse (Robert Bosch Stiftung 2008, S. 54). Methoden des Qualitätsmanagements sollen dementsprechend bereits in der Ausbildung zur Erzieherin bzw. zum Erzieher erworben werden (Robert Bosch Stiftung 2008, S. 157 f.).

Dieser Wandel äußert sich u. a. auch in geänderten gesetzlichen Richtlinien wie dem im Jahr 2005 in Kraft getretenen Tagesbetreuungsausbaugesetz (TAG). Der bisherige Betreuungsauftrag von Kindertagesstätten wird als Förderungsauftrag zu Erziehung, Bildung und Betreuung anhand von Qualitätsmerkmalen stärker konkretisiert:

§ 22 Abs. 3: „Der Förderungsauftrag umfasst Erziehung, Bildung und Betreuung des Kindes und bezieht sich auf die soziale, emotionale, körperliche und geistige Entwicklung des Kindes. Er schließt die Vermittlung orientierender Werte und Regeln ein. Die Förderung soll sich am Alter und Entwicklungsstand, den sprachlichen und sonstigen Fähigkeiten, an der Lebenssituation sowie den Interessen und Bedürfnissen des einzelnen Kindes orientieren und seine ethnische Herkunft berücksichtigen" (BMFSFJ 2005 a, S. 3 f.). Neben diesen Anforderungen an pädagogisches Handeln enthält das TAG explizit die Aufforderung zur Qualitätsentwicklung:

§ 22 a Abs. 1: „Die Träger der öffentlichen Jugendhilfe sollen die Qualität der Förderung in ihren Einrichtungen durch geeignete Maßnahmen weiter entwickeln. Dazu gehört die Entwicklung und der Einsatz einer pädagogischen Konzeption als Grundlage für die Erfüllung des Förderungsauftrages sowie der Einsatz von Instrumenten und Verfahren zur Evaluation der Arbeit in den Einrichtungen" (BMFSFJ 2005 a, S. 3).

Neben dem TAG wurden Bildungspläne in allen Bundesländern (exemplarisch: Niedersächsisches Kultusministerium 2005) mit dezidierten Ausführungen zum Verständnis kindlicher Bildungsprozesse und Bildungsbereichen entwickelt sowie entsprechende Modellprojekte (Laewen/Andres 2002) durchgeführt.

Ein Kernthema in der Debatte bildet das „neue Bild vom Kind". Im Zentrum eines regelrechten Paradigmenwechsels stehen die Selbstbildungsprozesse von Kindern (Schäfer 1995). Die ersten Jahre im Leben eines Menschen werden als entscheidend für das spätere Leben im Allgemeinen, aber vor allem für die spätere „Lernkarriere" im Besonderen erkannt (vgl. BMBF 2005).

Entscheidend für die professionelle Haltung von Erzieherinnen und Erziehern ist ein Verständnis der Prozesse und Dynamiken dieser kindlichen Bildungsweisen. Da Bildungsprozesse als Selbstbildungsprozesse verstanden werden, zieht ein solches Verständnis die Notwendigkeit völlig anderer Handlungsweisen von Erzieherinnen und Erziehern nach sich, als dies aus einem traditionellen Bildungsverständnis heraus der Fall ist. Denn Kindern kann in diesem Sinne nichts beigebracht werden. Um zu lernen, müssen sie eigene Erfahrungen machen und sich selbsttätig mit Phänomenen und Schwierigkeiten in der Umwelt auseinandersetzen. Professionelle Pädagoginnen und Pädagogen sind angehalten, nicht in diese Bildungsweisen einzugreifen, sondern sie gezielt und behutsam zu befördern. Die Arbeit in der Frühpädagogik verschiebt sich vom Eingreifen zum

Beobachten. „Es geht nicht darum, die kulturell geprägten Deutungen der Erzieherin an die Stelle der subjektiven Deutungen des Kindes zu setzen, sondern darum, unter Beibehaltung der Perspektive des Kindes seine Deutungen um kulturverträgliche Anteile zu ergänzen und zu erweitern" (Laewen/Andres 2002, S. 108). Erzieherinnen und Erzieher sollen diesem Verständnis zufolge nicht bei der Lösung von Problemen helfen, sondern geeignete Voraussetzungen schaffen, die das Kind befähigen, Probleme selbst zu lösen. Von Erzieherinnen und Erziehern sowie der gesamten Organisation Kindertagesstätte wird erwartet, diesem Bildungsauftrag Rechnung zu tragen und in diesem Sinne pädagogisch professionell zu agieren.

Der Paradigmenwechsel kann gut an komplexen Konzepten wie etwa der Beobachtung und Dokumentation von Bildungsprozessen (exemplarisch: DJI 2007; Leu 2007; Neuß 2007; Viernickel/Völkel 2005) festgemacht werden. Hierbei handelt es sich um Verfahren, bei denen Erzieherinnen und Erzieher Kinder in differenzierter Weise bezüglich ihrer Bildungsprozesse beobachten. Diese Beobachtungen werden dokumentiert und schließlich mit allen relevanten Personen (Kinder, Eltern, Kolleginnen und Kollegen) diskutieren, um unterstützende Maßnahmen für das Kind abzuleiten. Die Umsetzung dieser Arbeitsweisen in der Praxis berührt sämtliche Bereiche einer Kindertagesstätte. Für eine erfolgreiche Anwendung müssen nahezu alle Strukturen und Abläufe daraufhin ausgerichtet werden. Schäfer sieht in der Reflexion über kindliche Bildungsprozesse eine Hauptquelle für Veränderungs- und Professionalisierungsprozesse. Diese Beobachtungen führen zu neuen Fragen „(...) und müssen bis in die „Organisation" der Institution Kindertagesstätte hinein bedacht werden" (Schäfer 2006, S. 2, im Original ohne Seitenzahl). Meiner Erfahrung nach stoßen Erzieherinnen und Erzieher schnell auf die Schwierigkeit der Umsetzung der verschiedenen Konzepte in alltagspraktische Handlungen. Um Bildungsprozesse von Kindern konsequent ins Zentrum zu rücken, erfordert es einer Anstrengung, die meiner Ansicht nach nur durch eine integrierte Personal- und Organisationsentwicklung bewältigt werden kann.

Der beschriebene Paradigmenwechsel in der Frühpädagogik scheint sich allgemein weniger in der erziehungswissenschaftlichen und professionstheoretischen Reflexion abzuspielen, hier werden diese pädagogischen Konzepte schon seit nahezu 100 Jahren diskutiert (vgl. Montessori 1909), sondern vielmehr im Bereich der konkreten Umsetzung dieser Konzepte im Feld von Kindertagesstätten und handelnden Erzieherinnen und Erziehern. Die oftmals vorgebrachte Bemerkung von Praktikerinnen und Praktikern des Feldes, dass dies alles doch nichts Neues sei, kann für die pädagogische Meta-Diskussion bestätigt werden, hält aber einer kritischen Überprüfung der Umsetzung dieser Prämissen im konkreten praktischen Handeln in vielen Fällen nicht stand. Die aktuell bestehende

Qualität wird kritisch eingeschätzt: „Es steht dabei außer Frage, dass das gegenwärtige durchschnittliche Niveau pädagogischer Qualität nicht befriedigen kann, dass erhebliche Streuungen in der Qualität zu verzeichnen sind und dass nach internationalen Standards gute und sehr gute Qualität nur in einer Minderheit von Tageseinrichtungen und Tagespflegestellen erreicht wird" (BMFSFJ 2005 a, S. 347).

Was pädagogisch gesehen mit dem Begriff der Qualität gemeint ist und woran ein Mehr oder Weniger an Qualität erkannt werden kann, wird kontrovers diskutiert. In Form von Bildungs- und Erziehungsplänen der Länder sind Bemühungen vorhanden, Verbindlichkeit in Bezug auf Bildungsziele und Bildungsstandards einzuführen. Im Allgemeinen impliziert der Qualitätsbegriff in erster Linie eine objektive, d. h. intersubjektive Verständigung, in der definiert wird, was Qualität in seiner dimensionalen Ausprägung jeweils bedeutet. Der 12. Kinder- und Jugendbericht des Bundesministeriums für Familie, Senioren, Frauen und Jugend (BMFSFJ 2005 b, S. 304 f.) unterscheidet zwischen:

Orientierungsqualität
Curricula, Leitbilder, pädagogische Ansätze, Konzeptionen,

Strukturqualität
Qualifikationen des pädagogischen Personals, Gruppengrößen, Ausstattung,

Prozessqualität
pädagogisches Handeln, Interaktionen zwischen Erzieher/innen und Kindern,

Bildungsergebnisse
u. a. im sprachlich-kognitiven Bereich und im sozialen Bereich,

Management- und Organisationsqualität
u. a. zielorientierte Nutzung personaler u. sachlicher Ressourcen,

Kontextqualität
u .a. Unterstützung durch Fachberatung, Fortbildung und anderer Systeme.

Eine abstraktere Annäherung an einen pädagogischen Qualitätsbegriff findet sich bei Honig, Joos und Schreiber (2004, S. 19 ff.). Schon anhand dieser Qualitätsmerkmale wird deutlich, dass sich die Qualitätsentwicklung in Kindertagesstätten nicht allein auf subjektive Handlungserweiterungen von Erzieherinnen und Erziehern beziehen kann. Vielmehr muss die gesamte Kindertagesstätte in entsprechende Veränderungsprojekte einbezogen werden. Im folgenden Teilkapitel werden entsprechende Ansätze vorgestellt.

3.2 Qualitätsentwicklung in Kindertagesstätten

In verschiedener Weise wird versucht, die aktuelle Situation der Frühpädagogik zu verbessern und auf die Rahmenbedingungen kindlichen Lernens und Aufwachsens gestaltend Einfluss zu nehmen. Als wichtigste gesellschaftliche Maßnahmen seien hier die Bildungspläne des Bundes und der Länder (vgl. u. a. Sächsisches Staatsministerium für Soziales 2006, explizit zum Aspekt der „Qualitätsentwicklung": Niedersächsisches Kultusministerium 2005, S. 50 ff.; Thüringer Kultusministerium 2008, S. 157 ff.) und die „Nationale Qualitätsinitiative im System der Tageseinrichtungen für Kinder (NQI)" (Tietze/Viernickel 2003) genannt. Frühkindliches Lernen soll diesen Konzepten zufolge in Kindertagesstätten befördert werden, die sich als Bildungsorganisationen verstehen und in denen auch entsprechend gehandelt wird.

In den vergangenen Jahren entstanden zahlreiche Qualitätsmodelle für Kindertagesstätten, Horte und Krippen. Im 12. Kinder- und Jugendbericht der Bundesregierung findet sich die Empfehlung einer „Qualitätssicherung nach einheitlichen Kriterien" (BMFSFJ 2005 b, S. 352) mit anschließender Vergabe „eines pädagogischen Gütesiegels durch Fachagenturen" (BMFSFJ 2005 b, S. 353). Qualitätsentwicklungsmodelle stellen im Allgemeinen Verfahren dar, mit denen Qualität in Kindertagesstätten sowohl verbessert als auch objektiv gemessen und beurteilt werden soll. Das Ziel der Anwendung von Organisationsentwicklungskonzepten muss u. a. Kenntnisse über den „Qualitätsstand und damit Grundlage für gezielte Qualitätsverbesserungen" sein (BMFSFJ 2005 b, S. 353). Neben ihren unterschiedlichen Ausprägungen des pädagogischen Grundverständnisses, unterscheiden sie sich vor allem in ihren Ansatzpunkten, um Qualität in Organisationen zu verändern. Diese verschiedenen Ansatzpunkte speisen sich dabei auch aus dem zugrunde liegenden Verständnis von Organisation, Subjekt und deren Beziehungen zueinander. Hier spiegeln sich die eingangs in der Einleitung vorgestellten Integrationsformen von Subjekt und Organisation. In einigen Qualitätsmodellen bildet vor allem die Veränderung des Handelns einzelner Personen den zentralen Ansatzpunkt. Hier wird die Entwicklung von Qualität auf ein höheres Niveau als Resultat von jeweils veränderten Handlungsweisen einzelner gesehen, die dann in der Summe mit den veränderten Handlungsweisen der Kolleginnen und Kollegen als ein Anstieg der Qualität der Kindertagesstätte insgesamt festzustellen sei. Andere Modelle legen hingegen einen Schwerpunkt auf die Arbeit an Organisationsstrukturen. Die wesentlichen Konzepte sollen an dieser Stelle nur genannt werden, dies sind: „QuaSi" und „Quast" im Rahmen der „Nationalen Qualitätsinitiative im System der Tageseinrichtungen für Kinder (NQI)"; „Das Deutsche Kindergarten Gütesiegel (PädQuis)", „Kronberger Kreis", „LORBASS – Das KiTa-Gütesiegel", „Kindergarten-Einschätz-Skala (KES)", „IQUE" und diverse trägerspezifische Modell in Anlehnung an „DIN EN ISO 9000:2000". Einen Überblick liefert entsprechende Literatur zum Thema (vgl. u. a.: Diller et al. 2005; Esch et al. 2006; auch das Kapitel zu „Evaluation und Qualitätssicherung" in: Kasüschke/Fröhlich-Gildhoff 2008). Auch im Forschungs- und Beratungsprojekt, das das Forschungsfeld der hier vorgelegten Studie bildete, kam mit der „Lernerorientierten Qualitätstestierung für Kindertagesstätten (LQK)" (Zech 2004) ein entsprechendes Verfahren zur Anwendung.

3.3 Professionalität von Erzieherinnen und Erziehern

Eine besondere Bedeutung für die Entwicklung von Qualität in Kindertagesstätten hat traditionell die Diskussion über die Professionalität von Erzieherinnen und Erziehern. Im Rahmen der so genannten Professionalisierungsdebatte wird über die Fähigkeiten von Erziehrinnen und Erziehern und in diesem Sinne auch über deren Aus- und Weiterbildung diskutiert (vgl. Schäfer 2005), bzw. für die Akademisierung des Ausbildungsberufes (vgl. GEW 2005) plädiert. Inhaltlich lassen sich zwei wesentliche Aspekte identifizieren: zum einen die Sensibilisierung von Erzieherinnen und Erziehern für die Bildungsprozesse von Kindern. Zum anderen die Auseinandersetzung mit Methoden des Qualitätsmanagements als Teil professionell-pädagogischen Handelns in Kindertagesstätten (Honig 2004, S. 21 f.).

Mit Professionalität ist im allgemeinen Sinne gemeint, dass eine Person die notwendigen Fähigkeiten und Fachkenntnisse besitzt, um eine berufliche Tätigkeit einem erwartbaren Qualitäts-Standard gemäß auszuüben, obwohl diese Handlungsvollzüge nicht standardisierbar und nicht routinisierbar sind (vgl.: Klatetzki 2005, S. 253 f.). Aber auch wenn keine Standardisierung herbeizuführen ist, so besteht doch ein Merkmal professionellen Handelns in der Orientierung an Verfahren und dem Rückbezug auf explizierbares und abstraktes Grundlagenwissen. Nicht-professionelles Handeln stellt sich in Diskrepanz dazu als im Erfahrungslernen mitgelerntes Wissen dar, das sich unreflektiert und nicht explizierbar in Handlungswissen erschöpft (vgl.: Oevermann 2008). An professionelles Handeln sind demnach spezielle Rollenerwartungen gerichtet. Dies gilt im Bereich von Kindertagesstätten für die Erwartungen von Arbeitgebern wie den Trägern der Einrichtungen und von Eltern an Erziehende. Professionalität ist aber auch eine intrasubjektive Messgröße, an der sich das eigene Selbstbild misst.

Erzieherinnen und Erzieher sind demnach gemäß ihres Handlungsfeldes als professionelle Pädagoginnen und Pädagogen einzuschätzen, weil sich ein angemessenes pädagogisches Handeln in den vielfältigen Situationen des Alltags nicht antizipieren lässt und immer wieder aufs Neue eine feinfühlige Einschätzung notwendig macht, die man mit Schäfer (2005, S. 7) als „reflektierte professionelle Spontaneität" bezeichnen kann. Professionelle Erzieherinnen und Erzieher führen keine standardisierten Handlungen aus, die analytisch in ihre Einzelheiten zerlegt und dann durch Rationalisierung einer Effektivitätssteigerung zugeführt werden können. Sie vollziehen einen Umgang mit Kindern und Kindergruppen, bei dem Kausalmodelle für angemessenes Handeln nur bedingt geeignet sind. Ihr Aufgabenfeld ist komplex. Dippelhofer-Stiem (2006, S. 359) beschreibt drei Segmente der Professionalität von Erzieherinnen und Erziehern: Ein Segment besteht im ideellen Orientierungsrahmen, in dem die Werte, Motive, Überzeugungen bezüglich des Berufes und Leitbilder bezogen auf das Arbeiten mit den Kindern enthalten sind. Das zweite Segment bildet die pädagogische Kompetenz, in die explizites Fachwissen, Methodenkenntnissen und Sozialkompetenz einfließen. Das dritte Segment bezieht sich schließlich auf das unmittelbare Handeln, d. h. auf die Durchführung pädagogischen Handelns in alltäglichen Vollzügen mit allen Unsicherheiten, Unklarheiten, „Sachzwängen" und spontanen Anforderungen mit der Schwierigkeit, theoretisches Wissen als Hintergrund für professionell-informiertes Handeln nutzen zu können. Einen ähnlichen Zuschnitt wählt Fried (2008), der Motive, Situationsschemata, Fachwissen und Heuristiken (personentypische Herangehensweisen) als die vier zentralen Wissensformen von Erzieherinnen und Erziehern konstatiert.

Anders als durch die Anwendung einer Technologie in anderen Berufen und Organisationen zur Erfüllung von Zwecken und Erreichung von Zielen (vgl. Presthus 1962, S. 143 f.), kann pädagogisches Handeln nur bedingt durch Vorgaben und Verfahren strukturiert werden. Es zeichnet sich durch ein Technologiedefizit aus (Luhmann/Schorr 1982), durch den anders als in anderen Berufen die Realisierung beabsichtigter Effekte nur bedingt durch die Befolgung bewährter Vorgehensweisen gewährleistet werden kann. Aufgrund dieses Umstandes muss im pädagogischen Handeln situationsbezogen oftmals neu über Vorgehensweisen entschieden werden. Aus diesem Grunde benötigen Organisationen professionelles Personal (Klatetzki 2005, S. 253). Ganz allgemein lässt sich beobachten, dass „Organisationen vielfach dazu übergehen, die Wahrnehmung von Freiheitsspielräumen als ein Teil des Aufgabenbereiches eines Individuums zu definieren" (Baecker 2000, S. 154).

Die Diskrepanz zwischen einer auf Standardisierung von Handlungsweisen gerichteten Logik der Organisation und dem fallbezogenen Agieren im Rahmen pädagogischer Qualität, stellt die folgende Grafik (entwickelt in Anlehnung an: Hartz/Meisel 2004) dar (vgl. Tabelle Nr. 2). Hier wird die Schwierigkeit deutlich, mit der Organisationsentwicklung im pädagogischen Feld konfrontiert ist. Sie muss versuchen, die teils entgegen gesetzten Logiken von Organisation und pädagogischer Professionalität in produktiver Weise zusammenzuführen.

Organisation		pädagogische Professionalität
Standardisierung von Handeln	↔	Fallbezogenes Handeln
Verfahrensschritte zur Begrenzung von Unsicherheit	↔	Situationsbezug und Umgang mit Ungewissheit
Suspendierung des subjektiven Faktors	↔	Unhintergehbarkeit des subjektiven Faktors
Herstellen von Einheitlichkeit	↔	Situationsbezogene Durchbrechung von Routine durch fallbezogenes Handeln

Tabelle 2: Organisation vs. pädagogische Professionalität

Professionelle Pädagoginnen und Pädagogen sind in dem hier dargestellten Sinne mit großer Freiheit in ihren Handlungen ausgestattet. Jedes aktuelle Handeln produziert eine davon unterschiedene Variante des Handelns, das potentiell Mögliche, mit. Ein Wechsel zur anderen Seite ist immer möglich und die Freiheit dazu ist subjektiv verschieden, je nach Phantasie oder Fähigkeit der Erzieherin bzw. des Erziehers. Ein so gefasster Begriff pädagogischer Qualität verbietet ein Verständnis des Verhältnisses von Organisation und Subjekt, bei dem beide Systeme in einer strikt gekoppelten Beziehung zueinander stehen (vgl. Oevermann 2008). Kompetenzen eines Subjekts können nicht kausal mit Organisationsstrukturen in Verbindung gesetzt werden. Organisationsentwicklung ist in ihrem Kern jedoch bemüht, Freiheitsgrade durch Systematisierungen und Entscheidungen zu reduzieren. Die Freiheit der Subjekte, resultierend aus der Eigenart pädagogischen Handelns und gesellschaftlich geadelt durch den Begriff der Professionalität, unterwandert in diesem Sinne den steuernden Einfluss von Organisationsstrukturen auf subjektives Handeln.

Fazit

Die in diesem Kapitel geschilderte Situation konfrontiert Erziehende mit neuen Aufgaben und gesellschaftlichen Ansprüchen. Dass eine solche Umstellung nicht ohne weiteres zu leisten ist, versteht sich nahezu von selbst. Erzieherinnen und Erzieher müssen den Spagat zwischen gesellschaftlichen Herausforderungen, der Reflexion eigener Bildungsbiografien, der geringen gesellschaftlicher Anerkennung, den zunehmenden Anforderungen an die eigene Qualifikation, der Förderung der Lernfähigkeit der Kinder und der Verunsicherung der Eltern bewältigen. Es handelt sich dabei um einen Anspruch, auf den das gesamte System Kindertagesstätte reagieren muss, wenn er eingelöst werden soll. Er betrifft nicht allein das professionelle Selbstverständnis der Erzieherinnen und Erzieher, sondern auch die Strukturen der Organisation Kindertagesstätte. In beiden Feldern muss eine Umorganisation vollzogen werden. Derzeit wird dieser Zusammenhang in der Diskussion darüber noch nicht so klar gesehen. „Es mag erstaunen, dass sich die gegenwärtige Reformdebatte zur Qualitätssicherung bzw. – Entwicklung durch staatliche Maßnahmen mit curricularen Rahmenplänen und einer Verbesserung der Ausbildung von Erzieherinnen und Erziehern in einer deutlichen Selbstbegrenzung auf je ein Merkmal der Struktur- und Orientierungsqualität beschränkt" (BMFSFJ 2005 b, S. 349 f.).

Alles in allem wird im beschriebenen Paradigmenwechsel eine gewaltige Innovationserwartung deutlich. Es liegt offensichtlich die Forderung nach radikalem Wandel in der Luft, die einen Bedarf nach innovativen Lernprozessen und Lösungen nach sich zieht. Die Frage aber ist: Wie ist das möglich?

Hiermit ist die thematische Stelle gekennzeichnet, an der diese Arbeit anzusiedeln ist. Es soll untersucht werden, wie sich die Verbindung von Organisation und Subjekt gestaltet und wie Kindertagesstätten und ihre Mitarbeitenden lernen. In der hier vorgelegten Arbeit wird somit der Fokus auf strukturelle Bedingungen in der Professionalisierungsdebatte gelegt. Es wird untersucht und beschrieben, welche subjektiven und organisationalen Prozesse ablaufen, wenn in Kindertagesstätten ein Qualitätsmanagementsystem eingeführt wird.

4 Theoretischer Bezugsrahmen

In diesem Kapitel zu Organisation und Subjekt werden die theoretischen Grundlagen der Untersuchung dargestellt. Anhand dieser Ausführungen wird gezeigt, welche theoretischen Konstrukte die Arbeit rahmen und die Ausrichtung der empirischen Untersuchung bedingen.

4.1 Subjektwissenschaftliche Grundlagen

Der Begriff des Subjektes ist äußerst komplex und schwer zu fassen. Er kann in vielerlei Hinsicht definiert und betrachtet werden (Grundmann/Beer 2004). „Subjekt(ivität) ist offensichtlich nicht ein konzeptionell isolierbarer, monologischer Gegenstand, sondern eine besondere Realität, die unterschiedliche Thematisierungen zulässt, ja erfordert – und sich einer definitiven Festlegung praktisch wie begrifflich entzieht" (Schülein 2000, S. 657). Das Subjekt kann demnach in vielerlei Hinsicht definiert und betrachtet werden. Dennoch wird im Rahmen dieser Arbeit dezidiert von Subjekten und nicht von Individuen gesprochen. Denn der Begriff des Subjektes betont zum einen die Souveränität des Menschen in der Gestaltung seiner Umwelt, zum anderen aber auch die Abhängigkeit von gesellschaftlichen Verhältnissen. Des Weiteren enthält der Begriff den Verweis auf die Selbstbezüglichkeit und die Reflexion innerer Vorgänge[2]. Diese Begriffsfassung scheint für den Zweck der dieser Arbeit durchgeführten Untersuchung hinreichend geeignet. Im Folgenden wird das hier zugrunde gelegte Verständnis des Subjektbegriffs genauer vorgestellt.

4.1.1 Subjekttheoretische Perspektive

Um einen theoretischen Rahmen für die angestrebte Analyse zu spannen, wird zunächst der Begriff des Subjekts bzw. der des Subjektstandpunktes genauer

---

2 Zu diesem Verständnis von „Subjekt", auch in Abgrenzung zu Begriffen wie „Individuum", „Person", „Akteur", etc.,: Neuberger 2000, S. 490 f.

definiert. Dies geschieht in erster Linie anhand der kritisch-psychologischen Subjekttheorie.

Menschen sind erkennende und handelnde Wesen. In diesem Sinne wird unter dem Subjekt das „Ich", das „Bewusstsein", der „menschliche Geist" verstanden, der einerseits Träger von Eigenschaften ist, auf den aber auch Handlungen zurückgeführt werden können, für die bestimmte Intentionen vermutet werden können. In einem subjektwissenschaftlichen Ansatz werden das Subjekt, seine Sinnkonstruktionen und die daraus abgeleiteten Handlungen, als wesentliche Ausgangspunkte für die Betrachtung gewählt. Die subjektinternen spezifischen Parameter, die seine Wirklichkeits- und Selbsterfahrung strukturieren, werden dabei rekonstruiert. Somit ist der Subjekt-Standpunkt (Holzkamp 1995, S. 21 f.), bzw. der Akteursstandpunkt (vgl. Schäffter 2007, S. 363) auch für die hier angestrebte Analyse zentral. Alle subjektiven Prozesse werden als interne Prozesse eines Systems verstanden, die in Auseinandersetzung mit der das Subjekt umgebenden Umwelt entwickelt werden. Daher ist der Zusammenhang zwischen psychischen und sozialen Elementen in dieser Betrachtung von großer Bedeutung. Im Rahmen dieser Arbeit sind zwei Aspekte von besonderer Relevanz: Zum einen das Verhältnis, in welchem das Subjekt in seiner Selbsttätigkeit zur Organisation als gesellschaftlicher Umwelt steht. Und zum anderen, wie Lernprozesse des Subjektes in Auseinandersetzung mit dieser Umwelt strukturiert sind.

Nach Holzkamp ist die individuelle Existenz gesamtgesellschaftlich vermittelt (Holzkamp 1985, S. 304 f.). Individuen sind qua gesellschaftlicher Differenzierung personale Handlungsfähigkeiten zugewiesen, durch die sie das überindividuelle Gesellschaftssystem reproduzieren (Holzkamp 1985, S. 307). Das heißt auch, dass einige Handlungsweisen durch seine Verortung im sozialen Gefüge dem Subjekt möglich sind, es jedoch von anderen ausgeschlossen ist. Dies kann im Zugang zu Ressourcen, milieuspezifischen Wissensformen oder gesellschaftlich zugeteilten Privilegien begründet sein. In jedem Fall gilt dies im Hinblick auf die Thematik der hier vorgelegten Untersuchung für das Subjekt auch unter den Bedingungen und im Rahmen einer Organisation, in die es als Mitglied eingebunden ist. Die Handlungsfähigkeit des Subjektes ist jedoch nicht vollständig gesellschaftlich determiniert (Holzkamp 1985, S. 345). In der kritisch-psychologischen Perspektive wird davon ausgegangen, dass Menschen ihre Lebensbedingungen selbst (mit) produzieren. Subjekte verfügen über Freiheitsgrade und Handlungsalternativen.

Jede bewusste Handlung ist für das Subjekt funktional, d. h., sie dient der handelnden Auseinandersetzung mit der Welt im Sinne der jeweiligen subjektiven Interessen. „Wie 'frei' eine Handlung auch sein mag, sie ist für 'mich' als Subjekt immer aus meiner 'menschlich' qualifizierten Bedürfnislage begründet" (Holzkamp 1985, S. 350). Darüber hinaus besteht bei jeder Handlung ein notwendiger sozialer Bezug. Das Subjekt ist bei der Ausübung von Handlungen in die gesellschaftlichen Bedingungen als äußere Lebensbedingungen eingebunden. Aber auch unter den Bedingungen dieser gesellschaftlichen Rahmenbedingungen besteht ein Moment der Freiheit. Holzkamp bezeichnet die Möglichkeit der Verfügungserweiterung als „unbedingt" und als „eine genuine Spezifik der menschlichen Existenz" (Holzkamp 1985, S. 355). Subjektive Freiheit im Handeln kann sich dabei auf zwei Ebenen der Handlungsfähigkeit beziehen: Zum einen ist damit die Handlungsfähigkeit des Subjektes unter den gegebenen gesellschaftlichen Bedingungen bezeichnet. Zum anderen aber auch eine Handlungsfähigkeit, die die Verfügung über eben diese Bedingungen eigener Handlungsfähigkeit mit einschließt. In dieser Form können auch gesellschaftliche Prämissen als Bedingungen von Handlungsfähigkeit verändert werden und dadurch außerhalb der personalen Bedingungen des Subjekts liegende Handlungseinschränkungen aufgehoben werden. Eine solche Form der Handlungserweiterung wird auch mit Organisationsentwicklungsprozessen angestrebt.

Das Subjekt entwickelt seine interne Konstitution im Zuge der Auseinandersetzung mit seiner Umwelt. Als eine Art Infrastruktur zur Ausgestaltung des psychischen Systems differenzieren sich gesamtgesellschaftliche Bedeutungsstrukturen in Form von Normen, Traditionen, gemeinsam geteilten Grundannahmen etc. aus. Durch die gemeinsam geteilte Basis dieser verallgemeinerter Bedeutungsstrukturen ist darüber hinaus aber auch die Grundlage für eine intersubjektive Verständigung geschaffen. Dem einzelnen Subjekt stehen sie als vorgefertigte Handlungs- und Denkformen für seine spezielle Lebenspraxis gegenüber. Sie ermöglichen es dem Subjekt, subjektiv-funktional handelnd z. B. die Aufgaben seiner Arbeit zu erfüllen und somit an der Reproduktion der Gesellschaft teilzuhaben (vgl. Holzkamp 1985, S. 360). Sie zielen auf die „kognitiven Anforderungen zur Bewältigung der jeweils 'bedeutungsmäßigen' Arbeitshandlungen" (Holzkamp 1985, S. 361). Mit der Zeit entwickelt das Subjekt eine spezielle Biographie als individuelle Widerspiegelung dieser gesellschaftlich determinierten Handlungs- und Denkmodelle, die ihre Struktur aus Ereignissen früherer Realisierungen, bzw. Nicht-Realisierungen kondensieren (Holzkamp 1985, S. 368).

Jeder Versuch des Subjektes, die Grenzen seiner Handlungsfähigkeit zu überwinden und eine Möglichkeitserweiterung anzustreben, beinhaltet das Risiko des Scheiterns. Dies gilt besonders für Formen, bei denen gesellschaftliche Bedingungen der Handlungsfähigkeit in die Veränderung mit einbezogen werden. Eventuell stellen sich angestrebte Effekte nicht ein oder es entwickelt sich gar eine Dynamik, die die Handlungsfähigkeit einschränkt. Auch wenn das Subjekt theoretisch über die Möglichkeit zur Gestaltung der Bedingungen der Handlungsfähigkeit verfügt, kann es durch die Veränderung komplexer Zusammenhänge (etwa in einer Organisation) zum Verlust von Handlungsmöglichkeiten kommen. Dies ist z. B. der Fall, auf Grund von nicht antizipierbaren Effekten selbstgesteuerter Sozialsysteme oder weil die Veränderung der Bedingungen einer Handlungsmöglichkeit als Mitglied der Organisation nicht im Entscheidungsbereich lag und deshalb geahndet wird. In der Regel haben sich daher erprobte und bewährte subjektiv-funktionale Handlungsweisen und die soziale Umwelt auf einander eingespielt und es bedarf einer hohen Motivation und eines hohen Aufwandes, diese Balance aufzugeben, Veränderungen anzustreben und Widerstand zu riskieren. Werden solche Prozesse der Handlungserweiterung realisiert, sei es mit oder ohne Veränderung der Bedingungen der Handlungsfähigkeit, kann von einem subjektiven Lernprozess gesprochen werden.

4.1.2 Konzepte subjektiver Lernprozesse

Schäffter beklagt die Unschärfe des Lernbegriffs in der wissenschaftlichen Reflexion und den Umstand, dass in den jeweiligen Theoriegebäuden und Disziplinen jeweils unterschiedliche Definitionen dessen, was Lernen ist, entwickelt worden seien (vgl. Schäffter 2001, S. 156). Für den Bereich des Lernens von Erwachsenen konstituiert er einen Mangel an Konzepten, die als Anhaltspunkte für empirische Forschung dienen könnten.

Auch zur Erforschung des hier benannten Gegenstandes ist es notwendige Voraussetzung, einige theoretische Grundlagen zum Lernbegriff festzuhalten, um daran anschließend Aufmerksamkeitspunkte für die weitere Analyse ableiten zu können. Gleichwohl eine solche orientierende Definition immer auch die Beobachtungsperspektive nicht nur strukturiert sondern auch verengt: Es ist unvermeidlich, „dass mit einer derartigen paradigmatischen Festlegung auch der Forschungsgegenstand, also das, was an neuen Erkenntnissen zu finden ist, mitdefiniert wird" (Schäffter 2001, S. 156). In diesem Kapitel sollen u. a. die „Grundbegrifflichkeiten einer subjektwissenschaftlichen Theorie lernenden Weltaufschlusses" (vgl. Holzkamp 1995) aber auch andere Konzepte zum Lernbegriff vorgestellt werden. Dies stets im Zuge eines pragmatischen Vorgehens, theoretische Begrifflichkeiten in so weit zu definieren, wie es für die Analyse im Rahmen dieser Arbeit brauchbar erscheint, um eigene Einsichten anschließen zu können.

Mit Schäffter kann Lernen in einer systemtheoretischen Perspektive als Informationsgewinnung durch Umweltbeobachtungen beschrieben werden. In diesem Prozess entwickeln sich system- und subjektinterne „Erwartungsstrukturen" (vgl. Schäffter 2001, S. 166), anhand derer das Subjekt sich in ein relativ stabiles Verhältnis zur Umwelt setzt. Eine ähnliche Definition liefern Klimecki,

Probst und Eberl. Ihrer Auffassung nach ist Lernen „der individuelle Prozess der Auseinandersetzung mit der Umwelt auf der Grundlage bereits erworbener kognitiver Strukturen, die zugleich Möglichkeitsstrukturen weiteren Lernens sind" (Klimecki/Probst/Eberl 1994, S. 62). Dabei ist von einem rekursiven Verhältnis zu sprechen. Die Strukturen des Systems bedingen die Informationsgewinnung durch Umweltbeobachtung, diese Beobachtungen führen ihrerseits aber auch zu Veränderungen des Systems (vgl. Schäffter 2001, S. 167).

Lernprozesse finden vor allem dann statt, wenn vorhandene Strukturen, Erwartungen oder Deutungsmuster in ihrer Anwendung auf einen Widerstand stoßen, d. h. im Laufe ihrer Anwendung auf eine Situation oder Handlungsproblematik in eine Krise geraten. Die Systemtheorie spricht hier von „Irritationen". „Irritation als Lernanlass bezieht sich (…) auf die Erfahrung, dass das vorausgesetzte normative Profil der Erwartungsstrukturen nicht mehr greift" (vgl. Schäffter 2001, S. 190). Lernen findet statt, wenn ein System einen solchen Widerstand nutzt, um eine Selbstveränderung zu durchlaufen, in der kognitive Strukturen entwickelt werden, die in der Lage sind, die Widerstände (in sich) aufzuheben.

Bei Bateson (1985) findet sich eine Klassifizierung von Lernprozessen, die durch die Auseinandersetzung mit Widerständen ausgelöst werden. In unterschiedlichen Lernphasen definiert er Niveaus, die den Grad der Selbstveränderung eines Lernenden bezeichnen: Die niedrigste definierte Ebene ist das Nicht-Lernen (Lernen 0). Auf einen bestimmten Reiz erfolgt immer die gleiche Reaktion. Es erfolgen keinerlei Variationen, kein abweichendes Verhalten in diesem Reiz-Reaktions-Muster. Die erste basale Form, bei der im eigentlichen Sinne von Lernen gesprochen werden kann (Lernen 1), vollzieht sich, wenn anhand von Versuch und Irrtum eine Veränderung von Handlungsweisen erfolgt. Die Reaktion auf einen Reiz wird dabei als Irrtum und nicht zielführendes Handeln erkannt, wodurch eine Variante in der Reaktion durchgeführt wird. Bei Lernprozessen der nächst höheren Stufe 2 werden nicht mehr nur verschiedene Handlungsalternativen ausprobiert, sondern zunächst das Muster des jeweiligen Bezugsproblems analysiert. Daran anschließend wird aus einem Repertoire verschiedener Handlungsalternativen rational ausgewählt oder ggf. völlig neue Alternativen entwickelt. Lernen auf Stufe 3 bedeutet die Reorganisation des durch das Lernen Erlernten. Hier reflektiert das System über den Lernprozess selbst. Lernen erfolgt auf dieser Ebene, wenn die bisherigen Prozesse des Mustererkennens und des Entwickeln von Alternativen selbst kritisiert und überwunden werden. Die höchste Form des Lernens, Stufe 4, stellt ein Niveau dar, das von einzelnen Individuen nicht erreicht werden kann. Es beinhaltet die Veränderung körperlich-kognitiver Voraussetzungen. Dies kann nur im Rahmen kollektiver Evolution gelingen.

Im Verständnis Holzkamps beziehen sich Lernhandlungen stets auf eine konkrete Handlungsproblematik. Mit seiner als „Kritische Psychologie" bezeichneten Subjekttheorie versucht Holzkamp sich von behavioristischen Konzepten der Psychologie zu distanzieren und Lernprozesse vom Standpunkt des Subjektes aus zu verstehen und die jeweils internen Prozesse zu beschreiben. Dieses Theoriedesign fügt sich gut in das in dieser Arbeit vertretene konstruktivistische Konzept und die daraus resultierenden Forschungsstrategie ein. Auch die eingangs beschriebene Handlungserweiterung unter Einbeziehung der Veränderung gesellschaftlicher Rahmenbedingungen kann das Phänomen lernender Subjekte in Organisationsentwicklungsprozessen gut abbilden. Ein entsprechendes Forschungsdesign, dieser Vorgriff auf das Kapitel zur Forschungsmethode sei hier erlaubt, kann diese Subjektivität nicht als „Störfaktor" (vgl. Holzkamp 1990, S. 8) behandeln, sondern muss eine adäquate Vorgehensweise entwickeln, im Rahmen derer Subjekte sich mit ihren jeweiligen Problemstellungen auseinander setzten können.

Handlungsproblematiken entstehen aus einer subjektiv wahrgenommenen Diskrepanz zwischen tatsächlichen und den in einem Lerngegenstand liegenden potentiellen Handlungsmöglichkeiten, die jedoch (noch) nicht realisiert werden können. Die Lösung eines solchen Handlungsproblems ist dabei noch nicht per se mit einer Lernhandlung gleichzusetzen. Eine Schwierigkeit, ein im alltäglichen Handlungsvollzug auftretendes Problem, kann im spontanen Handlungsverlauf gelöst und bewältigt werden, ohne dass dabei bereits von Lernen gesprochen werden muss. Holzkamp spricht hier von „Mitlernen" (Holzkamp 1995, S. 183). Diese einfachen, gegebenenfalls durch Ausprobieren gewonnenen Lösungen, könnten bezogen auf professionelles Handeln und Management auch mit dem Konzept des „muddling-throu" betitelt werden. Aus der Handlungsproblematik wird eine typische Lernproblematik nach Holzkamp erst dann, wenn die Handlungssequenz, inklusive auftretender Probleme, aus dem primären Handlungsverlauf ausgegliedert und in einer Art Laborsituation analysiert wird mit dem Ziel, die Handlungsproblematik zu lösen. Die auf ein Handlungsproblem stoßende Bewältigungshandlung wird dann zum Gegenstand eines Lernprozesses. Holzkamp spricht hier auch von einer „Lernschleife" (Holzkamp 1995, S. 183).

Die auf eine Bezugshandlung gerichtete Lernschleife ließe sich als Beobachtung zweiter Ordnung verstehen. Sie ist geprägt durch eine (Selbst-) Distanzierung und einen Standpunktwechsel, der es dem Subjekt erlaubt, mehr zu sehen, als die auf Bewältigung zielende „blinde" Bewältigungshandlung. In der Lernschleife wird der Zielbezug der Bewältigungshandlung suspendiert und es können durch diese Ablösung von akuten Handlungsnotwendigkeiten und dem Zeitdruck einer realen Situation gedankliche Variationen durchgespielt werden. Führt diese Lernschleife schließlich zur Lösung des Problems, wurde nicht nur eine Bezugshandlung durch „Mitlernen" verändert, sondern auch eine die Situation überschreitende Permanenz, eine Kulmination des Gelernten, erreicht. Die Lernenden sind in der Lage, das Wissen transsituational einzusetzen und haben ein neues Niveau des Wissens, eine echte Handlungserweiterung generiert.

Solche theoretischen Konzepte des Lernens oder schlicht der Erweiterung von bewusster, reflektierter Bezugnahme zum eigenen subjektiven Standpunkt und gesellschaftlicher Positionierung durch Selbst-Distanzierung finden sich in vielen, nicht nur rein psychologischen Theorien (vgl. u. a. Elias 1987). Mit den Stufen individueller Erfahrung beschreibt Dewey (vgl. Dewey 2002) Ebenen individueller Lernprozesse, in denen ähnlich dem holzkampschen Lernschleifenkonzepts, die kompetente Auseinandersetzung des Lernenden mit seiner Umwelt zum Ausdruck kommt: Eine Schwierigkeit tritt auf, ungewohnte Erfahrungen lösen Befremden aus; die Schwierigkeit wird genauer gefasst, eine probeweise Deutung wird erstellt; die Schwierigkeit wird erkundet und eine mögliche Lösung entwickelt; versuchsweise werden die Konsequenzen der möglichen Lösung antizipiert; es wird weiter experimentiert, ein endgültiger Handlungsplan wird entwickelt; der Plan wird angewendet und die Handlung wieder aufgenommen.

Nach Dewey unterscheidet sich dieses rational geplante Lernen vom zufälligen Lernen durch den vierten Prozessschritt der versuchsweisen Ausgestaltung der vorläufigen Annahme. In der später beschriebenen Methode der Praxisforschung werden sich ähnliche Stufenabfolgen finden.

In den dieser Arbeit zugrunde gelegten Konzeptionen wird deutlich, dass Lernen ein subjektinterner Prozess ist, der nur von den Lernenden selbst zu leisten ist und nicht linear durch die Beratung oder Lehrtätigkeiten gesteuert werden kann (Holzkamp 1996). Neben den Ausführungen zur grundlegenden Beschaffenheit subjektiver Lernprozesse, unterscheidet Holzkamp verschiedene thematische Lernaspekte. Sie resultieren aus den jeweiligen subjektiven Lebensinteressen. Das generelle Lebensinteresse aller Subjekte sieht Holzkamp in der Erweiterung der Verfügung über Lebensbedingungen und der Gewinnung von Handlungsfähigkeit (Holzkamp 1995, S. 23). Diese Bestimmung des Subjektes über seine Lebensbedingungen bezeichnet Holzkamp als ein Allgemeininteresse, d. h. dies ist ein Interesse, das jedem Menschen und der Menschheit als Ganzes zu Eigen ist. Dieses Allgemeininteresse wird dabei als abstrakte Idee verstanden, die in letzter Konsequenz nicht erreicht wird, vielleicht auch gar nicht erreicht werden kann. Es handelt sich dabei eher um eine Vision, eine Richtungsbestimmung anhand derer aber konkrete Interessen darauf hin überprüft werden können, in wieweit sie in die Richtung der Realisierung des Allgemeininteresses führen, oder nicht. Im konkreten Fall kann dann die Handlungserweiterung des Einen die Handlungseinschränkung des Anderen bedeuten. Handlungsfähigkeit und deren Erweiterung durch Verfügung über die Bedingungen der Handlungsfähigkeit sind mithin immer sozial determiniert. „Die eigenen Lebensumstände, (…) sind in ihren relevanten Aspekten gesellschaftlich entstanden (…). Die Verfügung über relevante individuelle Lebensbedingungen ist also notwendig die individuelle Teilhabe an deren gesellschaftlicher Verfügung. Demnach sind Allgemeininteressen nur im Zusammenschluss mit anderen, als gemeinsame Interessen, realisierbar" (Holzkamp 1980, S. 211).

Aus diesen generellen Lebensinteressen der Subjekte resultieren dann zwei verschiedene Arten einer Intentionsstruktur einer Lernproblematik, die sich in expansivem oder defensivem Lernen äußern (Holzkamp 1995, S. 187 ff.).

Expansives Lernen liegt vor, wenn das Subjekt eine Erweiterung seiner Verfügungsmöglichkeiten und damit eine Erhöhung von Lebensqualität anstrebt. Expansives Lernen impliziert eine antizipierte wachsende Verfügungsmöglichkeit des Subjekts über seine Lebensbedingungen. Es kann sich die angestrebte Situation und sein Handeln, welches nach dem Lernprozess möglich sein wird, bereits vor dem vollzogenen Lernprozess vorstellen und verbindet dies in der Regel mit positiven Vorstellungen und Gefühlen. Aus diesem anzustrebenden vorweggenommenen Zustand resultiert eine hohe Lernmotivation. Sie ist mit ureigensten subjektiven Interessen verwurzelt und unterliegt dem Ermessen des Subjekts, dem es auch möglich ist, Lernen zu unterlassen.

Von expansivem Lernen unterscheidet Holzkamp defensives Lernen. Dieses Lernen ist nicht in erster Linie auf eine antizipierte wachsende Verfügung von Handlungsmöglichkeiten gerichtet, sondern auf die restriktive Abwehr von Bedrohung. Es kann hier von einem Zwang zum Lernen gesprochen werden. Aus einer extrinsischen Motivation ist das Subjekt angehalten, sich mit einer Handlungsproblematik auseinander zu setzen. Der entscheidende Unterschied zum expansiven Lernen liegt hierbei in der Intention, mit der diese Handlungsproblematik gemeistert wird. Defensives Lernen vollzieht sich als Reaktion auf Handlungsproblematiken in der Form des „widerständigen Lernens" (Holzkamp 1995, S. 193). Die Bezugshandlung wird in subjektiver Perspektive nicht zu einer wirklichen Lernproblematik. Die dem Subjekt aufgedrängte Auseinandersetzung mit der Bezugshandlung führt dann durch defensive Lernprozesse zu einer restriktiven Handlungsfähigkeit, die einzig auf die Lösung eines konkreten Problems gerichtet ist. Im Unterschied dazu wurde im Ausgang expansiver Lernprozesse eine verallgemeinerte Handlungsfähigkeit mit situationsüberschreitender Permanenz erreicht.

In diesem Sinne kann subjektive Handlungserweiterung nicht ohne die integrierte Analyse sozialer Umwelt verstanden werden. In der (sozialen) Welt existieren verschiedene potentielle Lerngegenstände, die Holzkamp als „Bedeutungseinheiten" (Holzkamp 1995, S. 207) bezeichnet. Damit sind gesellschaftliche Sinnzusammenhänge gemeint, die den Subjekten als Lernfelder zur Verfügung stehen können. Eine Bedeutungseinheit bezeichnet einen weit gefassten gesellschaftlich-sinnhaft geprägten Rahmen, etwa musikalische Kompositionen. Solche Bedeutungseinheiten treten dem Subjekt in der Regeln in Form konkreter Repräsentanten entgegen, d. h. als spezielle Bedeutungseinheiten. Das Subjekt kann dann solche Bedeutungseinheiten als Lerngegenstand wählen, arbeitet aber mit konkreten „speziellen Bedeutungseinheiten" als einer spezifischen Form des allgemeinen Sinnzusammenhangs. Bedeutungseinheiten weisen eine spezielle Struktur auf. Auf den Fall dieser Arbeit gewendet arbeiten die am Projekt beteiligten Erzieherinnen und Erzieher an den Strukturen ihrer konkreten Kindertagesstätte, an der Bildungsbegleitung realer Kinder und an der Lösung ihrer eigenen, spezifischen Teamproblematiken als spezielle Bedeutungseinheit. Durch die Auseinandersetzung mit dem Thema der Qualitätsentwicklung im eigenen, besonderen Falle entsteht darüber hinaus unter der Bedingung expansiven Lernens auch ein Verständnis für Veränderungsprozesse im Allgemeinen. Die Lernproblematik ist dabei sehr vielschichtig und mit dem Begriff der Qualitätsentwicklung allein nicht ausreichend bezeichnet.

Der erreichbare Grad an Tiefe eines Lernprozesses ist auch abhängig von der Strukturierung des jeweiligen Lerngegenstandes. In komplexen Lerngegenständen ist ein Verweis auf vielschichtigen kulturellen Sinn inhärent angelegt. Durch die lernende Annäherung und Aneignung an bestimmte komplexe Gegenstände erschließt sich das Subjekt sukzessive die darin angelegten Verweise auf größere Zusammenhänge. Die Lernenden können sich tiefgehend mit einer Thematik beschäftigen und mit ihrem zunehmenden Verständnis in die verallgemeinerten Bedeutungszusammenhänge eindringen. D. h. durch die tiefe Auseinandersetzung mit einer speziellen komplexen Bedeutungseinheit, wie etwa die konkrete Arbeit mit Kindern, können subjektive Lernprozesse auf die Ebene allgemeiner und abstrakter Einsichten einer solchen Bedeutungseinheit führen, wie etwa allgemeine Bereich der Erziehungswissenschaft, Psychologie und Philosophie. Diese müssen dabei vom Subjekt aus noch nicht vollständig verstanden werden (so dies überhaupt möglich ist), aber es kommt auf diesem Wege in Kontakt mit einer Art kollektivem Bewusstsein und dessen, was als Resultat des Lernens Vieler in Strukturen (z. B. kultureller Praktiken) manifest geworden ist und auf diesem Wege mitgelernt wird. „Je mehr Tiefenstruktur der Lerngegenstand besitzt, je allgemeiner sind seine Verweisungen auf umfassende Bedeutungszusammenhänge" (Holzkamp 1995, S. 222). Dies gilt für kindliches Lernen wie für das von Erwachsenen. Lernumgebungen für Kinder müssen angemessen komplex sein, um tiefes Lernen und differenzierte synaptische Verbindungen zu ermöglichen. In Organisationsentwicklungsprozessen muss durch wissenschaftliche Begleiterinnen und Begleiter bzw. Beraterinnen und Berater der Rahmen für hinreichend komplexe Formen der Selbstbeobachtung und Reflexion bereitet werden, um über die Bearbeitung konkreter Alltagsprobleme zu einem abstrakteren Verständnis der Sachlage als Voraussetzung für zukünftiges angemessenes Handeln zu führen.

Anhand der hier vorgestellten Ausschnitte einer kritisch-psychologischen Lerntheorie und verschiedenen Schemata zur Klassifizierung von Lernprozessen, wurden abstrakte Modelle skizziert, die einen Anhaltspunkte dafür liefern, wie Lernprozesse ablaufen und kategorisiert werden können. Nachdem damit der für die Seite des Subjekts relevante Referenzrahmen dargestellt wurde, erfolgt im Weiteren die Darlegung der soziologischen Grundlagen zur Organisation.

4.2 Soziologische Grundlagen

Bei den in diesem Kapitel aufgeführten soziologischen Grundlagen handelt sich im Wesentlichen um eine Darstellung der systemtheoretischen Organisationstheorie, die vor allem von Niklas Luhmann innerhalb einer allgemeinen Theorie sozialer Systeme formuliert wurde. Gleichzeitig wird an dieser Stelle in Teilen auch das systemtheoretische Basisparadigma ausgeführt, um den Grundstein für folgende Kapitel, wie etwa zur Forschungsmethode, zu legen.

4.2.1 Organisation als soziales System

Im Gegensatz zu klassischen Konzeptionen der Organisationstheorie, geht die moderne Systemtheorie zunächst nicht von der Rationalität einer Organisation aus. Im systemtheoretischen Verständnis kann eine Organisation sich selbst zwar auch als rational beschreiben, aber hierfür sind bereits Voraussetzungen zu erfüllen, die die Systemtheorie als primäres Bezugsproblem in den Fokus der Betrachtung rückt: Eine Organisation muss existieren. Dies gelingt dem Sozialsystem Organisation in jedem Moment, in dem es sich selbst reproduziert. Die soziologische Systemtheorie bezieht sich in ihrem Kern auf diese Prozesse der Selbstproduktion.

Der Ausgangspunkt der Theorie ist als Differenz gefasst. Als Basisparadigma dient die Unterscheidung zwischen System und Umwelt. Ein System kann immer dann beobachtet werden, wenn es ihm gelingt, eine Differenz, eine Grenze zur Umwelt zu ziehen. Umwelt ist dann alles das, was das System nicht ist. Das System entsteht im Vollzug der Grenze. Dabei ist die Umwelt relevant, da Systeme nur als von etwas unterschieden bezeichnet, d. h. beobachtet werden können: Die Umwelt ist „Voraussetzung der Identität des Systems, weil Identität nur durch Differenz möglich ist" (Luhmann 1984, S. 243). Auch eine Organisation kann als von seiner Umwelt unterschiedenes System beobachtet werden, denn: „Als System läßt sich (...) alles bezeichnen, worauf man die Unterscheidung von innen und außen anwenden kann" (Luhmann 1964, S. 24). Die Gesellschaft ist das komplexeste soziale System, das alle aufeinander beziehbare Kommunikation umfasst. Intern ist das Gesellschaftssystem funktional differenziert in Subsysteme. Organisationen entstehen wenn „ein Gesellschaftssystem in sich selbst eine Grenzziehung einrichtet, bei der auf der einen Seite (...) Organisationen entstehen und auf der anderen Seite etwas, was von Organisationen als ,Umwelt' behandelt werden kann" (Luhmann 1984, S. 383).

Der Operationsmodus der Selbsterzeugung eines Systems wird mit dem Begriff der Autopoiesis bezeichnet (Luhmann 1984, S. 43). Der Ansatz der Autopoiesis geht davon aus, dass Systeme nicht einfach bestehen, sondern dass sie sich ständig aus sich selbst heraus reproduzieren müssen. Auf systemtheoretischer Grundlage ist dann die Definition einer Organisation zunächst: „Eine Organisation ist ein System, dass sich selbst als Organisation erzeugt" (Luhmann 2000, S. 45).

Bei einem autopoietischen System handelt es sich um einen Zusammenhang von Elementen, die durch ihre wechselseitige Verknüpfung einen Bereich markieren, der von anderen Bereichen unterscheidbar ist. Da laut Luhmann soziale Systeme ausschließlich aus Kommunikationen bestehen, muss Kommunikation an Kommunikation anschließen. Im Falle von Organisation hat diese Kommunikation die Form einer Entscheidung. Organisationen sind demnach „Systeme, die aus Entscheidungen bestehen und die Entscheidungen, aus denen sie bestehen, durch die Entscheidungen, aus denen sie bestehen, selbst anfertigen" (Luhmann 1988, S. 166).

Ihre Autopoiesis prozessieren soziale Systeme im Medium Sinn (Baraldi 1999 b). Sinn ist die Einheit von Aktuellem und Möglichem, gewissermaßen das Material, das Systeme für Formbildungen verwenden können. Abstrakt gesehen steht einem System eine nicht handhabbare Vielfalt von Möglichkeiten zur Verfügung, eine unüberschaubare Komplexität. Das System ist daher gezwungen, eine Auswahl zu treffen, um diese Komplexität zu reduzieren. Es erfolgt eine selektive Realisierung der Möglichkeiten (vgl. Luhmann 1984, S. 460). Das System reduziert die Komplexität des Möglichen, indem es durch seine Beobachtungen Elemente bezeichnet. In der konstruktivistischen Systemtheorie sind Beobachtungen wiederum nur durch das Einführen einer Unterscheidung in den „unmarked-space" (vgl. Spencer Brown 1979, zitiert nach Luhmann 1997, S. 222) der Welt möglich. Man könnte auch von einem „potential space" sprechen, wie es Winnicott (1974, S. 116) im Hinblick auf Entwicklungsprozesse von Kindern und deren Förderung nennt. Die Markierung ist der Unterschied zwischen einer aktuellen Form und der latenten möglichen Formen als abgedunkelte Seite, als notwendiger negativer Reflexionswert der Unterscheidungsform. Die dadurch bezeichnete Form resultiert aus dem aktuellen Zustand der Systemstrukturen und operativen Tätigkeit des Systems. Die Geschichte und die Strukturen des Systems entscheiden, was als Element beobachtet werden und damit anschließen kann. Die verwendete Form wird selbstreferentiell als etwas Eigenes betrachtet. Das davon Unterschiedene dient als Fremdreferenz. Durch die Unterscheidung von Selbst- und Fremdreferenz löst das System die Paradoxie auf, dass es sich bei der unterscheidenden Bezeichnung um die systemeigene Tätigkeit handelt und dass das von ihm Beobachtete es selbst ist. Im basalen Operationsmodus der Beobachtung erster Ordnung kann das System nicht sehen, dass es sich selbst beobachtet. Aber tatsächlich operiert das System bei diesen Beobachtungsoperationen niemals außerhalb seiner Grenzen. Es ist ein geschlossenes System und reduziert Umweltkomplexität in seiner Beobachtung gemäß seiner eigenen Logik.

Nur ein Beobachter zweiter Ordnung, der ein beobachtendes System beobachtet, kann nicht nur die vom System bezeichnete Seite der Differenzform sehen, sondern auch das komplette Beobachtungsschema der Form von Bezeichnetem und Potenziellem.

Entscheidungen sind als basale Einheiten organisierter Kommunikation ereignishafte Operationen. Ereignishaftigkeit bezeichnet dabei die Sachlage, dass die Operationen keinen Zeitwert haben, keine Dauer. Die konstituierenden Elemente sind somit extrem flüchtig, d. h., sie existieren nur als Ereignis in der Gegenwart. Hier wird dann auch die Bedeutung und das Problem von Autopoiesis deutlich: Der Fortbestand eines Systems wird erklärungsbedürftig. Wie kann ein System bestehen, obwohl sich die Elemente, aus denen es besteht, ständig verflüchtigen? Das Weiterbestehen wird zum Kernproblem. Für die Reproduktion der Differenz eines Systems zu seiner Umwelt ist es daher zwingend notwendig, dass Elemente an vorangegangene Elemente anschließen. In einer Organisationstheorie, die von autopoietischen Systemen ausgeht, treten dann Fragen nach Rationalität, wie sie klassische Organisationsmodelle aufwerfen, an eine untergeordnete Stelle, da auch möglicherweise vorhandene Rationalität in erster Linie ein Fortbestehen, eine laufende Autopoiesis des Systems voraussetzt. Luhmann konstruiert demnach einen rationalitätsfreien Begriff von Organisation. „Alle Rationalität wird zur Anschlußrationalität" (Luhmann 1978, S. 342).

Das Organisationssystem kann sich reproduzieren, wenn es ihm gelingt an die ereignishafte Entscheidungen darauf folgende Entscheidungen anschließen zu lassen. In diesem Sinne ist Organisation immer Prozess, weil „Organisationen andauernd auseinanderfallen und deshalb beständig neu aufgebaut werden müssen. Prozesse müssen permanent neu verwirklicht werden" (Weick 1985, S. 67). Oder anders und für den Kontext dieser Arbeit sehr passend formuliert: „Organisationsentwicklung ist Existenzbedingung und Dauerzustand, nicht Sonderaktion" (Neuberger 2000, S. 495)! Autopoiesis wird somit auf der Ebene der Operationen realisiert. Auf der Ebene der Systemstrukturen ist ausschlaggebend, dass das Anschließen von Elementen gewährleisten ist.

Durch die rekursive Vernetzung von Entscheidungen erlangt das Organisationssystem seine operative Schließung. Jede Entscheidung ist Prämisse weiterer Entscheidungen. Gründe, aus denen entschieden werden muss und Sachverhalte über die entschieden wird, erlangt das System durch die Beobachtung der Umwelt. Die vom System unterschiedene Umwelt ist immer komplexer als das System, deshalb kann das System die Umwelt nur ausschnitthaft berücksichtigen. Es findet daher eine Reduktion der Komplexität im System statt und keine Eins-zu-Eins-Abbildung der Umwelt im System.

Wie bereits ausgeführt, wird jede Beobachtung eines Systems in selbstreferentieller Operationsweise durchgeführt, d. h. anhand eigener Unterscheidungen. Systeme führen dadurch ihr Beobachtungsschema in die Umwelt ein, für das es in dieser Form dort, also außerhalb des Systems, keine Entsprechung gibt. Eine besondere Form dieser Selbstbezüglichkeit liegt in der Form der Reflexion vor. Hier ist es das System selbst, das sich anhand der Differenz von System und Umwelt als von der Umwelt unterschieden beobachtet. Es kommt nach Luhmann, der diesen Begriff von Spencer Brown übernimmt, zu einem „re-entry" (Spencer Brown 1979, S. 56 ff., zitiert nach Luhmann 1997, S. 45), zu einem Wiedereintritt der Unterscheidung von System und Umwelt in das durch diese Unterscheidung Unterschiedene. Dies ist die Voraussetzung dafür, dass das System Informationen über sich selbst gewinnen kann. Eine systemtheoretische Organisationstheorie beobachtet also Organisationen als sich selbst beobachtende Systeme.

Bei seinen Beobachtungen kann das System z. B. Veränderungen der Umwelt oder seiner selbst feststellen. Diese Veränderungen sind aber auch wieder Produkte des Systems, da sie auf seine selbstreferentielle Beobachtungstätigkeit zurückzuführen sind. Es sind Konstrukte des Systems, die durch seine in die Umwelt eingezogenen Unterscheidungen entstehen. Ein beobachteter Unterschied kann dann das System irritieren und im System einen Unterschied machen, d. h. zu einer Entscheidung führen. Wie das System auf diese Information, reagiert hängt vom Zustand ab, in dem sich das System durch eigenes Operieren selbst versetzt hat.

Das basale Element einer Organisation soll nun näher beleuchtet werden. Was sind Entscheidungen und wie werden sie kommuniziert? Luhmann konzipiert Entscheidungen als Beobachtungen (Luhmann 2000, S. 132). Um etwas beobachten zu können, um etwas zu bezeichnen, muss es von dem unterschieden worden sein, was es nicht ist. „Beobachtung heißt (...): Handhabung einer Unterscheidung" (Luhmann 1984, S. 63). Beobachtungen haben demnach eine Zwei-Seiten-Form, wie die beiden Seiten einer Medaille: Die eine bezeichnete Seite, also die, die beobachtet wird, ist nur deshalb zu beobachten, weil sie von der unterschieden wird, die sie nicht ist. Für die bezeichnende Operation eines Beobachters besteht hierin kein Problem. Er kann seine Beobachtungsoperation durch das Bezeichnen einer Seite der Form der Unterscheidung vollziehen und ist für die seiner Beobachtung zugrunde liegende Unterscheidung selbst blind. Der Beobachter „benutzt die eigene Unterscheidung als seinen blinden Fleck" (Luhmann 1990, S. 85). Auf der Ebene der Beobachtung zweiter Ordnung stößt ein Beobachter, der die Beobachtung erster Ordnung beobachtet, auf die Paradoxie, dass die eine Seite der Unterscheidung, die durch die Beobachtung bezeichnet wird, nicht ohne die andere, nicht bezeichnete Seite existieren kann. Das Beobachtete ist beides, das Bezeichnete und das davon Unterschiedene. Für den Beobachter ist diese Paradoxie latent, d. h. verdeckt. Sie ist unsichtbar, weil sie die Bedingung des Sehens ist.

Übertragen auf Entscheidungen bedeutet diese Überlegung, dass Entscheidungen Beobachtungen besonderer Art sind. Die Entscheidung ist eine Beobachtung in der Form einer Alternative mit der Besonderheit, dass beide Seiten der Unterscheidung bezeichenbar sind (Luhmann 2000, S. 123 f.). Die eine Seite ist dann die ausgewählte Möglichkeit innerhalb der Alternative und die andere Seite ist nicht latent, sondern ebenfalls eine bezeichenbare Möglichkeit. Das Bezeichnen einer Seite der Form ist das autopoietische Operieren der Organisation. Wie jedes kommunikative Element in sozialen Systemen sind Entscheidungen in organisierten Sozialsystemen ereignishaft. Nach der ereignishaften Entscheidung bestehen jedoch andere Möglichkeiten als vor ihr. Der entstandene Raum reduzierter Möglichkeiten bietet eine eigene Komplexität und dadurch mehrere Alternativen an, wodurch wieder Entscheidungen notwendig werden.

In der Entscheidung wird die jeweils nicht realisierte Alternative als abgelehnte Möglichkeit mitkommuniziert. Ohne die unterschiedenen, abgelehnten Alternativen wäre nicht erkennbar, dass überhaupt eine Entscheidung vorliegt. Die abgelehnten Möglichkeiten können als Thema im Systemgedächtnis, in Akten oder in den psychischen Systemen der Umwelt gespeichert und gegebenenfalls erinnert werden. Sie können dann zu gegebener Zeit wieder kommuniziert werden, um die Kontingenz vergangener Entscheidungen zu betonen. Prinzipiell muss sich jede Kommunikation in der Organisation als Entscheidung darstellen lassen. Also wird auch Verhalten, das als Kommunikation beobachtet wird, als Entscheidung darstellbar.

Die Kontingenz von Entscheidungen macht das Anschließen weiterer Entscheidungen möglich und nötig. Entscheidungen müssen dazu in Organisationen verknüpft werden. Denn: „Eine Entscheidung 'ist' nicht, (...) sondern eine Entscheidung 'wird' zu einer Entscheidung, indem andere Entscheidungen an sie anschließen, für die dasselbe gilt" (Baecker 1999, S. 145). Es gibt natürlich auch Kommunikation über Entscheidungen außerhalb von Organisationen, z. B. Entscheidungen privater Natur, aber nur in Organisationen werden Entscheidungen in rekursiven, selbstreferentiellen Systemen zusammengeschlossen, in denen sie dann füreinander Kontingenzspielräume definieren.

Durch das rekursive Anschließen von Entscheidung an Entscheidung erfolgt eine Unsicherheitsabsorption. Unsicherheit kann absorbiert werden, weil sich Entscheidungen an Entscheidungen orientieren können. Es findet eine systeminterne Erzeugung von Information statt, die nicht neu über die komplexe Umwelt informiert, sondern über systeminterne Einschränkung von Möglichkeiten des Anschlusses von Entscheidung.

Das bis hier Gesagte bedeutet, dass Information zu einer Entscheidung beiträgt. Allerdings darf die Information nicht total sein, denn: „Bei vollständiger Information könnte keine Information sich als Entscheidung kenntlich machen" (Luhmann 2000, S. 188). Für Entscheidungen ist Nichtwissen demnach von elementarer Wichtigkeit. Nichtwissen macht Entscheidung erst nötig. Es ist demnach eine Ressource für Autopoiesis, ein Pool an Unsicherheiten, über die entschieden werden kann.

Entscheidungsprämissen

Da Entscheidungen ereignishaft sind, ist das Problem der Systeme stets die Reproduktion und das rekursive Anschließen von Elementen. Aber „kein System befindet sich in einem entropischen Zustand vollständiger Unbestimmtheit des nächsten Augenblicks" (Luhmann 1988, S. 172). Das gilt besonders für komplexe Systeme. Diese bilden Strukturen, die im Folgenden angelehnt an Luhmann als Entscheidungsprämissen (vgl. Luhmann 2000, S. 222 ff.) benannt werden. Da autopoietische Systeme die Elemente, aus denen sie bestehen, stets selbst neu bilden müssen, werden auch Strukturen des Systems (re-)produziert. Strukturen sind deshalb variabel und wechseln ständig, können eine Weile Bestand haben, oder auch nur ein einziges Mal ereignishaft auftreten und benutzt werden. Ausschlaggebend ist nur, dass sie einschränken, welche Elemente an eine Operation anschließen können. In bestimmten Situationen kann nicht mehr völlig willkürlich entschieden werden, sondern nur noch im Rahmen der Prämisse.

Strukturen regeln damit die intern zugelassene Komplexität eines Systems. Der Grad der Systemkomplexität kann man mit Redundanz und Varietät angeben (vgl. Esposito 1999 b). Wie im Abschnitt zur Autopoiesis bereits ausgeführt, kann ein System nur durch Umweltkontakt und Umweltoffenheit operieren. Es benutzt Irritationen aus der Umwelt zur Informationsverarbeitung, indem es Unterschiede in der Umwelt zum Entscheiden nutzt. Mit Redundanz ist dann ein Grad interner struktureller Einschränkung bezeichnet, der vorgibt, wie auf Umweltunterschiede reagiert wird. Für Organisationen bedeutet dies, wie entschieden wird. Redundanz bezeichnet somit den Grad der rekursiven Verflechtung von Entscheidungen. Ist eine Entscheidung stark durch die vorhergehende determiniert und determiniert ihrerseits stark die folgende, so ist der Grad der Redundanz hoch. Demgegenüber bezeichnet der Begriff der Varietät die Verschiedenartigkeit von Entscheidungen. Bei der Zunahme der Varietät werden Unterschiede auf eine Weise entschieden, wie diese vorher noch nie entschieden wurden. Die Varietät ist dann hoch und die Redundanz niedrig.

Der Grad an Varietät und Redundanz ist maßgeblich auch durch Prämissen von Entscheidungen abhängig. Nach Luhmann nehmen Entscheidungsprämissen die Form von Programmen, Kommunikationswegen, Personen und Organisationskultur an (Luhmann 2000, S. 222 f.).

Programme

Entscheidungsprogramme (Luhmann 2000, S. 256 ff.) sind in fixierter Form, d. h. beispielsweise als Dienstanweisungen und Hausordnungen gegeben und strukturieren vor, wie welche Entscheidungen zu entscheiden sind. Sie bilden auch einen Teil des Organisationsgedächtnisses, denn hier kann nachgelesen und auf dieser Grundlage beobachtet werden, ob richtig oder falsch entschieden wurde. Als Prämisse ist das Programm aber nicht konkret genug, um in allen Entscheidungssituationen genaustens anzugeben, wie entschieden werden muss. Sie ist also interpretationsbedürftig. Im Alltag kann eine Tendenz zur Konkretisierung beobachtet werden. Aus Gewohnheit wird dann immer gleich entschieden. Entscheidungsprogramme lassen sich nach Zweck- und Konditionalprogrammen unterscheiden: Zweckprogramme sind auf die Zukunft, auf den zukünftigen Output der Organisation gerichtet mit einem Mittel-Zweck-Schema. Im Gegensatz dazu sind Konditionalprogramme eher auf die Verarbeitung von Input, von Information konzentriert und folgen einem Wenn-dann-Schema. Sie haben die Form von Ge- und Verboten, die im Vergleich zu den elastischen Zweckprogrammen eher starr sind.

Kommunikationswege

Eine weitere Möglichkeit, die nötigen Einschränkungen von Selektionen durchzuführen, besteht in der Einrichtung von Kommunikationswegen, die als Entscheidungsnetzwerk in den Organigrammen einer Organisation sichtbar werden. Die offizielle Kommunikationsstruktur einer Organisation ist ihre Hierarchie. Baecker macht in diesem Zusammenhang den Vorschlag, Hierarchie dabei nicht als Struktur zu denken, sondern als Beobachtungsoperation (vgl. Baecker 1999, S. 218 ff.). Die Leistung der Hierarchie besteht in dem Ordnungsprinzip, durch welches Mitglieder in der Organisation wechselseitig füreinander erreichbar sind. Selektionseinschränkung und Unsicherheitsabsorption durch Hierarchie bedeutet, dass nicht alles, was irgendwo im System passiert, Folgen für das Gesamtsystem hat. Auf vielen Ebenen in der Hierarchie laufen Entscheidungen unabhängig vom Gesamtsystem ab. Hier wird Information so verarbeitet, dass sie zu Entscheidungen führt und auf der Gesamtebene keine Rolle mehr spielt, also nicht nochmals an anderer Stelle beim Entscheiden berücksichtigt werden müsste. Aber Hierarchie markiert selektive Schnittstellen, an denen verschiedene Mitglieder miteinander kommunizieren. „Hierarchie schützt vor den unberechtigten Eingriffen anderer (...) und zeichnet exakt und präzise die wenigen Stellen aus, von denen aus Eingriffe erwartet werden müssen" (Baecker 1995, S. 217).

Baecker unterscheidet zwei Arten von systeminterner Komplexität: Kommunizierbare und beobachtbare Komplexität (Baecker 1999, S. 182 ff.). Die kommunizierbare Komplexität entspricht der offiziellen Organisationsstruktur in Form von Selbstbild, Stellen und Programmen. Diese kommunizierbare Komplexität besteht aus darstellbaren Entscheidungen und weist eine relativ niedrige Komplexität auf. Demgegenüber weist die beobachtbare Komplexität weniger Redundanz auf. Die Komplexität, die Baecker damit bezeichnet, resultiert aus der nicht hierarchischen Kommunikation und den nicht durch Organisation determinierten Entscheidungen. Sie wird oft mit dem Begriff „informelle Organisation" bezeichnet. Die komplexe Struktur resultiert aus dem Mehr an Varietät der Entscheidung. Baecker ist der Auffassung, dass Organisationen ihre Komplexität nur durch diese Differenzierung bewältigen können. So kann die Selektivität der formalen Kommunikation nur gesteigert werden, weil die informelle Kommunikation Einbußen durch Selektivitätssteigerung auffangen kann. Andererseits können informelle Entscheidungen nur deshalb rekursiv vernetzt werden, weil die offiziellen Strukturen so unterkomplex sind. Hier ist beispielsweise an das „Zwischen-Tür-und-Angel-Gespräch" mit Kolleginnen und Kollegen zu denken.

Der Hierarchie wird von einigen Autoren eine große Effizienz zugeschrieben, wenn es darum geht, bestimmte Aufgaben zu bearbeiten. So sieht Willke die Vorteile von Hierarchie vor allem bei der Bewältigung von Aufgaben, die in

Teilaufgaben zerlegt werden können, um dann entlang der hierarchischen Struktur die Teillösungen zu einem Ganzen zusammenzuführen (Willke 1998, S. 68 f.).

Personen

Eine dritte Entscheidungsprämisse sind die Personen. Personen werden aus bestimmten Gründen als kompetent eingestuft und ihnen wird die Erledigung einer Aufgabe in der Organisation zugetraut und übertragen. In gewisser Weise ist dies die Lösung dafür, dass nicht alle Entscheidungsnotwendigkeiten antizipiert und Zweck- und Konditionalprogramme darauf ausgerichtet werden können. Über unvorhersehbare Möglichkeiten und auch über die Programme der Organisation selbst müssen dann Entscheidungen von „Personen-in-Stellen" (Luhmann 2000, S. 226) getroffen werden. Personen „werden, ähnlich wie Programme, als Entscheidungsprämissen für Entscheidungen gewählt (Luhmann 2000, S. 225).

Die Form der Person ist eine Komplexitätsreduktion, mit der die Organisation ihre Mitglieder beobachtet. Sie sind als solche in das System inkludiert und die interne Kommunikation, also Entscheidungen, werden ihnen zugeschrieben. Genauso müssen sie als Autor dafür die Verantwortung tragen, bzw. als Adressaten daran anschließen.

Die Beobachtung der Mitglieder als Personen dient der Organisation zum Umgang mit dem Problem der doppelten Kontingenz. Damit die Organisation stabile Erwartungen entwickeln kann, ist die Mitgliedschaft konditioniert, d. h., möchte eine Person, aus welchen Gründen auch immer, Mitglied einer Organisation sein und bleiben, muss sie sich an bestimmte Regeln halten: „Jeder kann immer auch anders handeln und mag den Wünschen und Erwartungen entsprechen oder auch nicht – aber nicht als Mitglied einer Organisation" (Luhmann 1997, S. 829, kursiv im Original).

Ist eine Person als Mitglied inkludiert, wird die Mitgliedschaft interpretierbar. Im Innern können dann Unterscheidungen in die Mitgliedschaft z. B. bezüglich der hierarchischen Verortung und Leistungserwartungen eingelesen werden. Das Subjekt wird „von der Organisation als Träger eines Gedächtnisses, als Adressat einer Kommunikation, als Handelnder, als Träger von Wahrnehmungsfähigkeit (…) und nicht zuletzt als Beobachter der Organisation aus einem anderen Blickwinkel als jenem der Organisation selbst in Anspruch genommen und vielfältig gefordert" (Baecker 2000, S. 153). Die Form der Person (vgl. Luhmann 1995 a) wird somit von anderen Aspekten des Menschen unterschieden, in der alles das unbestimmt zusammengefasst wird, was im Kontext des Systems irrelevant ist und mit dem deshalb nicht gerechnet werden muss. Der „Mensch als

Sammelbegriff" (Kneer/Nassehi 1993, S. 155) für die Operationen psychischer und physischer Systeme ist in der Umwelt des Kommunikationssystems verortet.

Organisationskultur

Luhmann geht noch auf einen weiteren, vierten Typ von Entscheidungsprämissen ein, den der Organisationskultur (Luhmann 2000, S. 239). Die Kultur der Organisation ist nicht auf struktureller Ebene beobachtbar, etwa wie Programme, da sie nicht explizit kommuniziert wird. Die Komponenten der Kultur sind nicht-kommunizierte Werte. Sie ist nicht Teil von Programmen. Organisationskultur ist nicht auf konstituierende Entscheidungen zurückzuführen und kann nicht durch Entscheidungen abgeschafft werden. Es besteht nur eine unkommunizierte Akzeptanz durch Vertrautheit. Zur Prämisse von Entscheidung wird sie, weil sie Beobachtungen determiniert. Die Organisationskultur liegt den Operationen latent zugrunde, leitet die Kommunikation, ohne dass sie beobachtet werden kann. Es lassen sich in jeder Organisation solche latenten Strukturen neben den manifesten Strukturen beobachten.

4.2.2 Kindertagesstätten als Teil der Gesellschaft

Weil die Fragestellung dieser Arbeit auf die Organisation von Bildungseinrichtungen bezogen wird, erfolgt an dieser Stelle eine kurze Darstellung des Verhältnisses zwischen Organisation und Funktionssystem, konkret: zwischen der Organisation Kindertagesstätte und dem gesellschaftlichen Erziehungssystem.

Das Entstehen von Organisationen ist eine evolutionäre Errungenschaft funktional-differenzierter Gesellschaften. Denn in einer solchen Gesellschaftsform wird Organisation nicht nur möglich, sondern auch nötig. Zunächst ist zu beobachten, dass Organisationen der Gesellschaft weitgehend gemäß der funktionalen Differenzierung einem Gesellschaftssystem zugeordnet sind (vgl. Luhmann 2000, S. 405; Luhmann 2002, S. 145 f.). Dabei geht aber kein Funktionssystem in einer einzigen Organisation auf. So wie es im politischen System Parteien, den Staat und andere Organisationen gibt, finden sich im Erziehungssystem Schulen, Hochschulen und andere Bildungseinrichtungen. Kindertagesstätten werden heute in Deutschland nicht selbstverständlich dem Erziehungssystem zugeordnet. Aus historischen Gründen sind Kindertagesstätten heute (und trotz des im Kapitel 3.1 beschriebenen Paradigmenwechsels immer noch) der Jugendhilfe zugeordnet und werden politisch eher als Dienstleistung der Sozialhilfe verstanden. In dieser Arbeit sollen Kindertagesstätten jedoch, aus einer erziehungswissenschaftlichen Anschauung heraus, als Organisationen des Erziehungssystems verstanden werden.

Die Zuordnung einer Organisation zu einem Funktionssystem lässt sich dadurch erkennen, dass diese den binären Code des Funktionssystems übernimmt. Die Ziele der Organisation werden nach der Funktion des Systems ausgerichtet. Eine Bildungseinrichtung als Organisation im Erziehungssystem würde sich am Code vermittelbar/nicht-vermittelbar (vgl. Kade 1997, S. 38 f.; Luhmann 2002, S. 59) ausrichten. Dies ist dann nicht der alleinige Code, der relevant wird. Da auch Kindertagesstätten zum Teil ein Budget eigenverantwortlich verwalten und ihre Mitglieder bezahlt werden, findet auch wirtschaftlich codierte Kommunikation statt. Dies wird aber nicht zu einer Leitdifferenz der Organisation. „Eine Volkshochschule [allgemein: Bildungseinrichtung] (...) mag so geschickt geführt werden, dass sie ihre Kosten (...) selbst erwirtschaftet; aber sie wäre falsch geführt, wenn sie (...) darin ihr Hauptziel sähe" (Luhmann 2000, S. 406; Einfügung: MK).

Durch ihre Organisationen sind Funktionssysteme mit externer Kommunikationsfähigkeit ausgestattet, d. h. Organisationen können als einzige mit anderen Systemen kommunizieren. Zwar bestehen Funktionssysteme, wie die gesamte Gesellschaft, aus Kommunikation, aber diese Kommunikation kann nicht jenseits der Subsystemgrenzen stattfinden. Kommunikationen des politischen Systems können das Erziehungssystem nicht erreichen. Allerdings kann eine Organisation der Politik Entscheidungen kommunizieren, die dann auch außerhalb des Politiksystems als dessen Entscheidung beobachtet werden kann und nach denen sich eine Bildungsorganisation zu richten hat. Somit findet vor allem eine Kommunikation von Organisation zu Organisation statt. Turbulenzen in der Umwelt von Organisationen kommen somit hauptsächlich durch nach außen gerichtete Kommunikation anderer Organisationen zustande. Durch diese Möglichkeit zur Kommunikation reagiert Organisation auf den Synchronisationsbedarf bei funktionaler Differenzierung. Es wird ein gewisses Maß an Abstimmung zwischen den Funktionssystemen realisierbar, die für sich gesehen nur ihrer Autopoiesis verpflichtet sind. Organisationen leisten dadurch eine wichtige Funktion für die gesamte Gesellschaft. Auch die Wandlungsfähigkeit von Gesellschaft ist von der Veränderbarkeit ihrer Organisationen abhängig. Wenn, wie gerade aktuell, eine gesteigerte Kommunikation um das Thema „Bildungsqualität" festzustellen ist, sind Organisationen des Erziehungssystems der Ansatzpunkt für Veränderungen, bzw. Verbesserungen: „Nur in Organisationen kann entschieden werden. Sie bilden den entscheidenden Engpass, wenn es darum geht, Lösungen für drängende Zukunftsprobleme unserer Gesellschaft zu finden" (Wimmer 2000, S. 272).

Da der Untersuchungsgegenstand der hier durchgeführten Studie auch durch die Prozesse eines Qualitätsentwicklungsprozesses beeinflusst wird, ist die Veränderung organisationaler Strukturen ein relevanter Faktor für die wissenschaftliche Beobachtung. Im Anschluss an subjektbezogene Lerntheorien und Grundannahmen einer soziologischen Organisationstheorie, werden hier deshalb systemtheoretische Konzepte zum Wandel sozialer Systeme dargestellt.

4.2.3 (Organisations-) Lernen als Strukturveränderung

Es wurden bereits verschiedene Modellvorstellungen und Methoden dazu entwickelt, wie eine Organisation effizient gestaltet werden kann und wie sie des weiteren in Bezug auf ihre Zielsetzung immer weiter verbessert und verändert werden kann. Die zentrale Frage in den Management-, Beratungs- und Organisationsentwicklungskonzepten ist dabei auch stets die nach dem Zusammenhang von Organisation und Subjekt gewesen.

In den 1950er Jahren entstanden vor allem in Japan Konzepte des „Lean Managements" und „Lean Production", in deren Rahmen Teamarbeit, Kundenorientierung und flache Hierarchien mit dezentralen Entscheidungsstrukturen eingeführt wurden. Mit immer schnelleren und tiefgreifenderen Veränderungen des Marktes und der Gesellschaft, wurde auch der Wandel für Organisationen zum Normalfall. Der Begriff des „Change-Managements" entsteht in den 1960er Jahren und unter diesem Sammelbegriff entstehen diverse Methoden und Ansätze, um mit chaotischen Situationen des Umbruchs gestaltend umzugehen. Durch analytisch-rationales Vorgehen mit den idealtypischen Schritten „Planen – Ausprobieren – Überprüfen – Ausführen" werden die Veränderung und das Lernen einer Organisation institutionalisiert. Diese gesamte Entwicklung gipfelte in heute verbreiteten Ansätzen des Qualitätsmanagements mit standardisierten Qualitätssicherungssystemen, in die sich auch das im Projekt angewendete LQK-Modell (vgl. Kapitel 5.1.2) einreiht. Die Umsetzung von Veränderungen scheitert jedoch oft am Menschen. Denn die Angst vor dem Neuen als eine Charaktereigenschaft des Menschen kann in verdeckte oder offenkundige Widerstände umschlagen. Einer Statistik zufolge sind 10 % der Organisationsmitglieder von Veränderungen begeistert, 20 % finden sie gut, 40 bis 50% fügen sich lediglich und 20 bis 30% leisten Widerstand[3].

In der Systemtheorie Luhmanns sind auch die Vorstellungen zur Gestaltung einer lernenden Organisation vor dem Hintergrund der Autopoiesis zu sehen. Anders als in der traditionellen strukturell-funktionalen Systemtheorie (vgl. Ba-

---

3 Die Quelle dieser Statistik und eine Übersicht u. a. auch zu den genannten Managementkonzepten finden sich bei Simon 2002, S. 87.

raldi 1999 a, S. 62; Luhmann 2002, S. 12 f.), wird die Funktion eines Systems nicht im Erhalt seiner Strukturen gesehen, sondern in der Aufrechterhaltung seiner Operationsweise. Die dazu ausgebildeten Strukturen werden dabei als wandelbar aufgefasst. Strukturen, die ein System entwickelt hat, um seine Reproduktion zu leisten, sind kontingent. Die Veränderung von Organisation, der organisatorische Wandel, bezieht sich auf diese Ebene der Strukturen (vgl. Luhmann 2000, S. 331).

Ebenso wie Organisationsstrukturen, sind auch Handlungsweisen von Individuen und Strukturen eines psychischen Systems kontingent und nicht völlig durch die Umwelt determiniert. Organisation und Subjekt irritieren einander zwar, haben jedoch keine Zugriffsmöglichkeiten auf die Reaktionen des jeweils anderen Systems auf diese Irritationen. Irritationen, für die Systeme Empfindlichkeiten ausgebildet haben, sind jedoch Bedingung und Anlass dafür, dass ein System mit Strukturveränderungen reagiert, um sich in ein zur Fortsetzung der Autopoiesis passendes Verhältnis dazu zu setzen. „Die Evolution sozialer Systeme kann auf das Interpenetrationsverhältnis (…) von psychischen und sozialen Systemen zurückgeführt werden. Bewusstseinssysteme können zur Variation sozialer kommunikativer Strukturen nur deshalb beitragen, weil sie mit der Kommunikation strukturell gekoppelt sind und diese daher durch bewusste kommunikative Beiträge irritieren können" (Corsi 1999, S. 55).

Damit unterscheidet sich der gewählte Ansatz von strukturfunktionalistischen, anthropologischen Ansätzen, die eine relativ stabile Struktur eines sozialen Systems voraussetzen, um dessen Auswirkungen auf das Handeln einzelner Individuen abzuleiten.

Die Veränderung von Strukturen im System ist ein permanent ablaufender Prozess. Auch Organisationen lernen in diesem Sinne immer. Um ihren Fortbestand zu sichern, müssen Systeme auf die internen Repräsentanten ihre Umwelt reagieren und sich darauf einrichten (vgl.: Wimmer 2000, S. 280). In der Organisationstheorie erfolgt zur Erklärung von Wandlungsprozessen u. a. ein Rückgriff auf die Evolutionstheorie (Weick 1985, S. 174f.). Luhmann bezeichnet die ständigen Veränderungen einer Organisation in Anlehnung an Maturana als „evolutionären Drift" oder „natürliches Driften" (Maturana/Varela 1987, S. 119 f.). Dieser Prozess verläuft in einer Abfolge von Variation, Selektion und Restabilisierung (Luhmann 1997 S. 413 ff.; Wimmer 2000, S. 281 ff.; Corsi 1999, S. 52 ff., Simon 2006, S. 83 ff.).

Mit Variation ist im Falle von Organisationen gemeint, dass die konstituierenden Elemente, Entscheidungen, in einer großen Anzahl und in unterschiedlichen Formen und Inhalten auftreten. Es werden unterschiedliche Informationen behandelt, die an unterschiedlichsten Stellen und in differenten Arten und Weisen in der Organisation entschieden werden.

Als Selektion wird bezeichnet, wenn eine Entscheidung über ihre aktuelle ereignishafte Operation hinaus Folgen für das System hat, d. h., wenn sie erinnert wird und zur Prämisse weiterer, anschließender Entscheidungen wird. Dies ist etwa der Fall, wenn eine einmal getroffene Entscheidung auch im Nachhinein noch als sinnvoll angesehen wird und dann darauf aufgebaut wird. Durch diese Bestätigungen und rekursiven Rückgriffe auf Entscheidungen, kondensiert gewissermaßen eine Struktur, ein wiederholt bestätigter und eingespielter Entscheidungsweg. Dies ist mit dem Begriff der Restabilisierung bezeichnet. Nicht zuletzt dadurch, dass sich organisationsinterne Entscheidungen durch eine angemessene Passung zur Umwelt des Systems auszeichnen, werden sie als bewährte Prämissen beibehalten und erinnert.

Ein Verständnis, dem zufolge Organisationen als rational geplante und zur Erreichung eines Zieles eingerichtete Strukturen sind, kann aus der Vorstellung resultieren, dass Veränderungen als Reformen als lineare Prozessabfolge von Planung, Entscheidung und Durchführung vollzogen werden können. Es wird versucht, die Strukturen einer Organisation rational geleitet im Sinne einer zu steigernden Effizienz von Abläufen zu systematisieren. Dazu werden zunächst Mängel identifiziert und Vorschläge zu ihrer Beseitigung gemacht, bzw. es erfolgt eine Konzentration auf gelingende Abläufe und deren Etablierung bei gleichzeitigem Beseitigen von Reibungsverlusten durch den Abbau von nicht zielführenden Abläufen. Durch ein solch geplantes Vorgehen soll damit die Leistung einer Organisation gesteigert werden.

Nach Luhmann vollziehen sich Veränderungen in Systemen jedoch in erster Linie durch den evolutionären Prozess von Variation, Selektion und Restabilisierung. Auch geplante, rationale Entscheidungen über Organisationsstrukturen sind immer in einen solchen evolutionären Prozess eingebunden. Projekte zu Veränderungen in Organisationen sind mit derart komplexen Abläufen konfrontiert, dass immer ein großer Raum für evolutionäre Abläufe und Prozesse besteht, die nicht antizipiert werden können. „Die Möglichkeiten der Analyse komplexer lebender Systeme zeichnet sich erst umrisshaft ab. Die Bedingungen der Möglichkeiten der Intervention in solche Systeme (…) sind weitgehend ungeklärt" (Willke 1996, S. 69). Es erscheint somit als eine anspruchsvolle Herausforderung, diese zufällig-naturwüchsigen Prozesse in Richtung eines gezielten Vorgehens mit strategischen Veränderungen in Richtung intentionaler Lernprozesse zu beeinflussen (vgl. Wimmer 2000, S. 284).

Vor diesem Hintergrund sind auch die Interventionen in den drei projektbeteiligten Einrichtungen zu sehen und lassen Skepsis in Bezug auf Qualitätsentwicklungsprozesse entstehen. Luhmann bezeichnet die Durchführung geplanter Reformen auch als ein „Entgleiten der intendierten Effekte" (Luhmann 2000, S. 347). Dies gewissen Unplanbarkeit in Veränderungsprozessen hat in Teilen auch zu einer Vertrauenskrise des Change Managements geführt (vgl. Boos et al. 2006, S. 197). Doch auch wenn die meisten Veränderungen evolutionär verlaufen, ist Planung dennoch notwendig. Planungen und Entscheidungen sollten nach Luhmann jedoch nicht vom Ergebnis her, von erreichten oder nicht erreichten Zielen, bewertet werden. Denn davon wird gemäß der Eigendynamik des Systems ohnehin abgewichen. Planungen sind vielmehr vor allem deswegen notwendig, um diese Abweichungen überhaupt beobachten zu können (vgl. Luhmann 2000, S. 356).

Der Versuch einer rationalen Systematisierung vorhandener Kommunikationswege (Entscheidungsprämissen), aber auch die Entwicklung und nachhaltige Einführung neuer Strukturen, fordert von Organisationen die Fähigkeit zur Selbstbeobachtung. Möchte man gestaltend auf Lernprozesse Einfluss nehmen, liegt ein Ansatzpunkt in der Steigerung von Beobachtungs- und Selbstreflexionskompetenzen von Systemen. „Organisationslernen kann als Prozess verstanden werden, in dem sich das Selbststeuerungspotential der Organisation mit ihren Kontexten und mit sich selbst verändert" (Geißler 1995, S. 10).

Bislang bewährte standardisierte Vorgehensweisen zur Gestaltung von Organisationen geraten bei turbulenten Veränderungen in der Umwelt heute an ihre Grenzen, bzw. erweisen sich als nicht mehr angemessen. Neue Konzepte müssen gefunden werden, die je nach Organisation ganz unterschiedliche Gestalt haben können. Dies führt zu einer „individualisierten Organisationsgestaltung" (Welge/Holtbrügge 1997, S. 172) und dies kann auch als ein Plädoyer für die Steigerung von Reflexionsfähigkeit von Organisationen verstanden werden, um Veränderungsprozesse aufgeklärt und für den spezifischen Fall passend selbst zu konzipieren. Schäffter sieht Selbstorganisation und Selbststeuerung als funktionales Erfordernis in unbestimmten Entwicklungsprozessen (Schäffter 2007, S. 358). Welge und Holtbrügge leiten dann aus diesen Herausforderungen an Organisationen die Notwendigkeit stärker qualitativ orientierter empirischer Untersuchungen ab, wofür „taxonomische Fallstudien, schwach strukturierte Erhebungs- und Analysemethoden sowie die Einbeziehung persönlicher Erfahrung" (Welge/Holtbrügge 1997, S. 175) vorgeschlagen werden. Ein solcher Ansatz wird im Kapitel 5 zum Forschungsdesign dieser Arbeit ausgearbeitet.

Nur durch Selbstbeobachtung kann es einem System gelingen, vorhandene Strukturen vor dem Hintergrund von Zielklärung und Visionsentwicklung auf Angemessenheit hin zu analysieren und im Sinne einer Kosten-/Nutzen-Analyse zu bewerten. Um ihrem Bildungsauftrag zu entsprechen und zu einem Ort für Kinder zu werden, muss die Bildungsorganisation Kindertagesstätte zu einer „Lernenden Organisation" werden (Müller 2003). Zur Schaffung neuer Strukturen ist eine anspruchsvolle Form der Selbstbeobachtung notwendig. Sie erfordert, dass ein System seine eigenen Strukturen als kontingent verstehen kann und im Zuge einer Reflexion die im bisherigen Operieren ausgeschlossenen Möglichkeiten, latente Strukturen, zu sehen.

Um Lernen zu können, sind Systeme auf ihre Umwelt angewiesen. Durch Beobachtung der Umwelt erhalten Systeme Informationen und Anlässe, die zu Strukturveränderungen animieren. Eine Irritation ist zunächst eine Information, die in überraschender Weise die Erwartungen des Systems enttäuscht und für deren Bearbeitung die vorhandenen Strukturen nicht tauglich sind. Der Ursprung von Fortbestand und Veränderung ist demnach immer die Beobachtung der Umwelt. Zwangsläufig kann jedes System bei dieser Beobachtung nur einen Bruchteil der möglichen Informationen wahrnehmen. Es hat dazu spezifische Aufmerksamkeitspunkte entwickelt, die die Beobachtung relevanter Daten leisten. „Jedes System hat Stellen oder Druckpunkte (...), auf die es sehr sensibel reagiert" (Willke 1996, S. 72). Haben sich im System entsprechende Sensibilitäten für die Wahrnehmung von Umweltreizen entwickelt, kann sich eine Balance von Veränderung und Stabilität, von Lernen und Nicht-Lernen (vgl. Wimmer 2000, S. 283) einstellen. Einer Irritation folgt ein Abgleich mit internen Möglichkeiten der Reaktion darauf (Luhmann 1997, S. 118). Die Lernfähigkeit eines Systems besteht darin, die, sich aus der Beobachtung der Umwelt ergebenden, Entwicklungsmöglichkeiten durch abweichende Reaktionen zu beantworten und diese wiederum für den Aufbau neuer, dauerhafter Strukturen zu nutzen. Beim Aufbau neuer Strukturen ist ein System autonom. Die Änderungen in einem System können von außen lediglich induziert, aber nicht determiniert und in diesem Sinne gezielt bestimmt werden (vgl. Simon 2006, S. 78). Systeme reagieren auf Irritationen gemäß eigener Strukturen.

Die Etablierung neuer Strukturen kann dabei mit der Aufgabe bislang genutzter Strukturen einhergehen. Lernen beinhaltet demnach auch Prozesse des „Verlernens" (Baecker 2003, S. 184). Wenn sich Strukturen als nicht mehr brauchbar erweisen, um die Operationen des Systems zu rahmen, werden sie nicht mehr aktualisiert und gewissermaßen vergessen. Solche etablierten Strukturen können sich in Veränderungsprozessen aber auch in Form konservativer Momente als hartnäckige Blockaden (vgl. Kieser 1998, S. 120 f.) erweisen, die nicht ohne weiteres zu vergessen sind und sich in Form von defensive Routinen (Argyris 1999) oder rigiden Schleifen (Königswieser/Exner 2001, S. 49) auswirken.

Zunächst möchte ich im nächsten Teilkapitel die theoretische Grundlage zum Verhältnis von Subjekt und Organisation auch im Hinblick auf die angestrebte Durchführung von Personal- und Organisationsentwicklung darlegen. Denn aus der operativen Geschlossenheit von psychischen und sozialen Systemen folgt auch, dass die Grenzen der Systeme eine systematische Ko-Variation von Veränderungen im System und den Systemen seiner Umwelt verhindert (vgl. Luhmann 2000, S. 331 f.).

4.3 Zur Theorie der strukturellen Kopplung

Im Zuge der im vorherigen Kapitel beschriebenen Lernprozesse reagiert nicht nur ein System auf Irritationen mit Strukturveränderung. Auch die Umwelten des Systems können auf diese Aktivitäten mit Veränderungen reagieren. Hier liegt ein zirkuläres Verhältnis der Kopplung von Veränderung vor: „Wenn es um die Analyse von Entwicklungsprozessen geht, dann haben wir es nie mit isolierten Systemen als evolutionäre Einheiten zu tun, sondern immer mit System-Umwelt-Einheiten, bei denen System und Umwelt eine Koevolution durchlaufen" (Simon 2006, S. 82).

4.3.1 Strukturelle Kopplung als problematisierte Beziehung

Die Beziehung von Subjekt und Organisation ist in dieser Hinsicht komplex (Bank 2004, S. 220 f.). Um in dieser Arbeit den Zusammenhang von Subjekt und Organisation in Entwicklungs- und Veränderungsprozessen zu analysieren, wird das systemtheoretische Konzept der strukturellen Kopplung zugrunde gelegt. Dieser theoretische Referenzrahmen wurde gewählt, weil das Postulat operativer Geschlossenheit und Selbstbezüglichkeit von Systemen die Frage nach einer wechselseitigen Beeinflussung zunächst nicht erklärt, sondern gerade dieses Verhältnis von Subjekt und Organisation in besonderer Weise problematisiert und nach dem „Wie" fragt. Wie kann man sich das Wechselspiel von Organisation und Subjekt konkret vorstellen? Somit ist ein theoretischer Freiraum gegeben, der abduktiv bearbeitet werden kann.

Das Postulat einer operativen Schließung von Systemen, wie es im vorhergehenden Kapitel für den Fall von Organisationen dargestellt wurde, bringt zunächst zum Ausdruck, dass sich Systeme in ihrer Operationsweise ausschließlich an eigenen Strukturen ausrichten und nur eigene Elemente zur Reproduktion nutzen. Durch seine Operationen hält jedes System eine Grenze aufrecht, die es von seiner Umwelt unterscheidet. Diese Grenze kann nicht überschritten werden. Für seine autopoietische Reproduktion ist ein System auf Informationen angewiesen, die es durch eine Beobachtung der Umwelt generiert. Das Postulat der operativen Geschlossenheit besagt jedoch, dass es auch hier nicht außerhalb seiner Grenzen operiert. Auch in der Beobachtung der Umwelt kann ein System nicht auf etwas außerhalb seiner selbst zugreifen. Die von ihm beobachtete Umwelt und Informationen sind systemeigene Konstruktionen.

Aus diesen Prämissen folgt, dass Systeme die Komplexität ihrer Umwelt ausschließlich in der durch die systemeigenen Filter reduzierten Form intern verarbeiten können. D. h., die aktuellen Systemstrukturen beschränken, was durch das System bearbeitet werden kann und wofür es eine Empfindlichkeit ausgebildet hat, um sich durch ein „Außen" überraschen lassen zu können. System und Umwelt sind zwar nicht zu synchronisieren, aber Systeme versorgen sich durch Umweltbeobachtungen mit Überraschungen und Irritationen (vgl. Wimmer 2000, S. 282). Was von einem System beobachtet werden kann, sind gewissermaßen Repräsentanten und Symbole einer Umwelt. Soziale Systeme können nur Kommunikationen verarbeiten und jede Information muss die Form von Information und Mitteilung annehmen, an die das Kommunikationssystem dann verstehend anschließen kann. Für psychische Systeme gilt, dass Informationen nur in der Form von Gedanken verarbeitet werden können.

Für den Gegenstand dieser Arbeit bedeutet dies zunächst, dass sich das Verhältnis von Organisation und Subjekt im Hinblick auf gegenseitige Einflussnahme als schwierig erweist. Durch seine Operationsweise ist ein System zunächst recht unabhängig von Vorgängen außerhalb seiner Grenzen. Nicht alles, was geschieht, muss eine Bedeutung gewinnen. „Selbstorganisation und operative Schließung macht kompatibel zu unruhigen Umwelten" (Luhmann 1997, S. 94). Das gilt für Organisationen und Subjekte z. B. auch bei Beratungs- und Veränderungsprozessen. Dies ist eine Art Immunität, die verhindert, dass Umweltreize ungehindert das System irritieren. In diesem Sinne wäre Ignoranz auf Veränderungsreize von Beraterinnen und Beratern als normal und funktional einzuschätzen. „(…) die Art der strukturellen Koppelungen eines Systems mit seinen Umwelten und der damit verbundene Grad an Umweltsensibilität [ist] ein ganz ausschlaggebender Faktor dafür, wie ein System das eigene Lernen organisiert. (…) je kontaktärmer die Austauschbeziehungen nach außen gestaltet werden können, umso geringer lässt sich das Irritationspotential halten" (Wimmer 2000, S. 284; Einfügung: MK).

Jedes System muss dennoch an seine Umwelt angepasst sein, sonst könnte es nicht existieren. Die Autopoiesis kann nicht gegen alle Umweltbedingungen durchgesetzt werden, aber Systeme bilden extrem eingeschränkte strukturelle Kopplungen zur Umwelt aus (vgl. Luhmann 1997, S. 102). Das System richtet sich auf seine ausschnitthaften Beobachtung der Umwelt ein, und durch Informationsaufnahme und deren Verarbeitung werden die Möglichkeiten zur Strukturbildung im System reduziert. „Es geht nicht nur um sporadische Einwirkungen, die hin und wieder eintreten, sondern die strukturellen Kopplungen sorgen dafür, dass das Bewusstsein, das soziale Kommunikationssystem oder das Gehirn ständig mit Irritation versorgt wird" (Luhmann 2002, S. 124). Die Kopplung ist dabei an Ereignisse gebunden. Genau wie die systemkonstituierenden Elemente, sind damit auch strukturelle Kopplungen ereignishaft, d. h. nicht von zeitlicher Dauer. Daher sind Systeme nicht auf Ebene der Elemente gekoppelt, sondern auf Ebene ihrer Strukturen.

Auch psychische Systeme und Organisationen sind letztlich füreinander nicht erreichbare Umwelten. Gedanken können nur Elemente eines psychischen Systems sein, Kommunikationen nur Elemente eines Kommunikationssystems, Zwischen beiden besteht jedoch eine besondere Art der strukturellen Kopplung, die als „Interpenetration" (Esposito 1999 a, S. 85 ff.) bezeichnet wird. Damit ist gemeint, dass Systeme die Umwelt beim Aufbau interner Strukturen nicht nur berücksichtigen, sondern dass die Umwelt elementare Grundvoraussetzungen zur Verfügung stellt, auf die das gekoppelte System zwingend angewiesen ist. So können Bewusstseinssysteme keine kommunikativen Elemente für soziale Systeme beisteuern, aber ohne sie würde eine Grundvoraussetzung für deren Reproduktion fehlen. „Ohne Bewusstsein ist Kommunikation unmöglich. Kommunikation ist total (in jeder Operation) auf Bewusstsein angewiesen" (Luhmann 1997, S. 103; Klammern im Original).

Vor allem weil nur psychische Systeme über eine sinnliche Wahrnehmung verfügen, ist eine Organisation für die Beobachtung der Umwelt zwingend auf diese wahrnehmungsfähigen Subjekte angewiesen. Nur über diesen Weg sind Informationen über die nicht-kommunikative Umwelt für Kommunikationssysteme zugänglich: „Alles, was von außen kommt, ohne Kommunikation zu sein, muss durch den doppelten Filter von Bewusstsein und Kommunikationsmöglichkeit" (Luhmann 1997, S. 113). Dies bedeutet auch, dass Kommunikation ausschließlich durch Bewusstseinsysteme irritiert werden kann (Esposito 1999 c, S. 188; Luhmann 1995, S. 45).

Bewusstsein und Kommunikation sind über Sprachformenen, welche sowohl die Sprache als auch die Schrift umfassen aneinander gekoppelt (Luhmann 1997, S. 108). Bewusstseinssysteme werden in besonderer Weise von Kommunikationen fasziniert. Bewusstsein kann hier als Medium verstanden werden, dessen lose gekoppelte Elemente unter dem Eindruck von Kommunikation mit entsprechenden Formbildungen reagieren (Luhmann 1995, S. 44). Ein sprachliches oder schriftliches Ereignis kann dann sowohl in sozialen wie auch psychischen Systemen zu einem relevanten Unterschied werden, an das aber beide gemäß eigener Operationsweise anschließen und es gemäß interner Strukturen verarbeiten, bzw. Strukturen entsprechend anpassen. Hierbei bleiben sie zu jeder Zeit autonom. Operationen psychischer Systeme in Form von Gedanken können nicht bruchlos in kommunikativen Systemen abgebildet werden. Und der in sozialen Systemen prozessierte Sinn kann in seiner Komplexität nicht durch ein psychisches System bearbeitet werden. Dennoch sind beide Systeme füreinander konstitutiv unverzichtbar. Ohne Bewußtseine können sich keine Kommunikationssysteme entwickeln, ohne Kommunikationssysteme können sich keine Bewusstseinssysteme ausdifferenzieren. „Sprache [ist] eine Bedingung sine qua non für die Erfahrung dessen, was wir 'Geist' nennen" (Maturana 1987, S. 250; Einfügung: MK).

Organisation und Subjekt stehen mithin in einem Verhältnis der Ko-Evolution (vgl. Arnold/Siebert 1997, S. 88 f.). Subjekte sind autonom, aber doch beeinflusst durch die sie umgebende Umwelt, hier: durch Organisationen. „Die strukturelle Kopplung zweier Systeme führt nie zu ihrer Fusion oder zur stabilen Koordination der jeweiligen Operationen" (Esposito 1999 c, S. 188). Veränderungen von Handlungsmustern werden demnach durch interne Strukturen und Variationsmöglichkeiten beschränkt, aber auch durch die Gegebenheiten der organisationalen Umwelt. Gleiches gilt andererseits auch für die Organisationen, die Subjekte in ihrer Umwelt beobachten. Auf diesem Wege einer rekursiven Bezugnahme bilden beide Systemtypen wechselseitig füreinander Bedingungen der Autopoiesis und Strukturveränderung. Bewusstseinssysteme und Kommunikationssysteme „(...) benutzen einander (...) zu einer gegenseitigen Auslösung solcher Strukturveränderungen" (Luhmann 1995, S. 46). Treten Dauerirritationen eines bestimmten Typs auf, kann dies die Strukturentwicklung eines Systems in eine bestimmte Richtung lenken (vgl. Luhmann 1997, S. 119). Organisation und Bewusstsein können dann eine Art Synchronisation auf struktureller Ebene erfahren.

4.3.2 Organisationsstrukturen und subjektive Handlungsräume

Menschen handeln immer unter dem Einfluss gesellschaftlicher Rahmenbedingungen. Dies gilt vor allem dort, wo Menschen miteinander arbeiten und diese Kooperation eine bestimmte organisierte Form annimmt. Die Organisationen der Gesellschaft prägen die Einstellungen, Denkmuster und das Verhalten von in ihr arbeitenden Menschen. In diesem Kapitel soll dieser Sachverhalt für den Fall handelnder Subjekte unter den Bedingungen eines Organisationssystems dargestellt werden, deren Mitglieder sie sind. Durch die Organisationsstruktur werden den Personen in der Organisation objektive Handlungsräume zugewiesen, welche Handlungen ermöglichen und verhindern. Die Ausgestaltung dieser Handlungsräume hat wiederum Auswirkungen auf die Struktur des Organisationssystems. Das Verhalten jedes einzelnen Subjektes ist unter eben diesen Bedingungen sinnhaft und funktional und nur im Rückbezug auf diese Bedingungen zu verstehen.

Die Erwartungen der Organisation an ihre Mitglieder können in Form von Programmen, Rollen oder Normen kondensieren und sind funktional betrachtet die Lösung für das Problem der Bestandssicherung. Sie sorgen dafür, dass nicht alles mit der gleichen Wahrscheinlichkeit als Anschlussoperation in Betracht kommt. Sie stabilisieren Ordnung gegen Chaos. Mitglieder der Organisation müssen Entscheidungen auch dann akzeptieren, wenn sie anderer Meinung sind oder ihnen der Sinn einer Entscheidung aus der Kenntnis einer Situation nicht unmittelbar einleuchtet. Es kann hierbei sehr viele Gründe geben, weshalb jemand eine Entscheidung als Prämisse akzeptiert. Im Fall von Organisationen und Personen basieren Entscheidungen auf Machtstrukturen, also Hierarchien. Für den Fall, dass Personen eine Entscheidung nicht rekursiv mit einer Anschlusshandlung verknüpfen, drohen Sanktionen. Macht ist demnach nicht Eigenschaft einer Person, etwa der Chefin oder des Chefs an der Organisationsspitze, sondern eine soziale Struktur (vgl. Luhmann 1975, S. 98 f.). Wenn Handlungen organisiert aufeinander bezogen werden, müssen diese demnach jeweils in einem erwartbaren Rahmen liegen. Um dies zu erreichen, werden Handlungsprämissen formuliert, die für Organisationsmitglieder bindend sind.

Wie ausgeführt ist für die Reproduktion von Organisationssystemen das Anschließen von Entscheidungen an Entscheidungen wesentlich. Diese Entscheidungen machen dabei durch das Bezeichnen einer Alternative, unterschieden von einer ebenfalls bezeichenbaren anderen Alternative, ihre Kontingenz besonders deutlich. Die andere Möglichkeit als negativer Reflexionswert des Bezeichneten ist in der Kommunikation immer präsent. Ein kommunikatives Anschließen an den Positivwert der Alternativenform ist daher nie gesichert. Diese Unsicherheit stellt für Organisationen ein Risiko in Bezug auf ihr Fortbestehen dar. Denn wird eine Entscheidung nicht mehr als möglichkeitseinschränkende Prämisse beobachtet, wird sie nicht mehr rekursiv mit Entscheidung vernetzt und es findet keine Autopoiesis statt. Das System kollabiert und die Organisation hört auf zu existieren.

Macht als kommunikationsbegleitende Struktur wirkt dem entgegen. Entscheidungen sind für Personen durch Machtcodierungen verbindlich. Macht sorgt dann dafür, dass Alters Selektion durch anschließende Operationen Egos wirklich als Entscheidung beobachtet wird. Die Selektionsmöglichkeiten Egos werden auf die Selektionen begrenzt, die nach der Entscheidung noch möglich sind. Es wird dann an die bezeichnete Alternative angeschlossen und nicht an die andere Möglichkeit, die andere Seite der Alternativenform, gegen die entschieden wurde.

Entscheidungen beinhalten immer ein Risiko. Es erfolgt eine Festlegung, ohne dass alle Einflussgrößen bekannt und berücksichtigt sein können. Präzise Planbarkeit wird zunehmend zur Illusion. Die Unüberschaubarkeit und Unkalkulierbarkeit ihres Umfeldes und die prinzipielle Ungewissheit künftiger Entwicklungen stellt Organisationen vor neue Herausforderungen im Umgang mit Unsicherheiten (vgl. Wimmer 2000, S. 271). Diese gewandelten Entscheidungsgrundlagen beziehen sich jedoch nicht nur auf das Reaktionsvermögen von Organisationen auf ihre gesellschaftliche Umwelt. Auch für die wichtige Funktion von Organisation, durch Entscheidungen eine Unsicherheitsabsorption für das Handeln ihrer Mitglieder zu leisten, hat dies Auswirkungen. Einerseits stellen Entscheidungen und Kommunikationsstrukturen einer Organisation den Rahmen für das Handeln ihrer Mitglieder dar. Andererseits ist die Organisation aber nicht in der Lage, auf die Komplexität und Dynamik, deren sich Erzieherinnen und Erzieher in ihrer Arbeit mit Kindern, deren Eltern und anderen am Bildungsprozess beteiligten Personen und Institutionen gegenübersehen, in Gänze einzugehen.

In Organisationen ist daher in der Regel eine genaue Bestimmung der Handlungen von Personen nicht möglich. Aufgrund komplexer Arbeitsanforderungen ist jedes Programm durch die genaue Bestimmung der Handlungen der Mitarbeitenden überfordert. Ein Großteil der Entscheidungen muss daher in konkreten Situationen von Personen selbst getroffen werden. Es sind nur grobe Eckwerte formulierbar. Gerade hoch spezialisierte Handlungen sind aufgrund ihrer komplexen Anforderungen nicht im Voraus durch strikte Programme zu strukturieren. Es ist nicht nur unmöglich qualitativ hochwertige und komplizierte Handlungsprozesse in Programmen abzubilden, sondern auch eine sachverständige Kontrolle ist schwierig. „Das Konzept der losen Kopplung beinhaltet noch das Element der Kontrollierbarkeit, aber eben einer mit vielen Freiräumen" (Kühl 1996, S. 55). Dies gilt vor allem im Bereich pädagogischer Organisationen: „Je professioneller (...) eine Organisation ist, desto weniger können ihre Mitarbeiter durch (...) Zwang gesteuert werden" (Willke 1998, S.170). Es ist eine hohe intrinsische Motivation der Mitarbeitenden nötig, um den eigenen Handlungsrahmen möglichst professionell auszugestalten. Gerade in Bildungsorganisationen sind das Wissen um diesen Sachverhalt und ein aufgeklärter Umgang mit Entscheidungen wichtig. Die Unsicherheit, die darin liegt, auf unüberschaubare Bereiche in Form von verbindlich geltenden Entscheidungen Bezug zu nehmen, muss als Dauerthema in den Entscheidungsprozessen einer Organisation aufgenommen und adäquat berücksichtigt werden (vgl. Wimmer 2000, S. 271). Im pädagogischen Bereich wurden organisationsförmige Entscheidungen vielfach vor allem als Beeinträchtigung der freien pädagogischen Arbeit verstanden (Böttcher/Terhart 2004, S. 7). Ein unreflektierter Umgang mit Entscheidungen, bzw. eine generelle Ablehnung dieser einschränkenden Prämissen der Organisation bezüglich des Handelns ihrer Mitarbeitenden, kann jedoch die Herausbildung informeller Kommunikationsstrukturen nach sich ziehen, anhand derer dann offene Fragestellungen bearbeitet werden. Ohne die Möglichkeit, legitime Entscheidungen treffen zu können, kann dies beim Aufeinandertreffen widersprüchlicher Alternativen zu dauerhaften Konflikten auf personeller Ebene führen (vgl. Kieselhorst 2002).

Im Anschluss an die in diesem Kapitel dargestellten theoretischen Konzepte, wird im Folgenden das Forschungsdesign vorgestellt, anhand dessen die Fragestellung nach dem Verhältnis von Subjekt und Organisation im Rahmen der hier vorliegenden Studie bearbeitet wurde.

5 Das Forschungsdesign

"Eine Forschung, die nichts anderes als Bücher hervorbringt, genügt nicht."
(Lewin 1953, S. 280)

Nach der Darstellung der theoretischen Prämissen dieser Studie, wird in diesem Kapitel nun das Vorgehen in der empirischen Forschung behandelt. Hierzu wird zunächst der Projektrahmen, in den meine Forschung eingebettet war, erläutert. Daran schließen generelle Überlegungen zur Wahl der Forschungsmethoden an, um schließlich das konkrete wissenschaftliche Arbeiten in Form von Datenerhebung, Analyse und Theoriebildung zu beschreiben.

5.1 Das Forschungs- und Beratungsprojekt

Bevor auf die angewendeten Methoden der empirischen Sozialforschung eingegangen wird, soll über das Forschungs- und Beratungsprojekt informiert werden. Dazu gehören die Darstellung der Konzeption des Projektes mit einer Aufführung der wesentlichen Projektstrukturen und Ziele sowie Erläuterungen zum angewendeten Qualitätsentwicklungsmodell.

Bei dem Projekt, in dessen Rahmen die vorliegende Arbeit angefertigt wurde, handelte es sich um die wissenschaftlich begleitete Durchführung eines Qualitätsentwicklungs-prozesses in drei Kindertagesstätten. Das Projekt wurde in Zusammenarbeit des Trägers der Kindertagesstätten und dem ArtSet Institut für kritische Sozialforschung und Bildungsarbeit e. V. von September 2006 bis September 2008 durchgeführt. Das Projekt wurde von Dr. Stefan Brée geleitet, der zusammen mit mir auch das Beraterteam bildete.

Ziel des Projektes war die Weiterentwicklung von Qualitätsstandards in drei Kindertageseinrichtungen durch eine wissenschaftlich begleitete Anwendung des „Lernerorientierten Qualitätsmodells für Kindertagesstätten (LQK)“. Dabei wurden auf der Grundlage von schon bestehenden pädagogischen Standards Erkenntnisse zur Verbesserung der pädagogischen Qualität vertieft, neuartige Beratungs- und Weiterbildungsmethoden entwickelt, sowie Instrumente zur Qualitätsentwicklung verfeinert.

Durch das spezielle Prozessdesign, die Verknüpfung von Weiterbildungen und Organisationsentwicklung, sollte die einseitige Perspektive reiner Weiterbildungen und Personalentwicklung überwunden und um den Aspekt des Organisationslernens erweitert werden. Denn was nach subjektiven Lernprozessen möglich ist, d. h. in der Praxis konkret umsetzbar ist, hängt auch stark von der Umwelt, den Strukturen der Organisation Kindertagesstätte ab.

Subjektives Lernen und Kompetenzerweiterung der beteiligten Personen beinhaltet somit auch das bewusste Umgestalten der Organisation, bzw. die Gestaltung der Rahmenbedingungen, die einen Einfluss auf die Realisierung von Lernerfolgen haben. Um den angedeuteten komplexen Herausforderungen zu begegnen, muss eine Auseinandersetzung mit Lernprozessen über das eigene subjektive Lernen hinausgehen und die Organisation als eine Ermöglichungsstruktur berücksichtigen.

Den Kern des Projektes bildete die Begleitung der Kindertagesstätten durch Beratung und Begleitforschung. Ausgehend von einer gemeinsamen Zielklärung, sollten durch den engen Austausch zwischen Praxis, Beratung und Wissenschaft neue Herangehensweisen für die Weiterbildung und Prozessbegleitung der drei Einrichtungen entwickelt werden. Dazu erfolgte bei unterschiedlichen Gelegenheiten ein Austausch der beteiligten Parteien. Für das Projektende wurde die Realisierung eines erfolgreichen Qualitätsentwicklungsprozesses der Kindertagesstätten angestrebt, in dessen Zuge neue Beratungsmethoden entwickelt und eine wissenschaftliche Reflexion durchgeführt werden sollten.

In Anlehnung an Eckpunkte, die Königswieser und Hillebrand als Erfolgsfaktoren für ein systemisches Beratungsprojekt aufführen (Königswieser/Hillebrand 2004), werden an dieser Stelle die wesentlichen Aspekte des Projektes vorgestellt.

Kontrakt: Zu Beginn des Projektes wurde eine Kooperationsvereinbarung zwischen dem Träger und den Beratern geschlossen, in der die Projektziele, Formen der Zusammenarbeit und Leistungen der Projektpartner (u. a. die Durchführung einer wissenschaftlichen Begleitung) geregelt wurden.

Startpunkt: Das Qualitätsmanagementsystem und das gesamte Projekt wurden top-down eingeführt. Die beteiligten Kindertagesstätten haben sich jedoch nach Abstimmungen in den jeweiligen Teams freiwillig zur Teilnahme angemeldet. Den offiziellen Startpunkt des Projektes stellte der zentrale Einführungsworkshop im September 2006 dar. Hier waren nahezu alle Mitarbeitenden der teilnehmenden Kindertagesstätten anwesend und wurden in das lernerorientierte Qualitätsmodell für Kindertagesstätten eingeführt.

Arbeit mit Schlüsselpersonen: In jeder der drei Kindertagesstätten wurde ein Steuerungsteam etabliert. Diese Steuerungsteams bestanden aus der Leitungsperson der Kindertagesstätte und zwei bis drei Erzieherinnen und Erzieher, die als Qualitätsbeauftragte fungierten. Im Projektverlauf wurden regelmäßige Treffen abgehalten. Folgende Treffen waren institutionalisiert:

Projektteam-Treffen: Alle zwei Monate fand ein gemeinsames Treffen zwischen allen Leitungen und Qualitätsbeauftragten der drei Einrichtung gemeinsam mit der Projektleitung des Trägers und den Beratern statt. Hier ergab sich die Möglichkeit für einen Austausch zwischen den Einrichtungen über ihre Erfahrungen und Probleme bei der Qualitätsentwicklung. Gesondert erfolgte ein Treffen der Projektleitung des Trägers mit den Beratern. Hier konnten wichtige Themen, Informationen, Erfahrungen, Entwicklungsschritte und Ziele diskutiert werden. Einige dieser institutionalisierten Arbeitstreffen werden im Kapitel Nr. 5.3 zur Forschungsmethode im Rahmen der Erläuterungen zur Prozessbegleitung genauer beschrieben.

Monatliche Besuche in den Einrichtungen: Jeden Monat wurde in jeder der drei beteiligten Einrichtungen ein halbtägiger Besuch durchgeführt. Neben Begehungen der Räumlichkeiten waren intensive Gespräche mit den Leitungspersonen und den Qualitätsbeauftragten fester Bestandtei. Hierbei konnte auf den jeweiligen Entwicklungsstand und die spezifischen Fragen, die während des Qualitätsentwicklungsprozesses der einzelnen Kindertageseinrichtung auftraten, eingegangen werden. Über alle beschriebenen Treffen wurden ausführliche Protokolle geführt.

Einbeziehung der Mitarbeitenden: In jeder der drei Kindertagesstätten wurden so genannte Qualitätszirkel eingerichtet und jede Erzieherin und jeder Erzieher arbeitete in einem dieser Qualitätszirkel an einem Qualitätsbereich des Selbstreportes mit. Ein Austausch der Qualitätszirkel erfolgte oftmals im Rahmen der Dienstbesprechungen. Rückmeldungen und Rückfragen der Qualitätszirkel wurden durch die Qualitätsbeauftragten im Rahmen der monatlichen Treffen des erweiterten Projektteams an das Beraterteam weitergeleitet. Darüber hinaus waren jeden Monat 1,5 Tage für teaminterne Weiterbildungen in jeweils einer der Kindertagesstätten vorgesehen. Die Weiterbildungen wurden abwechselnd in den Einrichtungen durchgeführt, so dass jede Einrichtung alle drei Monate eine Weiterbildung erhielt. An diesen Weiterbildungen nahmen jeweils alle Mitarbeitenden der Kindertagesstätte teil. Die Themen der Weiterbildungen richteten sich nach den Bedürfnissen der Einrichtung oder Vorschlägen des Beraterteams und wurden nach vorheriger Rücksprache durch das Beraterteam konzipiert.

Die drei am Projekt beteiligten Einrichtungen wiesen folgende Profile auf:

Kindertagesstätte 1:
Personal bestehend aus 21 pädagogischen Fachkräften: Leiterin, 16 Erzieherinnen, drei Dipl.-Heilpädagoginnen, ein Dipl.-Sozialpädagoge; ca. 260 Kinder in 11 Gruppen: Familiengruppen, Integrationsgruppen, Krippe und Hort.

Kindertagesstätte 2:
Personal bestehend aus 17 pädagogischen Fachkräften: Leiterin, 17 Erzieher/innen u. a. mit der Qualifikation Dipl.-Sozialpädagogin; ca. 150 Kinder in 8 Gruppen, 1 Krippen-Gruppe.

Kindertagesstätte 3:
Personal: bestehend aus 19 pädagogischen Fachkräften: Leiterin, 17 Erzieherinnen, 1 Dipl.-Sozialpädagogin, 1 Dipl.-Heilpädagogin, ca. 200 Kinder in 12 Gruppen: Kindergarten, 1 Krippengruppe und 5 Hortgruppen.

Qualitative Projektreviews: Jedes Treffen der erweiterten Projektgruppe begann mit dem Bericht aller Einrichtungen zu ihrem Stand der Qualitätsentwicklung: Es wurde über Entwicklungen in den zwei Monaten seit dem letzten Treffen berichtet, über Probleme und Lösungen gesprochen. Diese Treffen wurden auch im Rahmen der Begleitforschung genutzt, ich werde im Kapitel 5.3 genauer darauf eingehen.

Qualitative Staffarbeit und Beraterqualität: Die Arbeit im Projekt erforderte vom Beraterteam eine ständig mitlaufende Reflexion, z. B. durch die Auseinandersetzung mit den Entwicklungsverläufen der Kindertagesstätten, der Eruierung des jeweiligen Ist-Standes und die darauf abgestimmte Intervention in der Beratung und der Konzeption von Weiterbildungen. Diese Reflexionen erfolgten auf regelmäßigen Treffen.

Abschlussworkshops: Die letzten Arbeitstreffen zwischen den Teams der Kindertagesstätten und den Beratenden stellten die Abschlussworkshops dar. In diesem Rahmen erfolgte eine rückblickende Reflexion des Qualitätsentwicklungsprozesses. Das Beraterteam stellte seine abschließende Einschätzung des Prozesses und des jeweiligen Selbstreports dar. Aus einer Integration von Selbst- und Fremdbeobachtung wurden spezifische strategische Entwicklungsziele der Einrichtung für die nächsten Jahre entwickelt.

Abschlusspräsentation: Das offizielle Ende des Projektes stellte, nach zwei Jahren intensiver Arbeit, die Abschlussveranstaltung im September 2008 mit Beteiligung aller Erzieherinnen und Erziehern, Vertretern des Trägers und des Beraterteams dar. Im Rahmen einer ausführlichen Präsentation stellten alle Einrichtungen ihre Entwicklungsprozesse und Resultate dar. Das Beraterteam skizzierte die Rahmendaten des Projektes und erläuterte die wesentlichen Ergebnisse der Begleitforschung.

Im Forschungs- und Beratungsprojekt wurde das Qualitätsentwicklungsmodell LQK (Zech 2004) angewendet und soll hier in seinen für das weitere Verständnis relevanten Grundzügen dargestellt werden. LQK ist eine Adaption des für den Bereich der Weiterbildungsorganisationen entwickelten Modells „Lernerorientierte Qualitätstestierung für Weiterbildungsorganisationen (LQW)" (Ehses et al. 2001) auf das Feld Kindertagesstätten. Es bietet ein Verfahren, mit dem die Entwicklungsarbeit in Kindertagesstätten anhand verschiedener Qualitätsbereiche strukturiert werden kann. Die Qualitätsbereiche des Modells sind:

1. Leitbild
2. Bedarfserschließung
3. Zentrale Prozesse
4. Entwicklungsfördernde Lernprozesse
5. Erziehungsprozesse im Alltag der Kita
6. Evaluation der Entwicklungs- und Lernprozesse
7. Infrastruktur
8. Führung
9. Personal
10. Steuerung der Kita als Organisation (Controlling)
11. Externe Kommunikation und Kooperation
12. Strategische Entwicklungsziele

Jeder Qualitätsbereich beinhaltet verschiedene Mindestanforderungen, die für die Qualitätsarbeit im Sinne des Modells zu erfüllen sind. Beispielsweise lautet im Bereich Führung eine Mindestanforderung: „Konferenzen und Besprechungen finden regelmäßig statt."

Dieses Modell liefert demnach in erster Linie ein Raster, mit dem an den Strukturen der Organisation Kindertagesstätte gearbeitet werden kann. Darüber hinaus liegt hier ein Verständnis zugrunde, nach dem subjektive Handlungen auch durch ein Organisationssystem beeinflusst werden. So besteht der Kern des Modells im Versuch, die Organisation derart zu gestalten, dass sie als relevante Umwelt in förderlicher Weise auf die Entfaltung von Handlungsmöglichkeiten wirkt. Gemäß der Intention des Modells sind dies in erster Linie gelingende Lernprozesse von Kindern (vgl. für diesen Ansatz: Ehses/Zech 2002).

Darüber hinaus wird davon ausgegangen, dass die über Strukturen und Abläufe getroffenen Entscheidungen unmittelbare Konsequenzen für das Handeln der Personen der Organisation haben und eine gesteigerte Qualität pädagogischen Handelns im Zuge der Organisationsentwicklung realisiert wird. Das Verhältnis von Organisation und Subjekt wird hierbei nicht eingehender berücksichtigt. Zwar sind die Personen der Organisation durch ihre Reflexionen in den Prozess der Erarbeitung von Organisationsstrukturen eingebunden. Die Frage aber, in welcher Weise die auf diesem Wege geschaffenen Organisationsstrukturen zu veränderten Handlungen führen, bleibt ausgeblendet. An einigen Stellen werden dennoch explizit die Strukturen der Organisation darauf ausgerichtet, die Handlungserweiterung von Personen anzuvisieren. Etwa, wenn im Qualitätsbereich Personal die Anforderung lautet: „Eine systematische Fortbildungsplanung und –auswertung für alle Beschäftigten ist eingeführt" (Zech 2004, S. 36). Zielsetzung ist es demnach, auch einen organisierten Rahmen für die subjektive Handlungserweiterung einzelner Personen zu schaffen.

In einem Selbstreport, den die Teams der drei Kindertagesstätten jeweils anfertigten, sind Aussagen enthalten, auf welche Weise die geforderten Mindestanforderungen erfüllt werden. Das LQK-Modell gibt dabei nur vor, welche Anforderungen zu erfüllen sind. In welcher Weise dies in der jeweiligen Kindertagesstätte geschieht, ist abhängig von der speziellen Ausprägung der Organisation. So kann eine Kindertagesstätte für sich festlegen und beschreiben, dass Konferenzen und Besprechungen wöchentlich stattfinden, für eine andere Einrichtung reicht womöglich ein zweiwöchiger Rhythmus. Wichtig bei den Angaben dazu, wie die Anforderungen des Modells erfüllt werden, ist, dass alle im Selbstreport beschriebenen Maßnahmen systematisiert sind, einem festgelegten Rhythmus folgen, in ihrer spezifischen Ausprägung für die jeweilige Kita begründet sind und eingeführt sind, d. h. bereits in der Praxis durchgeführt sein müssen. Hinzu kommen Aussagen dazu, wie der Entwicklungsprozess im jeweiligen Qualitätsbereich verlaufen ist und wo sich Nachweise zu den beschriebenen Verfahren finden, z. B. Protokolle zu abgehaltenen Besprechungen. Durch die Anfertigung des Selbstreportes entsteht für die Kindertagesstätten ein Organisationshandbuch, in dem sich die interne Evaluation der Einrichtung manifestiert und das als Orientierung für das alltägliche Handeln dient.

Das Herzstück des Qualitätsentwicklungsmodells ist die Orientierung an den Lernenden, d. h. für Kindertagesstätten die Orientierung am lernenden Kind. Im Qualitätsbereich zum Leitbild wird von den Organisationen gefordert, eine „Definition gelungenen Lernens im Sinne einer umfassenden Entwicklung der Kinder" (Zech 2004, S. 28) anzufertigen. In dieser Definition wird dementsprechend das pädagogische Selbstverständnis der Einrichtung formuliert. Im Verständnis der lernerorientierten Qualitätstestierung wird Lernen als selbstreflexiver Prozess verstanden. Lernen können Kinder nur selbst, es gibt keinen unmittelbaren Zugriff auf diese internen Prozesse. Eine Kindertagesstätte kann sich lediglich darum bemühen, einen lernförderlichen Rahmen für die Selbstbildungsprozesse der Kinder zu bieten. LQK spricht hier von einer Kontextsteuerung von Lernen (Zech 2004, S. 17). Somit wird die Definition gelungenen Lernens zur Richtschnur für die Qualitätsentwicklung in allen Bereichen. Jede Struktur und Regelung zur Realisierung und Entwicklung der Qualität einer Kita muss sich letztlich daran messen, inwieweit sie zum gelingenden Lernen der Kinder beiträgt. In einigen Fällen kann dies auch in einem indirekten Bezug zum kindlichen Lernen bestehen. Wenn aber beispielsweise Konferenzen und Besprechungen zu festgelegten und verbindlichen Terminen stattfinden, wird ein Austausch zwischen den Mitarbeitenden systematisch gewährleistet, was Auswirkungen auf die pädagogische Qualität und somit die Lernprozesse von Kindern hat.

LQK unterscheidet sich von anderen Modellen vor allem durch die Konzentration auf die Organisation als Ausgangs- und Bezugspunkt der Qualitätsentwicklung. Andere Modelle sind dagegen sehr stark handlungsorientiert angelegt. Das Qualitätsentwicklungsmodell im Rahmen der „Nationalen Qualitätsinitiative im System der Tageseinrichtungen für Kinder (NQI)" (Tietze/Viernickel 2003) etwa bietet einen Qualitätskriterienkatalogs mit 20 Qualitätsbereichen bester Fachpraxis. Diese Qualitätsbereiche beziehen sich in ihren Leitgesichtspunkten stark auf den pädagogischen Bereich und auf Handlungssequenzen, die zum Teil sehr differenziert beschrieben werden, wodurch eine starke Strukturierung konkreter Handlungsabläufe angestrebt wird. Durch die genaue Befolgung soll ein gewünschtes Resultat, Qualität in der pädagogischen Handlung, erzielt werden. Im Vergleich dazu ist die lernerorientierte Qualitätstestierung auf eine weiter gefasste Reflexion ausgerichtet. Die Anforderungen in den Qualitätsbereichen geben relativ offen vor, für welche Lernfelder der Organisation eine Struktur entwickelt werden muss. Man könnte an dieser Stelle auch von einer Art „offenen Instruktion" sprechen, bei der der Arbeitsbereich und die Entwicklungsaufgabe benannt ist, die konkreten Inhalte aber durch eine Eigenleistung der jeweiligen Kindertagesstätte entwickelt werden müssen.

Die eigenständige Auseinandersetzung mit offenen Qualitätsanforderungen erfordert hohe fachliche Kompetenz, um den Raum mit adäquaten Inhalten zu füllen. Dies setzt eine ernsthafte und intensive Auseinandersetzung mit den Anforderungen voraus, die ohne unterstützende Begleitung umso anspruchsvoller ist.

Im Projektrahmen wurde das LQK-Modell als Richtschnur genutzt, um die Organisationsentwicklung in den Kindertagesstätten zu strukturieren. Die verschiedenen Qualitätsbereiche wurden von den Teams bearbeitet und ein Selbstreport gemäß der üblichen Vorgaben erstellt. Im Projektzusammenhang wurde jedoch auf eine abschließende Zertifizierung verzichtet und die Bearbeitungszeit wurde analog des Projektzeitrahmens auf zwei Jahre erweitert. Am Ende des

Verfahrens stand somit keine externe Begutachtung und Testierung. Im speziell für die Bedingungen des Projektes angepassten Verfahren wurden aber Elemente des Standardverfahrens entlehnt. Es gab regelmäßige Rückspiegelungen zum Bearbeitungsstand der Selbstreporte, zum Teil durch Einsicht in erstellte Textteile. Des Weiteren waren der Selbstreport und seine Bearbeitung Besprechungsthema bei Besuchen der Berater.

Das für die Forschungsarbeit relevante Vorgehen wird im nächsten Kapitel beschrieben. Denn mehr als die Frage, was Kindertagesstätten und pädagogisches Personal lernen, ist hier von Interesse, wie sie lernen.

5.2 Forschende Beratung – beratende Forschung

Im Folgenden wird der Ansatz des Forschungsprozesses erläutert und es werden die getroffenen Entscheidungen für Methoden und Vorgehen dargestellt.

Das Projekt zur Qualitätsentwicklung in Kindertagesstätten war von vornherein als Beratungsprojekt angelegt. Die wissenschaftliche Begleitung und die Konzeption der Forschungsmethode mussten diesen Umstand berücksichtigen. Der Untersuchungsgegenstand erforderte daher eine Forschungsstrategie, die sowohl dem Design und der Zielsetzung des Projektes angemessen war, als auch einen Erkenntnisgewinn in Bezug auf die Fragestellung ermöglichte. Die Herausforderung an die begleitende Forschung lag darin, sie so zu konzipieren und auszurichten, dass Veränderungsprozesse in den teilnehmenden Kindertagesstätten wissenschaftlich beobachtet und abgebildet werden konnten. Außerdem galt es zu bedenken, dass dieser Forschungsprozess nicht allein ein akademisch-analytisches Interesse verfolgte. Anders als in klassischen Forschungskonzepten wurde nicht der Versuch unternommen, Methoden anzuwenden, die gewährleisten sollten, den Forschungsgegenstand möglichst wenig durch den Forschungsprozess zu beeinflussen. In diesem Projekt wurde statt dessen Einfluss auf den Untersuchungsgegenstand ausgeübt und Veränderungen im Feld provoziert, um somit überhaupt erst den Gegenstand der Forschung, also Lernprozesse und Veränderungen bei Subjekten und Organisationen, herauszufordern und auf den Plan zu rufen. „Vielfach wird es in den Gestaltungsprojekten sogar notwendig, die später reflexiv begleitend zu erforschende Praxis selbst mit zu initiieren (Initiatorenfunktion wissenschaftlicher Begleitung) und mit aufzubauen" (Schäffter 2007, S. 3; Klammern im Original). Forschungsgegenstand waren demnach nicht nur evolutionäre, sondern auch intentional initiierte Veränderungen. Zum Forschungsinteresse kam ein Veränderungsinteresse hinzu. Begreift man dabei initiierte Veränderung als Beratung, kann man sagen, dass die zu entwickelnde Methode Forschung und Beratung vereinigen musste.

Da Beratung gemäß systemtheoretischer Prämissen auf die Selbstreflexion der Praktikerinnen und Praktiker des Feldes abzielt, wurde im hier dargestellten Fall eine Forschungsmethode gewählt, die diese Prozesse nicht nur beobachten konnte, sondern mit der es möglich war, die Forschung selbst als ein Reflexionsmoment in die Beratung einzubinden und als Informations- und Irritationsquelle zu nutzen. Die Forschung wurde damit „zum rekursiven Bestandteil ihres sozialwissenschaftlichen Gegenstandsbereiches" (Schäffter 2007, S. 3). Dies bedeutet, dass reflexive Mechanismen gleichermaßen provoziert und erforscht wurden. Durch die Integration von Forschung und Beratung kann auch von beratender Forschung oder forschender Beratung gesprochen werden kann.

Der Anspruch der wissenschaftlichen Begleitung war es dabei nicht, die durch sie ausgelösten Irritationen in ihrer Wirkung auf die Praxis kausal zu erklären (vgl. Patak/Simsa 2004). Für die Wissenschaft diente das beraterische Handeln einzig dazu, den Untersuchungsgegenstand in Bewegung und Veränderung zu versetzen.

Um eine, für den Fall von Kindertagesstätten, wenig bearbeitete Forschungsfrage zu erschließen und als erkundender Forschender im engen Kontakt mit konkreten Fällen der beteiligten Einrichtungen zu sein, wurde das offene Vorgehen einer explorativen qualitativen Studie gewählt. In diesem Kapitel wird zunächst die angewendete Forschungsmethode mit ihren grundlegenden theoretischen Prämissen und ihrer Nähe zu Beratungskonzepten sowie deren Verbindung zu Zielsetzungen im Projekt dargestellt. Hierzu erfolgt u. a. auch die Beschreibung einer Auswahl von Workshops. Daran anschließend wird auf die einzelnen methodischen Schritte der Forschung eingegangen und die praktische Umsetzung im konkreten Fall dargestellt. Der Verlauf der Organisationsentwicklung als dynamisches Zusammenspiel von Praxis und Praxisforschung, als Wechsel von Aktion und Reflexion, soll dabei deutlich werden.

Vorhandenes Wissen und Erkenntnisinteresse

Die vorliegende Untersuchung startete in gewisser Weise von einem paradoxen Ausgangspunkt. Um den Forschungsprozess zu planen, musste bereits vor seiner Durchführung auf Teile seiner Ergebnisse vorgegriffen werden. Das Untersuchungsinteresse bezog sich auf die Gestaltung der Beziehung von Subjekt und Organisation, bzw. auf die wechselseitige Einflussnahme bei Veränderungen. Um diesen Sachverhalt erforschen zu können, ist jedoch bereits eine Modellvorstellung zur System-Umwelt-Differenz notwendig. Ohne ein Vorverständnis darüber, was ein System ist und wie seine Umweltkontakte zu denken sind, hat die Forschung keinerlei Anhaltspunkte. Letztlich würde die Frage der Untersuchung überhaupt nicht gestellt werden können.

Dieses Problem des Anfangs hat jedoch jede Forschung, jede Beobachtung. Und so gilt auch für die vorliegende Arbeit, dass es unmöglich ist, ohne vorgefertigte Unterscheidungen zu beobachten. Sehr treffend wird der Ansatz meiner Forschung in einem Zitat zum Ausdruck gebracht. Ziel meiner Arbeit war es, „Phänomene im Licht eines theoretischen Rahmens erklären, der erst im Forschungsverlauf selbst entsteht" (Strauss/Corbin 1996, S. 32).

Bevor der Forschungsprozess in der Praxis begonnen wurde, erfolgte eine vorgelagerte Vorbereitungsphase: Zunächst wurde durch die Analyse relevanter Literatur und Ansätze ein grundsätzliches Verständnis für Organisation und Subjekt sowie deren Zusammenhang entwickelt. Mit der systemtheoretischen Organisationstheorie und der Subjekt- und Lerntheorie der Kritischen Psychologie wurden die beiden wichtigsten Bezugspunkte in den entsprechenden Kapiteln dargestellt. Im zweiten Schritt wurde eine dem Forschungsgegenstand angemessene Methode konzipiert.

Bei der Entwicklung des Forschungsdesigns wurde von geschlossenen Systemen ausgegangen und das methodische Vorgehen daraufhin angepasst. Die Prämisse der selbstreferentiellen Geschlossenheit von Subjekten und Organisationen als Systeme ist der gesetzte Ausgangspunkt. Hieran anschließend kann dann gefragt werden, wie sich das Verhältnis von Organisation und Subjekt darstellt, wenn man von der jeweiligen Geschlossenheit dieser Systeme ausgeht. Auch Luhmann lädt dazu ein, ohne erkenntnistheoretischen Zweifel davon auszugehen, dass es Systeme gibt (vgl. Luhmann 1984, S. 30). Von dort aus kann sich eine Systemtheorie entfalten, aber nicht hinter ihre getroffenen Unterscheidungen zurückgehen.

So gesehen wird schon in der Herleitung und Begründung der Forschungsmethode in diesem Kapitel das vorhandene Verständnis in Bezug auf Organisation und Subjekt konkretisiert. Der Anspruch ist es dabei nicht, theoretische Konzeptualisierungen zum Subjekt und -Organisationsbegriff zu spezifizieren. Es geht darum, empirisch belegbar zu zeigen, wie sich die Verbindung zwischen Subjekt und Organisation praktisch vollzieht.

Die allgemeine Fragestellung dieser Studie wurde zu Beginn der Bearbeitung in eine Reihe von Teilfragen ausdifferenziert:

- Wie lässt sich der Zusammenhang von Organisation und Subjekt beschreiben?
- Wie beeinflusst die Organisation die Handlungsweisen von Subjekten?
- Welcher Zusammenhang von Organisationsentwicklung und Professionalisierung lässt sich beobachten: Wie liefert die Organisation den Subjekten Informationen für subjektive Lernprozesse?
- Welche Organisationsstrukturen ermöglichen distanzierende, subjektive Lernschleifen, welche Strukturen machen ein „Mitlernen/muddling-through" und damit „blinde" Bewältigungshandlung notwendig?
- Welche Blockaden der Handlungserweiterung lassen sich beobachten und wie trägt Organisation zur Überwindung derselben bei?
- Wie nehmen Subjekte Veränderungen der Organisation wahr?
- Wie unterstützt die Organisation Subjekte bei der Durchführung neuer Handlungen?
- Wie führen Lernprozesse auf Seiten der Organisation zu veränderten Strukturen?
- Handlungserweiterung einzelner – Handlungserweiterung im Team – Lernende Organisation: Wie vollziehen sich Sprünge vom subjektiven Lernen zum Organisationslernen?
- Wo gibt es Hinweise auf Abweichungsverstärkung und Abweichungsvermeidung?
- Auf welche subjektiven Leistungen ist die Organisation angewiesen? Was sind die limitierenden Faktoren bei der praktischen Umsetzung von Regelungen in der Praxis?
- Auf welchem Niveau restabilisiert sich das System?
- Wie wird die Verbindung jeweils im Subjekt und in der Organisation abgebildet?

Systemtheorie und Kritische Psychologie liefern als Referenz für die empirische Forschung sehr abstrakte Begriffe. Aus den im vorherigen Kapitel dargestellten theoretischen Prämissen wurden daher zunächst Aufmerksamkeitspunkte für die Beobachtung konkreter Phänomene der Organisationsentwicklung und Handlungserweiterungen abgeleitet. An dieser Stelle wird von „Aufmerksamkeitspunkten" gesprochen, da vor dem Hintergrund eines explorativen und theoriegenerierenden Forschungsdesigns keine Operationalisierungen im strengen Sinne vorgenommen werden. Dennoch dienen solche grundlegenden Konzepte der theoretischen Sensibilität und einer Orientierung angesichts einer Vielzahl beobachtbarer Ereignisse im Projektverlauf.

Innerhalb der systemtheoretischen Literatur finden sich heute nahezu keine expliziten Aussagen dazu, wie die Theorie hinsichtlich der Erklärung empirischer Phänomene genutzt werden kann. Das Verhältnis von Theorie und Empirie wurde kaum aufgearbeitet und bleibt unklar, auch wenn sich bspw. in der Organisationstheorie Luhmanns an einigen Stellen Bezüge zu konkreten, beobachtbaren Verwaltungsvorgängen finden lassen (Vogd 2005, S. 21).

Ein Grund für diesen Sachverhalt stellt u. a. sicherlich der konstruktivistische Hintergrund der Systemtheorie dar, der jede Beobachtung, somit auch jede wissenschaftliche Beschreibung, als kontingent versteht (Vogd 2005, S. 12) und somit jeden Erkenntnisgewinn mit einem Zweifel versieht. Für Forschung ist dies zunächst unbequem. Doch diese Prämisse kann auch produktiv gewendet werden. Durch die Kontingenz in der Beobachtung werden multiperspektivische Beschreibungen mit hoher Komplexität möglich (vgl. Vogd 2005, S. 13). In der angewendeten Form der Praxisforschung wurden die unterschiedliche Perspektiven von Forscher und Praktikern in ein produktives Verhältnis gesetzt und somit zu einer Ressource in der Forschung und Beratung (vgl. Kapitel 5.2.1; 5.2.2).

Die folgende Tabelle fasst die wichtigsten Aufmerksamkeitspunkte bezüglich der Organisation und des Subjektes zusammen.

Organisation	Subjekt
▪ Entscheidungen (über Programme, Kommunikationswege, Personen) ▪ Wie beobachtet die Organisation sich selbst und ihre Umwelt? ▪ Leitbild der Organisation ▪ Veränderung von Kommunikationsstrukturen ▪ Systematiken, Regelungen ▪ Lernniveau ▪ Diskussionen (im Team) ▪ Wo sind blinde Flecken bezogen auf das Subjekt? ▪ Wie wird „Person" konzipiert? Wie wird Zugriff strukturiert? ▪ Erwartungen an die Personen: Wird ein Handlungsbeitrag o. eine Haltung gefordert? Wo geht das Interesse „über die Person hinaus" (Differenz Person/Subjekt)? ▪ Wie wird Unsicherheitsabsorption durch Komplexitätsreduktion anhand von Entscheidungen geleistet? ▪ Wie wird mit abweichendem Verhalten umgegangen?	▪ Selbstbeobachtung ▪ Reflexivität ▪ Subjektiver Sinn ▪ Leitbild(er) im Handeln der Subjekte ▪ Handlungseinschränkung u. Handlungserweiterung ▪ Einflussnahme auf die Organisation ▪ Neues Denken: Variation u. Differenzierung, Problemlösungsfähigkeit, pädagogische Kompetenz, Fachwissen, Methodenkenntnisse, Sozialkompetenz ▪ Neues Handeln: Pädagogisch-professionelles Handeln, Wahrnehmung; Lernen als sinnlich/körperlicher Prozess auf vorbegrifflicher Ebene: Erleben, Gefühle, Körperregungen ▪ Beobachtung von Entscheidungen als Handlungsprämissen, ▪ abweichendes Handeln ▪ Umgang mit Unsicherheit ▪ Lernniveau ▪ Neue Haltung: ▪ Werte, Motive, Überzeugungen, Leitbilder (bezogen auf Kinder), Umgang mit Kontingenz und Unklarheiten, Paradoxien

Tabelle 3: Aufmerksamkeitspunkte in der Beobachtung

Bevor das Forschungsdesign vorgestellt wird, in das die Forschungsfragen und Aufmerksamkeitspunkte eingebettet wurden, erfolgt zunächst ein Exkurs zum zugrunde liegenden Beratungsverständnis und zur systemtheoretischen Perspektive auf Veränderungs- und Interventionsprozesse. Zum einen wird dadurch die grundlegende Herangehensweise und Haltung in der Beratung erläutert. Zum anderen soll aber auch die Wahl des Ansatzes der Praxisforschung für die wissenschaftliche Begleitung aus ihrem Zusammenhang von theoretischen Prämissen, Zielen des Beratungsprojektes und wissenschaftlicher Fragestellung verständlich werden.

5.2.1 Exkurs: Beratung in systemtheoretischer Perspektive

Wie bereits in den Kapiteln zu den grundlegenden theoretischen Modellen dargestellt wurde, baut diese Arbeit auf systemisch-konstruktivistischen Prämissen auf, an die z. T. auch bei der Entwicklung einer beratenden Forschungsmethode angeschlossen wird.

In diesem Exkurs geht es vor allem um die Möglichkeiten und Grenzen der Steuerung von operativ geschlossenen Systemen und die aus diesem systemischen Verständnis resultierenden Konsequenzen für Beratung und Forschungsmethode. Um beschreiben zu können, wie Beratung und Forschung zusammengebracht wurden, werden zunächst einige systemtheoretische Grundüberlegungen weiter ausgeführt.

Das im Kapitel 4.2.1 zur systemtheoretischen Organisationstheorie ausgeführte Paradigma selbstreferentieller Systeme macht deutlich, dass sowohl Beobachtung als auch Reproduktion Konstruktionsleistungen sind, die nur vom System selbst erbracht werden können. Systemtheoretisch sind keine strikten Einflussnahmen von außen auf die Operationsweisen des Systems im Sinne kausaler Input-Output-Beziehungen denkbar. Eine systemtheoretisch informierte Beratung hat die Vorstellung linearer Steuerung von Außen aufgegeben (vgl. Ahlemeyer 1996, S. 79). Sinnverarbeitende Systeme sind nicht-triviale Maschinen (vgl. Foerster 1998), wodurch keine eindeutige Beziehung zwischen einem Stimulus und einem Response beobachtet werden kann. Die Operationen eines Systems sind vorrangig durch den aktuellen Zustand bestimmt, in den sich das System durch vorangegangene Operationen selbst versetzt hat. Dadurch wird eine relative Autonomität gegenüber Umweltbedingungen ermöglicht.

Aus den vorangestellten Überlegung wird klar, dass Beratung verstanden als Fremdsteuerung oder gezielte Veränderung von außen nach einem linearen Ursache-Wirkungsprinzip nicht möglich ist. Wenn ein externer Beobachter in Systemen Veränderungen bewirken möchte, z. B. in einer Organisation durch Qualitätsentwicklung, dann geht dies nur über den Versuch, Irritationen zu erzeugen, deren Wirkungen im System nicht vorhersagbar sind. Doch auch Irritationen kann ein System nur selbst durch Informationsgewinnung aus der Umwelt intern erzeugen.

Beratung ist Kommunikation anhand der Leitunterscheidung von Rat/Tat (Fuchs/Mahler 2000, S. 350). Damit ist bezeichnet, dass Beratung eine wie auch immer geartete Aufklärungsarbeit leistet, die daran anschließende Handlung, Aktion oder eben „Tat" aber vom beratenden System selbst ausgeführt werden muss. Der Ansatz für Beratung liegt in der (möglichst produktiven) kommunikativen Störung der Reproduktionsdynamik von Systemen. Beratung kann versuchen, die Informationsgewinnung durch Umweltbeobachtung und Selbstreflexion des Systems anzuregen. Ziel von Beratung ist es, Irritationen und Reflexionsanlässe zu liefern, anhand derer es dem System selbst möglich wird, neue Elemente und Strukturen, mithin neue Operationsweisen zu integrieren. Im gelingenden Fall vollzieht sich die Verstörung von Selbstverständlichkeitsstrukturen (vgl. Reckwitz 2004) und eine Sensibilisierung für andere Möglichkeiten, für die latente Seite des aktuellen Zustandes. Redundanz kann hinterfragt und Kontingenz wahrgenommen werden. Beratung kann dann dazu beitragen, dass es dem System gelingt, vorhandene und eventuell disfunktional gewordene Strukturen aufzuweichen und neue und andere Möglichkeiten erkennbar werden zu lassen, um neue Formen entwickeln zu können.

Beratung regt demnach Reflexionen an und wenn man so will, kann sie als eine Voraussetzung für die Etablierung geeigneter Bedingungen für Lernschleifen verstanden werden. Sie erzeugt eine vom Alltagshandeln unterscheidbare Situation, in der andere Reflexionsformen möglich werden. „Ein zentrales Moment der Form der Beratung ist (…) die Verhinderung einer (riskanten) Auswahl in der je mitlaufenden Aktivität" (Fuchs/Mahler 2000, S. 356). Beratung muss dabei darüber aufgeklärt sein, was die ureigenste Tätigkeit eines Systems ist, die ihm nicht abgenommen werden kann. Im Hinblick auf Organisationen stellt Fuchs diesbezüglich fest: „Die Operation des Beratens verkettet nicht Entscheidungen in einem Netzwerk von Entscheidungen" (Fuchs/Mahler 2000, S. 358). Die Reproduktion der Organisation bleibt autopoietisch. Die Kunst in der Beratung besteht meines Erachtens darin, unterscheiden zu können, wo, wie und wann Rahmenbedingungen und Irritationen durch Beratung gestaltet werden können, um die (Reflexions-)Tätigkeit des Systems zu begleiten. „Das Herzstück einer guten Beratung ist die Einsicht, dass kein Berater genug über die Zusammenhänge weiß, um konkrete Ratschläge zu erteilen. (…) Mit Blick auf die Beratung rate ich meinen Studenten immer: Fragt eure Berater was ihr tun sollt. Geben sie euch definitive Antwort, feuert sie" (March 2001, S. 33).

Beratung kann in diesem Sinne für sich nicht mehr von einem Standpunkt exklusiver Informiertheit ausgehen und in Anbetracht von Kontingenz „durch Kommunikation von Richtigkeiten überzeugen" (Fuchs 2000, S. 13). Dennoch gilt bei aller selbstreferentiellen Konstitution von beratenden Systemen und einer Vielzahl von Möglichkeiten, dass Beratung sich nicht völlig indifferent oder chaotisch verhalten kann. Sie versucht eine eigene inhärent logische Struktur aufzuweisen, etwa durch eine theoretische Reflexion des Beratungshandelns oder die Anwendung von Methoden. Im gelingenden Beratungsfall wird die Beratung dadurch zu einer Instanz und zu einem Irritationspunkt mit hinreichend komplexen Verweisungsstrukturen, die vom beratenden System als Irritationsquelle wahrnehmbar wird und diesem die Möglichkeiten der Einschränkung von Kontingenz und Bearbeitbarkeit von Komplexität möglich macht. „Höhere Komplexität in Systemen wird erst möglich, wenn die Umwelt keine Zufallsverteilung aufweist, sondern ihrerseits durch Systeme in der Umwelt selektiv strukturiert ist" (Luhmann 1984, S. 48).

Dieses Verständnis von Beratung, die daraus resultierende Haltung dem Feld gegenüber und die darauf abgestimmten Methoden prägten sämtliche Interventionen im Projektzusammenhang.

Das hier kurz referierte Verhältnis von Systemtheorie und systemischer Beratung ist nicht unkompliziert. Denn abstrakte Konzepte einer Theorie können nicht ohne weiteres in Beratungshandeln überführt werden. Soziologische Systemtheorie stellt eine wissenschaftliche Sichtweise zur Diagnose sozialer Sachverhalte dar und ist keine Technologie zu deren Veränderung (Neuberger 2005, S. 31, zitiert nach Niermann 2007, S. 110). Systemtheoretisch informierte Beraterinnen und Berater stehen vor der Herausforderung, theoretische Prämissen und handfeste Ansätze zur Organisationsberatung zusammen zu bringen: „Schwebt der systemische Berater (...) nur in den Wolken der Theorie und verzichtet ganz und gar auf den Einsatz bewährter Techniken zur Problemlösung, besteht die Gefahr, die notwendige Bodenhaftung in einer subjekt- und handlungsorientierten Arbeitswelt zu verlieren" (Niermann 2007, S. 108).

Dennoch hat sich im Anschluss an die systemtheoretischen Prämissen ein ganzer Zweig von systemischen Beratungsansätzen ausdifferenziert. Nur eine Variante soll an dieser Stelle kurz vorgestellt werden, da sich an ihrem Design die Nähe zur an späterer Stelle entfalteten Forschungsmethode besonders deutlich zeigen lässt. Zur Vorgehensweise in einer systemtheoretisch inspirierten Beratung bietet Königswieser das Konzept der „Systemischen Schleife" (Königswieser/Hillebrand 2004; Königswieser/Exner/Pelikan 1995, S. 56) an. Die Systemische Schleife beschreibt einen zirkulären Prozess, der sich in einem Beratungsprojekt kontinuierlich wiederholt. Dabei gehen die Beratenden nach einer Phase der Informationsgewinnung über ein Feld dazu über, aus ihrer Beobachtungsperspektive Hypothesen über beobachtete Strukturen und Prozesse zu formulieren. Aus diesen Hypothesen werden dann Interventionsmöglichkeiten abgeleitet. Diese Interventionen werden anschließend im Feld durchgeführt. Ob und welche Resonanzen die jeweilige Intervention im System zeitigt, wird in einer anschließenden erneuten Informationsgewinnung erhoben. Mit diesem Schritt ist der Kreislauf der Systemischen Schleife geschlossen.

Um gemeinsam in einem Veränderungsprojekt zu arbeiten, etablieren Berater und Beratende (Klienten) ein Beratungssystem ein. Dies stellt eine gemeinsame sachliche, zeitliche, soziale und räumliche Schnittmenge zwischen beiden dar, in der aufeinander bezogene und folgenreiche Kommunikation möglich sein soll (vgl. Königswieser/Exner 2001, S. 19 f.). Welche Form die Schnittmenge zwischen beratenden Forscher und Praktikerinnen und Praktiker im hier betrachteten Projekt angenommen hat, wird im Folgenden beschrieben. Dabei wird sich auch das rekursive Vorgehen der Systemischen Schleife im Forschungsdesign wieder finden, indem gewissermaßen eine „Forschungs-Schleife" beschrieben wird.

5.2.2 Beratende Forschung: Praxisforschung

Wenn in der Beratung eine systemische Perspektive eingenommen wird, kann im begleitenden Forschungsprozess nur schwer in begründeter Weise von dieser Position abgewichen werden. D. h., auch hier muss die Selbstreferenz von Subjekt und Organisation methodische Berücksichtigung finden. Undenkbar ist im Falle der hier durchgeführten Studie eine Forscherhaltung, bei dem der Wissenschaftler Prozesse gemäß der Fragestellung rekonstruiert und dabei den Souverän der Veränderung (Subjekte und Organisation) an dieser Stelle zur Nebensache, zum Untersuchungsgegenstand degradiert.

Die Haltung in der systemischen Beratung führte zu einem entsprechenden systemischen Forschungsverständnis. Daraus resultierte eine für das gesamte Projekt und diese Arbeit charakteristische Vereinigung von Forschung und Beratung. „Durch Aktionsforschung können wichtige Voraussetzungen für effektives und systematisches Lernen und geplanten sozialen Wandel geschaffen und zugleich Forschung und Beratung integriert werden" (Sievers 1977, S. 26 f.).

Aus dem Verständnis, dass zielgerichtet-steuernde Intervention durch Beratungshandeln nicht möglich ist, weil Systeme ihre Komplexität nur selbst beobachten und bewältigen können, resultiert die Auffassung, dass auch die Beobachtung interner Vorgänge eines Systems von außen in der Forschung nicht hinreichend sein kann. Folgt man systemtheoretischen Prämissen, kann Veränderung nur Selbstveränderung sein und muss Forschung zu subjektiver Handlungserweiterung und Organisationsentwicklung den Selbstaufklärungsprozess der Systeme als Referenz berücksichtigen. Zum einen als Beobachtungsperspektive und Quelle von Erkenntnissen, zum anderen als Gegenstand der Forschung selbst.

In einer Forschung, die u. a. den Subjektstandpunkt untersucht und ernst nimmt, müssen die Sicht des Forschers und die der Beforschten ineinander greifen. Der Austausch zwischen Forscher und Beforschten ist als „intersubjektiver Beziehungsmodus wechselseitiger Handlungsbegründung auf Basis gemeinsamen Erkenntnisinteresses („Mitforscherverhältnis") zu realisieren" (Holzkamp 1990, S. 9, Einschub im Original).

Für die hier dargestellte Untersuchung bedeutet dies, dass die Beobachtung von Veränderung und Entwicklung hinreichend nur unter Einbeziehung des sich verändernden Systems vollzogen werden kann und nicht allein durch einen Beobachter zweiter Ordnung. Das Forschungsdesign zu selbstreferentiellen Veränderungsprozessen soll diese Selbstbezüglichkeit und operative Geschlossenheit methodisch berücksichtigen und abbilden können, d. h. die sich selbst Beratenden zu sich selbst Erforschenden machen. „Menschen [sind] wahrscheinlich eher bereit, Forschungsergebnisse zu akzeptieren und danach zu handeln, wenn sie bei der Planung der Forschung sowie der Sammlung und Analyse der Daten mitgewirkt haben" (Argyris 2002, S. 58; Einfügung: MK). Qualitätsmaßstab für diesen Forschungs- und Entwicklungsprozess ist dann nicht allein die Formulierung hinreichend stabiler Thesen eines wissenschaftlichen Beobachters, sondern auch ein erfolgreicher Entwicklungsprozess im Sinne der im Kapitel 1 dargestellten Definition gelungener Organisationsentwicklung.

Die Arbeit im Projekt beinhaltet somit zwei Seiten. Einerseits wurde ein systemisch informierter Organisationsentwicklungsprozesses implementiert und begleitet. Andererseits erfolgte eine wissenschaftliche Reflexionen über eben diese Entwicklungsprozesse unter der Berücksichtigung sich selbst erforschender Subjekte als Voraussetzung für Selbstaufklärung und Veränderung. Bei der Suche nach einem zu diesen Prämissen passenden Forschungskonzept, fiel die Wahl auf die Methoden der Praxisforschung. Durch den Ansatz der Praxisforschung ist ein methodischer Rahmen gegeben, mit dem die Prämissen der systemischen Forschung und Beratung eingelöst werden können.

Praxis- oder auch Aktionsforschung[4] (action-recearch) wurde seit Mitte des 20. Jahrhunderts von Kurt Lewin entwickelt. Seine Forschungen führte er in vielen Fällen in Verbindung mit Beratungstätigkeiten durch und bezog sie dadurch auf praktische Probleme des Alltagslebens. "There is nothing as practical as a good theory" (Lewin 1952, S. 169).

---

4 Die Begriffe Praxisforschung und Aktionsforschung werden teilweise synonym verwendet. Im Weiteren möchte ich in dieser Arbeit von Praxisforschung sprechen.

Im zyklischen, partizipativen Prozess der Praxisforschung sind dialogische Rückfragen und Verifikationen vorgesehen, um eine strikte Einbindung des Feldes in die Forschung und Theorieentwicklung zu realisieren. Dabei ist eine grundlegende Haltung notwendig, bei der wissenschaftliche Beschreibungen als kontingent verstanden werden und die Beobachtungen der Beforschten als relevante Daten einfließen.

Durch die Interventionen im Feld unterscheidet sich Praxisforschung von anderen Forschungsmethoden wie z. B. ethnologischen Ansätzen. Sinnhaftes Handeln aus der Perspektive der Akteure zu begreifen und eine Einbindung in das Feld sind Standpunkte diverser Forschungsansätze. Der Versuch der Praxisforschung, Veränderungen hervorzurufen, ist dagegen ein exklusiver Anspruch dieser Forschungsrichtung. Praxis- oder Aktionsforschung kommt heute häufig auch im Rahmen von Studien im Bereich von Unterrichtsforschung, Sozialarbeit und Jugendhilfe zur Anwendung (vgl. Bortz/Döring 2006, S. 341; exemplarische Studien: Alisch/May 2008; Allgäuer 1997; Altrichter/Posch 2007; Angermann 2005; Heiner 1988; Maykus 2009).

Pieper formuliert die Definition von „Aktionsforschung" in der folgenden prägnanten Weise: "Auf eine kurze Formel gebracht, bezeichnet Aktionsforschung eine Forschungsstrategie, durch die ein Forscher oder ein Forschungsteam in einem sozialen Beziehungsgefüge in Kooperation mit den betroffenen Personen aufgrund einer ersten Analyse Veränderungsprozesse in Gang setzt, beschreibt, kontrolliert und auf ihre Effektivität zur Lösung eines bestimmten Problems hin beurteilt" (Pieper 1972, S. 100). Oder anders formuliert: „Aktionsforschung liegt dann vor, wenn Wissenschaft und Praxis gemeinsam versuchen, ein Projekt zu entwickeln und durchzuführen" (Moser 1997, S. 15). Vor dem Hintergrund der eingangs beschriebenen Bedarfslage (vgl. Kapitel 3) im Bereich Kindertagesstätten, kann „die Kooperation von ForscherInnen und PraktikerInnen im Rahmen von Praxisforschung und –entwicklung zum Kern einer besonderen Form von Qualitätsentwicklung und damit von Professionalisierung des frühpädagogischen Ausbildungs- und Arbeitsfeldes werden" (Nentwig-Gesemann 2008, S. 251 f.).

Aktionsforschung kann auch als problemorientierte Innovationsstrategie bezeichnet werden. Entscheidend ist dabei vor allem, dass sich diese Herangehensweise vom traditionellen Postulat soziologischer Forschung trennt, den Einfluss des Beobachters auf das Beobachtete zu minimieren. Aktionsforschung beinhaltet vielmehr, dass der Forschungsgegenstand im Laufe der Forschung verändert wird. Das Forschungsinteresse richtet sich demnach nicht ausschließlich auf theorieimmanente Probleme und Fragestellungen oder auf die Gewinnung abstrakter Durchschnittsdaten, sondern auf konkrete Problemlagen eines speziellen Feldes. Forschungsgegenstand sind handelnde Individuen und Kindertagesstätten als Organisationen. Dabei sollen subjektive Eigenschaften und organisationale Strukturen in einer angemessenen Komplexität berücksichtigt werden. Aktionsforschung zielt in einer emanzipatorischen Absicht auf die Herstellung neuer Handlungsoptionen für die Erforschten (vgl. Nagel 1983, S. 7) und kann daher auch als eine Form von wissenschaftlicher Beratung verstanden werden. Somit ist mein Forschungsvorhaben auch darauf ausgerichtet, praktisch relevante Probleme, Veränderungsprozesse von Organisationen und Subjekten, beratend zu fördern. Das gesamte Forschungsvorhaben wird dadurch zu einer Steuerungseinheit zur Handhabung praktischer Probleme, welche aus einer Kooperationsgemeinschaft von Personen des Feldes und dem Forscher besteht (vgl. Pieper 1972). Von den handelnden Personen des Feldes kann daher nicht mehr als „Objekten der Forschung" gesprochen werden. Sie sind erkennende Subjekte und Forschende in eigener Sache.

Ziel der Untersuchung ist es letztlich, eine Kombination aus empirisch gehaltvollem Wissen mit einer Theorie über Prozesse gelingender Veränderungen im Wechselspiel von Organisation und Subjekt zu entwickeln. Es werden Aussagen über die Verbindung von Subjekt und Organisation angefertigt, um informiert mit Bedingungen und Möglichkeiten dieser Kopplung in Veränderungsprozessen umgehen zu können. Gemäß des methodologischen Ansatzes der Forschung sind Indikatoren für ihren Erfolg in der Problemlösung, Handlungserweiterung und Strukturveränderungen bei Organisation und Subjekt zu sehen. Die Aktionsforschung folgt in diesem Projekt einem Ablauf, der „einen ins Praktische gewendeten zirkulären Charakter" (Moser 1995, S. 107) aufweist.

In diesem Teilkapitel wird der idealtypische, zyklische Prozess der Praxisforschung vorgestellt, um daran anschließen auf die konkrete Umsetzung einzugehen. Dadurch soll deutlich werden, wie durch den Ansatz der Praxisforschung die dargestellten systemtheoretischen Prämissen, der Anspruch einer Selbstreflexion in der Praxis und die Arbeit mit der Binnenperspektive der Systeme methodisch eingelöst wurden. Es wird transparent gemacht, wie die Ansprüche an die Qualitätssicherung einer soliden qualitativen Erhebung auf methodologischer und verfahrenstechnischer Ebene im Forschungsprozess entsprochen wurden (Froschauer/Lueger 2003, S. 166 ff.).

In der Methoden-Literatur und in Berichten über Forschungsprojekte werden verschiedene Spielarten der Praxisforschung beschrieben. Die Unterschiede beziehen sich in vielen Fällen auf den Grad der Kooperation zwischen Wissenschaft und Praxis. Die Bandbreite reicht von intensiven Kooperationen, in denen Praktiker im Verlauf der Forschung regelrecht zu Ko-Forscher/innen ausgebildet werden, bis hin zu Varianten, bei denen keinerlei Einbindung der Praktikerinnen und Praktiker in den eigentlichen Vorgang der Forschung stattfindet. Praxisforschung kooperiert also nicht immer eng mit der Praxis, verschiedene Grade der

Insertion ins soziale Feld sind legitim. Eine Fragestellung kann auch mit Hilfe des Feldes praxisnah bearbeitet werden, ohne dass die eigentliche Forschung kooperativ gestaltet wird (vgl. Moser 1995, S. 87).

Die im Rahmen meiner Forschungsarbeit angewendete Variante strebt einen mittleren Kooperationsgrad mit dem Praxissystem an. Die Intensität der Beteiligung der Praktiker am Forschungsprozess variiert mit den verschiedenen Settings, die für die Praxisforschung entwickelt und genutzt werden. In jedem Fall verblieb die Theoriebildung im wissenschaftlichen Sinne bei mir als Begleitforscher.

Dem Verhältnis zwischen Organisation und Subjekt in Veränderungsprozessen wurde als Aktionsforschung in Einzelfallstudien nachgegangen. Die Forschung bezieht sich dabei auf subjektive Handlungserweiterungen einzelner Mitarbeitender, Teamprozesse und die Veränderung von Organisationsstrukturen während des zweijährigen Qualitätsentwicklungsprozesses in den Kindertagesstätten. Die Analyse sollte in einem ersten Schritt induktiv Rückschlüsse auf das Verhältnis von Organisationsentwicklung und subjektiver Handlungserweiterung ergeben, vom Einzelfall abstrahierend sollten dann allgemeine Aussagen getroffen werden. Diese ersten Erkenntnisse und Hypothesen dienen dann dazu, die weitere Organisationsentwicklung der Kindertagesstätten informierter zu gestalten: „Die Forschung übernimmt zeitweise die Funktion der Praxisberatung und Organisationsentwicklung und kann Elemente der Supervision enthalten" (Moser 1995, S. 59).

Das Erkenntnisinteresse der Praktikerinnen und Praktiker richtet sich in der Praxisforschung zusammengefasst auf die Fragen: Wie ist die gegenwärtige Situation? Wie stellen sich die Probleme dar? Wie können Probleme gelöst werden? Den Mitarbeitenden soll es ermöglicht werden, ausgehend von individuellen und teamspezifischen Problemstellungen oder Handlungsblockaden, methodisch angeleitet durch den wissenschaftlichen Begleiter zu differenzierten Aussagen über diese Situation, ihre inhärente Logik und über Möglichkeiten ihrer Veränderung zu kommen. Die Gültigkeit des erworbenen Verständnisses zeigt sich an der Lösung des ursprünglichen Handlungsproblems mit Hilfe der aus den Hypothesen abgeleiteten Interventionen. Ziel der Forschung ist es, diese Hypothesen durch eine kritische Überprüfung an empirischen Daten des Projektes zu verifizieren, um sukzessiv zu theoretischen Aussagen zu gelangen, die „andere Teile der Organisation einschließen, bis hin zu anderen Individuen in anderen Organisationen" (Argyris/Schön 2002, S. 163).

Die idealtypischen Schritte der Praxisforschung bestehen in einer Informationsgewinnung, einer Analyse und Theoretisierung mit Hypothesenbildung, der anschließenden Rückspiegelung dieser Hypothesen in die Praxis, einer daraufhin durchgeführten Selbstreflexion der Praktikerinnen und Praktiker, dem Ableiten von Interventionsmöglichkeiten und der abschließenden Durchführung dieser Interventionen. Im Folgenden werde ich dezidiert auf jeden dieser Schritte eingehen.

1. Informationsgewinnung

Erzieherinnen und Erzieher der Kindertagesstätten formulieren Aussagen über Handlungsblockaden, die im Kontext ihrer Arbeit bzw. der Organisationsentwicklung ihrer Einrichtung angesiedelt sind. Diese Praxisprobleme werden von den handelnden Subjekten mit möglichst genauen Informationen und Daten beschrieben und bilden den Gegenstand der Forschung.

2. Analyse und Theoretisierung – Hypothesenbildung

In einem zweiten Schritt wird die Problembeschreibung von der wissenschaftlichen Projektleitung analysiert und theoretisiert. Auf diesem Wege wird vom konkreten Fall abstrahiert. Die wissenschaftliche Betrachtung kann verschiedene Bezugspunkte haben. Zum einen kann eine Analyse der Sozialsysteme erfolgen. Hier werden Beobachtungen angestellt, die sich in erster Linie auf die Organisation als Sozialsystem beziehen. Zum anderen können subjektive Perspektiven rekonstruiert werden. Dieser Beobachtungsschwerpunkt bezieht sich auf einzelne Subjekte und deren Handlungsprozesse. Durch die Befragung der Subjekte erhält man nicht nur Auskunft über ihr Handeln, sondern auch über dessen Einbettung in das Sozialsystem Organisation. „Mitglieder eines sozialen Systems sind (...) nicht bloß ExperInnen ihres Systems, sondern repräsentieren in ihren Aussagen das System und ihre Beziehungen zu diesem" (Froschauer/Lueger 2003, S. 20).

3. Rückspiegelung / Beratung

Es erfolgt drittens eine Rückspiegelung von Theorie und Hypothesen in die Praxis. Gemäß des dargestellten Systembegriffs wird dieser Vorgang im Rahmen dieser Studie als Beratung bezeichnet.

Die Rückspiegelung der Ergebnisse erfolgt in Gruppendiskussionen. Dabei wird die fortschreitende Theoriebildung (Beobachtung zweiter Ordnung) mit den Praktikerinnen und Praktikern diskutiert. Es werden Theoriefragmente in schriftlicher Form vorgestellt und referiert. Wissenschaft und Praxis schließen an Beobachtungen in unterschiedlicher Weise an, was zu unterschiedlichen Reflexionsprozessen führt. Ziel der Praktikerinnen und Praktiker ist es, Hilfestellung für die Praxis, bzw. den Veränderungsprozess zu erhalten. Das Ziel des Wissenschaftlers sind stichhaltige Erkenntnisse über den untersuchten Gegenstand. In der gemeinsamen Diskussion werden Einsichten aus den unterschiedlichen Beobachtungspositionen zusammen geführt.

4. (Selbst-) Reflexion

Im vierten Schritt vollzieht sich die (Selbst-)Reflexion der Praktikerinnen und Praktiker. Ziel ist es, eine Neubeschreibung des Problems auf einer Ebene zweiter Ordnung anzufertigen, die somit einen umfassenderen Blick auf das Problem zulässt.

5. Interventionsmöglichkeiten ableiten

Der Reflexion folgt eine Handlungsorientierung. Aus den entstandenen Erkenntnissen werden Ansatzpunkte für die Organisationsentwicklung erarbeitet und Pläne zur Durchführung von Maßnahmen, z. B. Strukturveränderungen, erstellt. Diese Pläne enthalten genaue Angaben darüber, wer die geplanten Maßnahmen bis zu welchem Termin durchführt und an welchen Kriterien festgestellt werden kann, ob die geplanten Veränderungen zu einem Erfolg geführt haben.

6. Interventionen durchführen

Im sechsten Schritt werden die geplanten Maßnahmen dann in der Praxis umgesetzt bzw. Veränderungen an der bisherigen Praxis vorgenommen.
Nachdem die geplanten Maßnahmen durchgeführt wurden, wurden die durch sie realisierten Veränderungen im Sinne der im Punkt 1 beschriebenen Informationsgewinnung betrachtet. Anhand der vorher definierten Kriterien wird bewertet, ob sich der angestrebte Erfolg eingestellt hat oder nicht. War die Maßnahme erfolgreich, ist dies ein Indiz für die Stimmigkeit der Theorie, die der Maßnahmenplanung zugrunde liegt. Stellt sich der durch die Veränderungen angestrebte Zustand jedoch nicht ein, ist dies als Hinweis zu deuten, dass die zugrunde liegende Theorie ihren Gegenstand noch nicht hinreichend genau abbildet. Eventuell liegt noch ein falsches Verständnis der Zusammenhänge vor, oder es fehlen noch entscheidende Teile in der Theorie. In diesem Fall wird der dargestellte Prozess erneute durchlaufen.

Wie die sechs Punkte verdeutlichen, ist der gesamte Forschungsprozess zyklisch angelegt, d. h. er wird mehrere Male durchlaufen, um die entwickelten Hypothesen immer wieder anzupassen und letztlich zu hinreichend gültigen Thesen zu gelangen. Die im Projekt durchgeführte Praxisforschung ist in diesem Sinne systemisch, da sie konsequent die Binnensicht der Systeme bzw. deren lernförmige Irritation einbezieht. Die Zieloffenheit der Entwicklungsprozesse wird durch die grundlegende Förderung von Selbstorganisation und Selbststeuerung berücksichtigt[5].

Das gesamte Design eines solchen Forschungsprozesses hat große Nähe zu klassischen Grundprinzipien der Organisationsentwicklung wie etwa der „Survey-Feedback-Methode" (Chalupsky 2000, S. 104 f.; Gebert/Rosenstiel 1996, S. 325) oder auch dem bekannten PDCA-Zyklus (plan-do-check-act) als Verfahren des Qualitätsmanagements. Auch im Vergleich mit solchen Methoden kann Praxisforschung als Spielart der Beratung aufgefasst werden.

5.3 Die Praxis der Praxisforschung

Die Einbindung in ein längerfristiges Beratungsprojekt verschaffte mir gute Zugangsmöglichkeiten zum Feld. Durch die intensive Kooperation zwischen mir als Berater und den Mitarbeitenden der Kindertagesstätten als Klientinnen und Klienten konnte ein Vertrauensverhältnis entstehen. In diesem Sinne war kein klassischer „gatekeeper" vorhanden. Vielmehr sicherte das gesamte Projekt mit seinen vielfachen Arbeitstreffen und Workshopterminen die Grundlage für die Forschungsarbeit. Bei der Konzeption und Durchführung des Forschungs- und Beratungsprojektes ließ der Träger der Kindertagesstätten als Auftraggeber der Forschung und Beratung freie Hand.

Im Projekt gab es, wie bereits erwähnt, diverse Formen des Austausches von Praxis und Wissenschaft. In verschiedenen Konstellationen und mit wechselnden Zusammensetzungen der Teilnehmenden wurde das etabliert, was Argy-

---

5 Holzkamp formuliert mit Hinblick auf die Handlungserweiterung der Erforschten in Begriffen der kritischen Psychologie vier Instanzen des Forschungsprozesses (Holzkamp 1990, S. 6 f.):
1. Beschreibung eines Dilemmas oder Problematik von Betroffenen in ihrer Lebenspraxis, dessen Überwindung mit den ihnen verfügbaren Denk- und Praxisformen bisher nicht möglich war.
2. Theoretische Aufschlüsselung der Problematik in intersubjektiver Kommunikation mit den Betroffenen.
3. Veränderte Lebenspraxis der Betroffenen in Realisierung der im Forschungsprozess entwickelten Handlungsmöglichkeiten.
4. Retrospektive Analyse der veränderten Lebenspraxis der Betroffenen gemeinsam mit dem Forscher, zur Prüfung der gelungenen Überwindung der Ausgangsproblematik.

ris und Schön eine „Untersuchungsgemeinschaft" nennen: „Eine Untersuchung wird organisational, wenn einzelne im Namen der Organisation eine Untersuchung innerhalb einer Untersuchungsgemeinschaft durchführen, die offiziell oder inoffiziell durch die Rollen und Regeln der Organisation bestimmt sind" (Argyris/Schön 2002, S. 48).

Im konkreten Forschungs- und Beratungsprozess wurde die vorgestellte stringente Form, wie sie im Schema des zyklischen Prozesses der partizipativen Aktionsforschung dargestellt wurde, nicht exakt eingehalten, sondern den speziellen Bedingungen des Forschungsprozesses angepasst. Einige Arbeitsschritte waren zwar durch die Forschungslogik einer bestimmten Phase bestimmt, beinhalteten aber auch andere Aspekte. Zum Beispiel konnte die Befragung zur Informationsgewinnung bereits Selbstreflexionsprozesse der Subjekte enthalten. So wurden dann einige Phasen parallel durchgeführt.

Die Erhebung empirischer Daten wurde im Forschungsprozess durch die Kombination verschiedener Methoden durchgeführt. Die einzelnen Vorgehensweisen zeichnen sich u. a. durch den Grad ihrer Strukturierung aus. Die Bandbreite reichte von Beobachtungen und zufälligen Gesprächen, die in Feldnotizen festgehalten wurden, über offene Gruppendiskussionen mit explorativem Charakter, bis hin zu teilstrukturierten Gruppendiskussionen und Einzelinterviews mit einer fokussierten Ausrichtung. Hinzu kam die Auswertungen schriftlichen Materials wie Sitzungsprotokolle, Selbstreporte oder anderer Dokumente, die im Rahmen des Qualitätsentwicklungsprozesses von den Kindertagesstätten erstellt wurden. Alle Zugangsweisen zusammengenommen und ihre Anwendung in drei unterschiedlichen Kindertagesstätten führten zu einer vielschichtigen Betrachtung des Gegenstandes im Sinne einer Triangulation (Flick 2004). Dadurch wurde es ermöglicht, Phänomene aus unterschiedlicher Perspektive zu betrachten, um Interpretationen abzusichern und typische Muster als solche erkennen zu können.

Im folgenden Teil-Kapitel werden die angewendeten Forschungsmethoden eingehender dargestellt.

5.3.1 Datenerhebung:
Interviews, Gruppendiskussionen und Feldbeobachtungen

Durch die regelmäßigen Besuche in den Kindertagesstätten gab es immer wieder die Gelegenheit, frei und mit Offenheit für Unvorhergesehenes durch die Einrichtungen gehen zu können. Gerade in der ersten explorativen Forschungsphase war es möglich, spontane Gespräche mit Erzieherinnen und Erziehern zu führen. Dieses Vorgehen ermöglichte, dass die Sensibilisierung für relevante Aspekte der Forschungsfrage durch Beobachtungen von Schlüsselsituationen gefördert wurde. Auf diesem Wege konnten auch interessant erscheinende Interviewpartnerinnen und Interviewpartner gefunden und Verabredungen zu Interviews bei einem der nächsten Besuche getroffen werden. Es konnte dabei zudem rücksichtsvoll mit der Arbeitssituation und Stimmung der Interviewpartner umgegangen werden. Durch dieses Verfahren wurde gewährleistet, dass das Feld nicht zu sehr beansprucht wurde. Die Teams der Kindertagesstätten waren neben der Arbeit mit den Kindern und Eltern durch das Organisationsentwicklungsprojekt ohnehin stark gefordert. Die begleitende wissenschaftliche Untersuchung sollte das Engagement der beteiligten Personen daher nicht über Gebühr strapazieren.

Die bei den regelmäßigen Besuchen durchgeführten Gespräche und Diskussionen mit den jeweiligen Leitungsteams der Einrichtungen wurden ebenfalls offen gestaltet und folgten in dieser Phase überwiegend den Bedürfnissen der Praktikerinnen und Praktiker nach Beratungsgesprächen über den Organisationsentwicklungsprozess. Es erfolgt demnach eine Konzentration auf die Sicht der Interviewten, ihren Sinnkonstruktionen und den beschriebenen Handlungen. D. h. das Gespräch bezog sich jeweils im Allgemeinen auf das Projekt, seinen Verlauf und die praktische Umsetzung bzw. die Schwierigkeiten in der Kindertagesstätte. Forschungsmethodisch wurde zunächst dieses sehr offen gehaltene Design gewählt, um die Diskussion der Praktikerinnen und Praktiker nicht durch die Vorannahmen der Forschung zu überformen. Von meiner Seite wurden zunächst keine Hypothesen eingebracht. Vielmehr wurde hierbei angestrebt, die Perspektive der Begleitforschung für Aufmerksamkeitspunkte der Praxis zu öffnen und um diese zu erweitern. Die Durchführung orientierte sich daher nur lose an Vorgaben zur Durchführung von Gruppendiskussionen.

Die für diese Studie grundlegende Datenerhebung erfolgte in einer zweiten fokussierten Phase durch Anwendung unterschiedlicher Verfahren wie teilstrukturierten Interviews, Gruppendiskussionen und Feldbeobachtungen. Alle Varianten wurden über den gesamten Projektzeitraum und z. T. auch parallel durchgeführt. Um die Durchführung der Interviews nachvollziehbar zu beschreiben, werden im Folgenden die Erstellung des Interviewleitfadens und die als wesentlich erachteten Bedingungen bei der Durchführung der Interviews und Gruppendiskussionen transparent gemacht.

Teilstrukturierte Interviews

Die Durchführung eines Interviews ist immer als soziale Situation zu verstehen, die in ihrer Komplexität nur bedingt zu erfassen und zu kontrollieren ist (Atteslander1995, S. 135 ff.). Zu solchen komplexen Bedingungen einer Interviewsituation gehören beispielsweise die emotionale Bewertung der Situation durch den Interviewpartner (z. B. Angst oder Wunsch kompetent wirken zu wollen), die vorausgegangenen Situationen im Arbeitsalltag des Befragten, die Beziehung zum Interviewer und auch äußere Einflüsse wie Störungen durch Geräusche von außerhalb der Räumlichkeiten, in dem das Interview stattfindet.

Hinzu kommt als wesentliche Einflussgröße die Struktur des Interviews selbst. Welche Fragen gestellt werden, in welcher Art und Weise diese Fragen formuliert werden und welche Begriffe dabei genutzt werden, hat einen Einfluss auf die Antworten des Interviewpartners. „Jede Frage ist ein Stimulus und jeder Stimulus bewirkt etwas" (Atteslander 1995, S. 148).

Um den Gesprächsverlauf auf den Untersuchungsgegenstand zu konzentrieren und eine Vergleichbarkeit der Interviews zu erlangen, wurde die Form des leitfadengestützten Interviews (Flick 1995, S. 94 ff.; Mayring 2002, S. 65 ff.; Reinders 2005) gewählt. Die Befragung orientierte sich demnach an einem Leitfaden, der die exakte Beschreibung der Durchführung des Interviews enthielt und der die thematische Ausrichtung und Reihenfolge der Fragen festlegte, um zu gewährleisten, dass im Sinne der Forschungsfrage möglichst umfassend Auskunft gegeben werden konnte. „Der Leitfaden schneidet die interessierenden Themen aus dem Horizont möglicher Gesprächsthemen heraus und dient dazu, das Interview auf diese Themen zu fokussieren" (Meuser/Nagel 1997, S. 488).

Der Leitfaden wurde dabei im Sinne einer Problemzentrierung (Mayring 2002, S. 67) vor dem Hintergrund der im Kapitel 3 vorgestellten theoretischen Modelle und den daraus abgeleiteten Aufmerksamkeitspunkten entwickelt. Im Zentrum standen Handlungsmuster und Praxisformen zu unterschiedlichen Zeitpunkten. Zeitpunkt 1 bezog sich auf Handlungsweisen, wie sie schon längere Zeit vor dem Qualitätsentwicklungsprozesses bestanden. Mit Fragen nach Zeitpunkt 2 wurden Informationen über Begebenheiten und Anlässe eingeholt, die zur kritischen Auseinandersetzung mit diesen etablierten Handlungsmustern führten. Mit Fragen zum Zeitpunkt 3 wurden Aussagen zu Episoden erhoben, in denen Handlungen nach einem veränderten Muster durchgeführt wurden; hier konnte dann ggf. über Handlungserweiterung und/oder Organisationsentwicklung berichtet werden.

Zeitpunkt 1	etablierte Handlungsmuster und Organisationsstrukturen
Zeitpunkt 2	Prozesse, bei denen Handlungsmuster und Organisations-strukturen in Frage gestellt oder verändert wurden
Zeitpunkt 3	veränderte Handlungsmuster und Organisationsstrukturen

Tabelle 4: Thematische Struktur des Interviewleitfadens

Der Interviewleitfaden wurde in diesem Sinne so angelegt, dass Aussagen über Episoden aus dem pädagogischen Alltag und dessen Verbindung mit dem Verlauf der Organisationsentwicklung aus der jeweils subjektiven Perspektive erhoben wurden.

Die Interviews hatten eine Dauer von 30 bis 60 Minuten und wurden in einem gesonderten Raum innerhalb der Kindertagesstätte geführt. Die Interviews wurden zu den üblichen Arbeitszeiten der Befragten durchgeführt. Die Befragten kamen demnach vor dem Interview unmittelbar aus einer Arbeitssituation und nahmen ihre Arbeit nach dem Interview wieder auf. Zu Beginn wurde daher darauf geachtet, dass sich die Interviewpartnerin oder der Interviewpartner in Ruhe auf die Situation einstellen konnte. Während der Interviews bestand in allen Fällen die Möglichkeit zur ungestörten Durchführung, z. B. war der Rückzug aus dem Arbeitshandeln mit Kolleginnen und Kollegen abgesprochen.

Die Interviews wurden durch mich durchgeführt. Dabei war ich den Interviewpartnern bereits durch zahlreiche Anlässe der Zusammenarbeit (Weiterbildungen im Projekt, Beratungsgespräche) bereits seit einigen Monaten bekannt. Die Bereitschaft zur Durchführung der Interviews wurde jeweils einige Tage bzw. beim vorausgegangenen monatlichen Besuch erfragt. Die bisherige Zusammenarbeit und zugrunde liegende wertschätzende Haltung im Beratungsprozess führt zu vertrauensvollen Interviewsituationen, in denen authentische Aussagen formuliert wurden. Als ein Beleg kann hierfür angesehen werden, dass offen auch über persönliche Defizite berichtet wurde.

Neben der thematischen Strukturierung beinhaltete der Interviewleitfaden auch standardisierte Rahmenbedingungen und „Regieanweisungen zur Interviewführung" (Hermanns 2004, S. 367 f.). Zu Beginn des Interviews wurde ein im Vorfeld konzipierter Gesprächseinstieg durch den Interviewer vorgetragen.

Zur thematischen Einstimmung wurden hierbei nochmals der Kontext des Interviews und die allgemeine Fragestellung erläutert und in seiner Bedeutung für den Projektzusammenhang dargestellt. Alle Interviewten berichteten im jeweiligen Interview über eine bestimmte, für sie oder ihre Kindertagesstätte, besonders relevante Episode, beispielsweise der Systematisierung der Morgenkreise oder die Veränderung der Teambesprechungen. Dieser spezielle Kontext und Bezugspunkt des jeweiligen Interviews war bereits bei der Verabredung zum Interview vereinbart worden und wurde an dieser Stelle nochmals mit der jeweiligen Interviewpartnerin bzw. dem Interviewpartner geklärt.

Im Interview selbst wurden offene Fragen gestellt, d. h. Fragen, auf die die befragte Person frei antworten kann, ohne dass Antwortkategorien nahe gelegt werden (Atteslander 1995, S. 180). Bei der Entwicklung dieser Fragen erfolgte eine Orientierung an Regeln, die sich in Forschungsprojekten bewährt haben (Atteslander 1995, S. 192): Formulierung kurzer Fragen, Verwendung einfacher Worte, konkrete Fragestellungen usw., beispielsweise: „Was führte in Ihrem Team zur Systematisierung der Morgenkreise?" „Was unterstützte Sie bei der Veränderung der Morgenkreise?" „Was erschwerte die Veränderung?" „Wie führen Sie die Morgenkreise jetzt durch?"

Die so entwickelte Interviewstruktur ermöglichte eine flexible Handhabung im Interview selbst. Der Interviewer nahm dabei eine zurückhaltende Position ein. Aussagen der Interviewpartner wurden ggf. nachgefragt, um zu kontrollieren, ob geschilderte Phänomene sinngemäß richtig verstanden wurden (z. B. die genaue Bedeutung verwendeter Begriffe). Trotz einer gewissen Strukturierung konnten so offene Erzählphasen anregt werden und diese wurden nicht durch ein zu rigides Eingreifen unterbunden. Den Befragten sollte Raum für Themensetzungen und zur Entfaltung von Relevanzstrukturen gelassen werden (vgl. Friebertshäuser 1997, S. 377). Wenn es der Gesprächsverlauf erforderte, wurde von der Struktur des Fragebogens abgewichen, um Themen der Befragten aufzugreifen, den Gesprächsimpuls zu befördern, zum Berichten über Beispiele anzuregen und um allgemein der Schwerpunktsetzung des Interviewpartners bei der Rekonstruktion erlebter Episoden Rechnung zu tragen.

Somit wurde auch die Offenheit qualitativer Forschung gewahrt. Die Entscheidung darüber lag im Rahmen der theoretischen Sensibilität des Interviewführers und seinem Gespür für die Situation des Interviewpartners (vgl. Flick 1999, S. 113 ff.). Ein spezieller Nachfragekatalog wurde nicht erstellt. Um dem Anspruch der Praxisforschung auch in den Interviews gerecht zu werden und diese nicht allein zur Informationsgewinnung zu nutzen, sondern gemäß der Zielsetzung des Projektes auch Reflexionen im Praxissystem anzuregen, wurden Rückfragen in Anlehnung an systemische Fragetechniken formuliert. Die Vorgehensweise des Zirkulären Fragens (Schlippe/Schweitzer 2002, S. 137 ff.) ist eine

Forschungsmethode, die nicht nur im therapeutischen Bereich, sondern auch in der Sozialwissenschaft angewendet werden kann (vgl. Pfeffer 2004, S. 68). „Will man die innere logische Organisation von individuellen epistemischen oder Interaktionssystemen rekonstruieren, so gibt es gegenwärtig wohl kein besseres Verfahren als die 'zirkuläres Fragen' genannte Interviewmethode" (Simon 1993, S. 273).

Aufgrund der komplexen Fragestellung nach dem Verhältnis von Subjekt und Organisation war nicht damit zu rechnen, dass Interviewpartner in der Lage sind, Erklärungen und abstrakte Theorien zum Themengebiet zu liefern. Vielmehr wurde durch die Interviewformen das episodische Wissen der Erzieherinnen und Erzieher erhoben. Episodisches Wissen ist Wissen, dass den Befragten nicht jederzeit und explizit zur Verfügung steht, sondern an die Erinnerung an eine konkrete Situation gebunden ist. Oftmals kann es nur auf einer konkreten Ebene aktiviert werden, die dazu dient, Situationen adäquat zu beschreiben. Die Befragten sind nicht unbedingt in der Lage, von einer konkret erlebten Situation zu abstrahieren und allgemeine Muster in Strukturen und Dynamiken zu benennen. Diese Aufgabe lag dann im Rahmen der Interviewauswertung beim Forscher.

Teilstrukturierte Gruppendiskussionen

Waren die Gruppendiskussionen zu Projektbeginn noch von breiter, grundlegender Suche nach relevanten Faktoren bestimmt, wurden diese Diskussionen mit fortschreitendem Forschungsprozess ebenfalls stärker strukturiert.

Der zugrunde gelegte Diskussionsleitfaden setzte dieselben Schwerpunkte wie der für die Einzelinterviews genutzte Leitfaden. Um das Gespräch zu eröffnen, wurde von mir zunächst eine Themensetzung als Grundreiz dargeboten (Mayring 2002, S. 78). Inhaltlich bezog sich dieser Gesprächsanlass entweder auf Resultate der Begleitforschung oder auf andere für die Gruppe aktuelle Themen. Durch die Gesprächsdynamik innerhalb der Diskussionsgruppe war es anschließend weniger notwendig, Impulse durch Fragen des Interviewers zu geben. Es wurde jedoch darauf geachtet, dass die benannten relevanten Prozessschritte (vorherige Praxis – Veränderung dieser Praxis – neue Praxis) und damit die zentralen Forschungsfragen besprochen wurden. Diskussionsgegenstand waren vor allem Veränderungsprozesse innerhalb der Kindertagesstätten, wie sie vom Leitungsteam beobachtet wurden. Folgende Themenbereiche wurden im Wesentlichen fokussiert: Vergleich der gelungenen Umsetzung und Implementierung einer Systematik mit der schwerfälligen Umsetzung und Implementierung anderer Instrumente, Vergleich der Umsetzungen pädagogischer Konzepte in den unterschiedlichen Verläufen der drei Kindertagesstätten, Lernniveaus von Organisation und Subjekt und deren Zusammenhang, die Verbindungen zwischen Organisation und Subjekt, Dissens als Quelle für Kommunikation und die Verbindlichkeit bei der Einhaltung von Regeln innerhalb der Einrichtungen. Die Gruppendiskussionen wurden in Büro- oder Besprechungsräumen innerhalb der Kindertagesstätten durchgeführt und hatten eine Zeitdauer von 30 – 60 Minuten. Die Zahl der Teilnehmenden in den Gruppendiskussionen variierte. Bei Diskussionen mit den Leitungsteams der Kindertagesstätten waren in der Regel zwischen drei bis fünf Personen beteiligten, zehn Personen bei Treffen des erweiterten Projektteams und bis zu zwanzig und mehr Personen bei teaminternen Diskussionen mit allen Erzieherinnen und Erzieher einer Kindertagesstätte. Ergebnisse, die im Rahmen der Leitungsteams erarbeitet wurden, wurden bei allgemeiner Relevanz auch an die beiden anderen beteiligten Kindertagesstätten weitergereicht[6].

Feldbeobachtungen

Nicht immer resultierten die gewonnenen Informationen aus geplanten Erhebungen, sondern ergaben sich aus Beobachtungen im Feld. So konnten auch die Art der Einrichtung und Gegenstände als Symbole und Repräsentanten für subjektive Haltungen und das Selbstverständnis der Organisation herangezogen werden. Beispielsweise kann die ästhetische Gestaltung der Kindertagesstätten als Indikator für den Organisationszustand bzw. den Organisationswandel der Einrichtung dienen. Solche Feldbeobachtungen wurden im Forschungstagebuch festgehalten und anschließend deskriptiv rekonstruiert.

Das Sampling

Interviews, Gruppendiskussionen, Workshops und Rückspiegelungen wurden in allen drei am Projekt beteiligten Kindertagesstätten gleichermaßen durchgeführt. Die Einrichtungen wiesen ein ähnliches, für Kindertagesstätten gängiges Profil auf, sowohl was den Ausbildungsstand im Team als auch Infrastruktur und Gebäudesituation betraf. Unterschiede lagen im Altersdurchschnitt der Teams und der konzeptionellen Ausrichtungen der Kindertagesstätten vor. Es konnte durch die Berücksichtigung von drei Kindertagesstätten eine fallübergreifende, verglei-

---

6 Es wurde beispielsweise eine Matrix zu förderlichen und hinderlichen Faktoren bei der Implementierung des Konzeptes der Lerngeschichten erstellt und zwischen den Leitungsteams der drei Einrichtungen ausgetauscht.

chende Analyse im Rahmen des Projektes durchgeführt werden, bei der einerseits Unterschiede und Besonderheiten der einzelnen Teams im Qualitätsentwicklungsprozess deutlich wurden. Durch die Differenz in den einzelnen Prozessverläufen traten relevante Aspekte als Kontraste zum Teil deutlicher hervor und machte auf Zusammenhänge aufmerksam. Zum anderen konnten in den unterschiedlichen Fällen auch übergreifende Muster identifiziert und komplexer ausgearbeitet werden, als dies anhand eines isolierten Falles möglich gewesen wäre.

Das Sampling wurde u. a. in die im Projekt etablierten Gelegenheiten zur Datenerhebung integriert. Hier wurden dann verschiedene Strategien des Samplings realisiert, wobei der Anregung Pattons folgend (Patton 1990, zitiert nach Moser 1995, S. 103) eine Konzentration auf ungewöhnliche, informationsreiche und extreme Fälle erfolgte.

Konzentration auf ungewöhnliche Fälle: Es wurden Erzieherinnen und Erzieher für Interviews ausgewählt, bei denen sich auffällige Handlungserweiterungen zeigten und beispielsweise eine im Vergleich zum übrigen Team besonders schnelle Umsetzung neuer pädagogischer Konzepte zu beobachten war. Spontane Gespräche darüber führten dann ggf. zu dem Entschluss, diese Fälle als herausragende Beispiele im Rahmen eines Interviews genauer zu beobachten. Eine Einschätzung von Fällen als ungewöhnlich erfolgte auch und vor allem dann, wenn erste offene Beobachtungen im Widerspruch zum entstehenden theoretischen Modell standen.

Konzentration auf informationsreiche Fälle: Es wurden Prozesse in Kindertagesstätten genauer beobachtet, in denen eine intensive Bearbeitung eines speziellen Themas erfolgte und über einen längeren Zeitraum die Diskussion und Qualitätsentwicklung im Team bestimmte. Und es wurden Erzieherinnen oder Erzieher in Interviews befragt, die intensive Tagebuchaufzeichnungen[7] zu ihrem persönlichen Erleben im Projekt anfertigten. Diese Wahl erwies sich als produktiv im Sinne der Theorieentwicklung, da sich diese Interviewpartnerinnen und Interviewpartner als reflektiert und selbstkritisch herausstellten und sie zudem, unter Verwendung des Tagebuchs als Modul im Interview (Scholl 2003, S. 112 ff.), umfangreich zum Prozess Auskunft geben konnten.

Konzentration auf extreme Fälle: Besondere Beachtung wurde Phänomenen zuteil, die ein sehr schnelles oder besonders intensives Auftreten der als relevant definierten Aufmerksamkeitspunkten darstellten.

Die Entwicklung der theoretischen Aussagen war durch die Konzeption des Projektes auf eine überschaubare empirische Basis begrenzt. Zum einen musste

---

7 Ein entsprechendes Notiz-Buch wurde zu Projektbeginn an alle Mitarbeitenden verteilt. Es erfolgte keine direkte Einsichtnahme durch mich, das Tagebuch diente lediglich als Erinnerungsstütze für die Interviewpartner und -partnerinnen selbst.

dem persönlich zu leistenden Arbeitspensum einer Person Rechnung getragen werden, zum anderen war das empirische Feld durch den Projektrahmen von vornherein festgelegt. Anders als bei quantitativen Samplings stellt diese Theorieentwicklung anhand weniger aber intensiv analysierter Fälle für die qualitative Forschung ein gängiges Verfahren dar. Patton (1990, S. 185, zitiert nach Moser 1995, S. 102) etwa nennt prominente Beispiele für die Theorieentwicklung auf der Grundlage einer kleinen empirischen Basis: Piaget erstellte seine entwicklungspsychologischen Studien im wesentlichen aufgrund der Beobachtung seiner eigenen zwei Kinder, Freud entwickelte die Aussagen zu seiner Psychoanalyse aufgrund weniger Fallstudien einiger Klienten und auch für die Entwicklung der „Neurolinguistisches Programmierung" diente die Analyse der Arbeitsweisen von drei Therapeuten als Basis.

Datensicherung

Die Interviews, Gruppendiskussionen und z. T. auch Workshops wurden über ein Mikrofon aufgenommen und elektronisch gespeichert. Diese Tonaufnahmen wurden anschließend mit Hilfe der kostenfreien Transkriptionssoftware „f4"[8] transkribiert. Da Aussagen in erster Linie auf Sachebene geäußert wurden, war die Darstellung des Sprechaktes selbst mit allen Konnotation, Pausen etc. nicht entscheidend für den Inhalt. Dies ist beispielsweise bei narrativen Interviews oder biographischen Interviews anders, bei denen solchen strukturellen Merkmalen sprachlicher Äußerungen eine höhere inhaltliche Bedeutung zugeschrieben wird. Bei der Auswertung der erhobenen Interviews und Gruppendiskussionen wurde daher ein mittleres Niveau im Differenzierungsgrad der Transkription realisiert. Alle Aussagen wurden wortgetreu festgehalten, ohne jedoch in jedem Fall analoge Anteile der Kommunikation wie etwa Gestik, Mimik, Betonung oder wenig inhaltstragende sprachliche Äußerungen (wie „äh" und „mh") zu berücksichtigen. Diese wurden nur in wenigen Ausnahmefällen in die Transkription aufgenommen.

---

8 siehe: http://www.audiotranskription.de (zuletzt aufgerufen: 03.03.2008)

Die folgende Tabelle stellt die der Transkription zugrunde gelegten Regeln dar.

Aspekt	Darstellung im transkribierten Text (Beispiel)	Erläuterung
Keine lautgerechte Schreibung	Dat is so! wird zu: Das ist so!	Deutsche Orthografie
Interpunktion	, . ; : ! ?	konventionell
Kommentare	(lacht), (Interviewpartnerin zeigt auf Ablaufdiagramm)	Situationsbeschreibung in Klammern
Pausen	…	Ab einer Sprechpause von 3 Sekunden, ohne Längenangabe
Unverständliche Textpassagen	(unverständlich: Text)	In Klammern mit vermutlich gemeintem Text
Zitat	Da haben wir gesagt: „Du hör mal her, wir machen das so!"	Kennzeichnung durch Anführungszeichen
Anonymisierung	Erzieherin 1	Namen werden durch Nummerierung ersetzt

Tabelle 5: Transkriptionsregeln

Die anschließende Kodierung des empirischen Datenmaterials erfolgte mit Unterstützung des Computerprogramms MAXQDA (Kuckartz 1997; 1999).

Transkribierte Interviews und Gruppendiskussionen können, wie die Durchsicht einschlägiger Literatur verdeutlicht, auf verschiedene Arten analysiert werden (vgl. Mayring 2002; Lamnek 1995; Flick 2004). Unterschiede liegen vor allem im Differenzierungsgrad und Zuschnitt der Interpretationseinheiten. In einigen Verfahren werden relativ große Sinneinheiten und Problembereiche unterschieden: „Nicht jeder Satz muss also bei der Auswertung herangezogen werden" (Lamnek 1995, S. 206). Bei anderen Verfahren wird zum Teil eine Satz-für-Satz oder Wort-für-Wort-Analyse durchgeführt. Und Strauss und Corbin empfehlen: „Es ist wichtig, Ihre Kategorien mittels einer Zeile-für-Zeile-

Analyse zu erzeugen, weil die Kategorien auch zur Grundlage Ihres theoretischen Sampling werden" (Strauss/Corbin 1996, S. 53).

Bei der Konzeption dieser Arbeit habe ich beabsichtigt, theoriegenerierend zu arbeiten. Im Gegensatz zu quantitativen Ansätzen haben qualitative Forschungsdesigns gerade ihre Stärke darin, typische Aussagen zu treffen und den sinnhaften Zusammenhang zwischen verschiedenen Phänomenen aufzuzeigen (Moser 2003, S. 22 f.). Ziel ist es dann, über den analysierten Einzelfall hinausreichende typische Muster zu beschreiben und theoretisch anschlussfähig zu machen, soweit dies bei der vorliegenden Datenbasis möglich ist. Aus dieser Zielsetzung heraus fiel die Entscheidung für die Methoden zur Erstellung einer gegenstandsverankerten Theoriebildung („Grounded Theory"). Der entsprechende Analysegang wird im folgenden Abschnitt dargestellt.

5.3.2 Analyse und Theoriebildung: Grounded Theory

Die Vorgehensweise zur Erstellung einer Grounded Theory wurde im Wesentlichen von Strauss und Glaser (1967) entwickelt, die eine der ersten Konzeptualisierungen vorlegten. Heute ist sie weltweit ein weit verbreiteter Ansatz in der qualitativen Sozialforschung.

Die Methode der Grounded Theory wurde als für die Anwendung im Projekt geeignet angesehen, weil mit ihren Techniken die Auswertung unterschiedlichster Materialien wie Interviews, aber auch anderer schriftlicher Dokumente möglich ist. Auf diesem Wege konnten vielförmige Daten berücksichtigt werden. Ein weiterer wichtiger Aspekt war das methodologische Ziel der Grounded Theory, eine gegenstandsnahe Theorie anzufertigen. Um aus den Feldbeobachtungen der am Projekt beteiligten Kindertagesstätten nutzbringende Informationen für den Beratungsprozess zu gewinnen, war es notwendig, Forschungsresultate zu erhalten, die sich unmittelbar auf das empirische Feld der Kindertagesstätten im Projekt bezogen. Eine abstrakte Verifizierung von in der Fachliteratur postulierten Zusammenhängen hätte die spezifischen Entwicklungsprozesse der Kindertagesstätten nicht berücksichtigen können und hätte wissenschaftliche Erkenntnisse und Aussagen generiert, die in ihrer Allgemeingültigkeit nur einen begrenzten praktischen Nutzen für den Beratungsprozess und damit den Qualitätsentwicklungsprozess der Kitas bereitgestellt hätten und nicht auf die spezielle Situation der beteiligten Akteure eingegangen wären. Dies hätte die Herstellung einer Anschlussfähigkeit der Forschungsergebnisse und deren Integration in den Prozessverlauf noch erheblich erschwert. Auf diese Thematik wird im Teilkapitel 5.5 eingegangen. Die Arbeit mit den Verfahren zur Anfertigung einer Grounded Theory als Methode qualitativer Sozialforschung ist ein hermeneutisches Vorgehen, mit dem die inhärente Logik des Zusammenhanges zwischen Organisationsentwicklung und subjektiver Handlungserweiterung deskriptiv beschrieben werden konnte. Mit der Anlage der Grounded Theory war es von Anfang an möglich, dicht am konkret ablaufenden Entwicklungsprozess der Kindertagesstätten zu sein, in diesem Sinne „exklusive" Forschungsresultate zu erhalten und sicherzustellen, dass sich die beteiligten Praktiker und in diesem Sinne „Ko-Forscher" in den auf der Datenbasis entwickelten Thesen wieder erkennen konnten, bzw. aufgrund ihrer Kenntnisse des Feldes Kritik und Widerspruch einlegen konnten. Im Sinne kompetenter Ko-Forscher, von denen nicht erwartet werden kann, die einschlägige Fachliteratur zum Thema zu kennen, ist es wichtig, dass ihre allein auf der konkreten Empirie fußende Expertise verwendet werden kann.

Die Analyse im Forschungsprozess erfolgte anhand eines theoriegenerierenden Verfahrens. Durch methodisch kontrollierte Beobachtungen und Forschungsfragen wurden Kategorien und Konzepte entwickelt, um entdeckte Phänomene zu klassifizieren und in ihren Bedingungsgefügen zu verstehen. Dadurch wurde eine praktisch relevante, fallbezogene Theorie entwickelt, deren vorläufige Hypothesen fortlaufend an den vorhandenen Daten überprüft und gemäß der Praxisforschung mit den Handelnden des Feldes diskutiert wurden. Es erfolgte eine sukzessive induktive Theoriegenerierung mit dem Ziel der Erstellung einer gegenstandsverankerten Theorie.

Dieses theoretische Verständnis über die Methode im Forschungsprozess konnte in dieser Form jedoch nicht strikt durchgehalten werden, was sich mit den Erkenntnissen aus anderen Forschungsprojekten deckt. Auch das Vorgehen in der empirischen Forschung von Glaser und Strauss selbst zeigt, dass es ist nicht möglich ist, sich einem Untersuchungsfeld ohne jedes Vorwissen und ohne begriffliche Unterscheidungen aus bekannten Theorien zu nähern (Kelle 1997, S. 341). Vorgefasste Ideen und Theorien beeinträchtigen die Sicht des Forschers. Argyris selbst bezeichnet dies als ein uraltes Problem in der Forschung (Argyris 1997, S. 89). Denn Vorannahmen sind für Beobachtungen zwingende Voraussetzung (Moser 1995, S. 78) und auch Glaser und Strauss selbst räumen diesen Umstand ein: „Selbstverständlich nähert sich der Forscher der Realität nicht als einer tabula rasa. Er muß die Perspektive besitzen, die ihm die relevanten Daten (wenn auch noch unscharf) und die signifikanten Kategorien aus seiner Prüfung der Daten zu abstrahieren erlaubt" (Glaser/Strauss 1998, S. 13, Einschub im Original). Wird dies ignoriert oder bestritten, versperrt man sich einen reflexiven Umgang mit dieser erkenntnistheoretischen Prämisse. Unbewusste Vorannahmen wirken dann unbemerkt. Die Erkenntnisgewinnung geschieht im Rahmen dieser Forschungsmethode daher in Form eines hypothetischen Schlussfolgerns, das nach Charles Sanders Pierce auch als „Abduktion" (Pierce zitiert nach Reichertz 2004, S. 276 f.) oder auch „semiotische Abduktions-Logik" (Moser 1995, S. 79;

Moser 2003, S. 24 ff.) bezeichnet wird. Bei der Entwicklung neuer Konzepte anhand empirischen Datenmaterials wird sowohl von vorhandenem theoretischem Vorwissen als auch von empirischem Datenmaterial ausgegangen. Dies führt zu der für die Erstellung einer Grounded Theory typischen Pendelbewegung zwischen dem entstehendem theoretischen Konstrukt und dem konkretem Phänomen im empirischen Material. Durch Sortieren und Vergleichen führt die Untersuchung der Phänomene zu einer Überprüfung des theoretischen Konstrukts, während dieses theoretische Modell die Analyse des empirischen Materials und die Suche nach typischen Zusammenhängen gleichsam strukturiert.

Dabei müssen jedoch Begriffe und Konzepte vorhandener Theorien nicht zwingend eine neue Sichtweise einschränken. Besonders die in dieser Arbeit gewählte Systemtheorie und Kritische Psychologie als Referenz bieten sehr abstrakte Begriffe, die erst in der konkreten Forschung eine genaue Adaption auf den Forschungsgegenstand erfahren. Diese Konzepte sind weit genug gefasst, sodass sie die mittels der Methoden der Grounded Theory neu entwickelten Kategorien und Begriffe aufnehmen können. Andererseits geben sie einen Rahmen vor, der schon vor der ersten Analyse bestimmte theoretische Überlegungen einschließt.

Insgesamt steht der Ansatz einer Grounded Theory im Gegensatz zu hypothetisch-deduktiven Modellen der Sozialwissenschaften, nachdem eine Hypothesenbildung, abgeleitet aus bestehenden Theorien, vor der Überprüfung am empirischen Material eingefordert wird (vgl. Esser 1999, S. 29 f.). Andererseits müssen auf induktivem Wege gewonnene Daten in einem Verhältnis zu theoretischen Konzepten stehen. „Will man also die Entwicklung von theoretischen Konzepten anhand von qualitativem Datenmaterial angemessen methodologisch begründen, so muß man in Rechnung stellen, dass qualitativ entwickelte Konzepte und Typologien gleichermaßen empirisch begründet und theoretisch informiert sein müssen" (Kelle/Kluge 1999, S. 21).

Im Unterschied zu deduktiven Vorgehen werden diese theoretischen Vorannahmen jedoch nicht vor der Auswertung des qualitativen Datenmaterials durch Operationalisierungen zugespitzt, sondern in ihrer vagen und unscharf gefassten Form belassen und erst im Forschungsprozess konkretisiert. „Der qualitative Feldforscher oder die Forscherin verwendet die (oft notwendigerweise vagen und vieldeutigen) theoretischen Begriffe aus soziologischen Theorien als sensibilisierende Konzepte, die in Auseinandersetzung mit dem empirischen Feld konkretisiert und damit in definitive Konzepte umgewandelt werden" (Kelle 1999, S. 27, Einschub im Original). In diesem Sinne sind der in den ersten Kapiteln aufgespannte theoretische Rahmen und die daraus zu Beginn dieses Kapitels abgeleiteten Aufmerksamkeitspunkte zu verstehen.

Zusammenfassend kann gesagt werden, dass die Methode der Grounded Theory auf eine Problematik reagiert, die Kant seinerzeit in einem markanten Satz zusammenfasste: „Gedanken ohne Inhalt sind leer; Anschauungen ohne Begriffe sind blind" (Kant 1998, S. B75, A51). Die in der Grounded Theory genutzten Prozessschritte des offenen, axialen und selektiven Kodierens werden im Folgenden dargestellt.

Offenes Kodieren: Konzepte und Kategorien

Im ersten Analyseschritt, dem „offenen Kodieren" (Strauss/Corbin 1996, S. 43 f.) wurde das vorliegende empirische Material in einzelne Einheiten zerlegt und sortiert. Bei allen im Material beschriebenen Phänomenen wurden Fragen zu ihrer Einordnung gestellt, wie etwa „Was ist das?" oder „Welche Funktion erfüllt es?". Bei dieser ersten Analyse des empirischen Materials wurden für die identifizierten Phänomene Namen vergeben, es entstanden dadurch so genannte Konzepte. Dies sind Begriffe und Stichworte, die sich auf einzelne Elemente beziehen. Einzelne Phänomene wurden miteinander verglichen und ähnliche Phänomene erhielten denselben konzeptionellen Namen. Die Wahl des Namens obliegt dabei der Kreativität der Forscherin/des Forschers. Es können Begriffe gewählt werden, die als passend eingeschätzt werden und die an die damit bezeichneten Phänomene erinnern. Vorsicht ist bei der Vergabe von Begriffen geboten, die der Fachliteratur entnommen werden. Diese sind bereits definiert und müssen dann gemäß der jeweiligen Bedeutung verwendet werden.

Eine Variante der Begriffsfindung bestand in der Übernahme von „In-vivo-Codes" (Strauss 1991, S. 64). Dies sind Begriffe, die im untersuchten Praxisfeld oft und einheitlich zur Bezeichnung bestimmter Sachverhalte benutzt werden und in gewisser Weise typisch für das Feld sind. Im vorliegenden Fall der Kindertagesstätten war dies beispielsweise der Begriff „Standard" zur Bezeichnung einer schriftlich festgehaltenen Regelung oder „Ritual" zur Bezeichnung einer speziellen aber nicht systematisierten Vorgehensweise.

In einem zweiten Schritt wurden Konzepte gleicher Art zu Kategorien verdichtet. Strauss und Corbin bezeichnen Kategorien als „Klassifikationen von Konzepten" (Strauss/Corbin 1996, S. 43). Dies bedeutet, dass man in der Lage ist, im empirischen Material Konzepte zu identifizieren, die zu einer gemeinsamen Gruppe zu gehören scheinen. Sie bezeichnen dann verschiedene Erscheinungsformen eines Phänomens. Gleiches wird zu Gleichem sortiert. So konnten im Projekt beispielsweise die Konzepte „Weiterbildung, Ausbildung, Lehre" der Kategorie „Wissenserwerb" untergeordnet werden. Die Konzepte waren dadurch der übergeordneten Kategorie als „Sub-Kategorien" zugeordnet. Kategorien sind im Vergleich zu Konzepten abstrakter. Sie „besitzen konzeptuelle Stärke, weil sie in der Lage sind, andere Gruppen von Konzepten oder Subkategorien in ihrem Umkreis zusammenzufassen" (Strauss/Corbin 1996, S. 47). Die generelle Zielsetzung in diesem Analyseschritt ist eine Komplexitätsreduktion des empirischen Materials, die Entwicklung eines Zugangs auf abstraktem Niveau und einer Handhabbarkeit beobachteter Phänomene durch begriffliches Werkzeug.

Um einzelne Konzepte und Kategorien je nach Bedarf der Forschungsfrage und des Analysegangs zu entwickeln, wurden sie auf ihre Eigenschaften und Dimensionen hin ausdifferenziert. Der durch Begriffsbildung vollzogenen Komplexitätsreduktion folgte in diesem Sinne eine begriffsinterne Komplexitätssteigerung. Kategorien erhielten auf diesem Wege eine zunehmende Tiefenschärfe. Strauss und Corbin führen das Beispiel der Kategorie „Beobachten" an, die in ihre Eigenschaften „Häufigkeit, Ausmaß, Intensität und Dauer" aufgespalten werden kann (Strauss/Corbin 1996, S. 50 f.). Die einzelnen Eigenschaften können dann in einer jeweils spezifischen Ausprägung auftreten: Häufigkeit: oft bis nie; Ausmaß: viel bis wenig; Intensität: hoch bis niedrig; Dauer: lang bis kurz. Auf diesem Wege entstand ein dimensionales Profil und jedes im empirischen Material auftretende Phänomen konnte gemäß seiner spezifischen Erscheinungsform auf einer Skala im Kontinuum einer Kategorie zugeordnet werden[9]. Die im Zuge des Kodierens entwickelten Begriffe entstanden direkt aus der Analyse des empirischen Materials und ihre Definition und tiefenscharfe dimensionale Entfaltung orientierten sich wiederum an den Erfordernissen weiterer Analysen.

Dieses Vorgehen bedingt eine selbstbezügliche Konstruktion von Begriffen. Einerseits erfordert eine tiefgehende und verallgemeinernde Analyse differenzierte Begriffe, mittels derer bestimmte Phänomene durch Bezeichnen und Einsortieren in einen begrifflichen Zusammenhang überhaupt erst beobachten werden können. Andererseits entstehen ein Begriff und seine dimensionale Ausarbeitung erst in Auseinandersetzung mit dem empirischen Material. Seine Präzision kann nur anhand differenzierter Beobachtungen geschärft werden, für dessen Durchführung er logisch gesehen selbst die Voraussetzung ist. An dieser Stelle ist man mit der Paradoxie der Beobachtung und der Selbstreferenz des Begriffs konfrontiert. Diese Paradoxie wird forschungspraktisch aufgelöst, indem die Analyse zwischen der Inspiration zur Begriffsbildung durch das empirische Material und der Anwendung dieser Unterscheidungen auf das Material hin und her pendelt.

---

9 In der Darstellung der Ergebnisse dieser Arbeit findet sich in den Teilkapiteln zu „Allgemeinen Mustern" (Kap. 6.1.4; 6.2.4; 6.3.4; 6.4.4) jeweils ein begrenzter Ausschnitt dieser Dimensionen, um einen Überblick zu wesentlichen Kategorien zu geben.

In einem weiteren Schritt, dem axialen Kodieren, wurde eine weitere Stufe der Theoriebildung erarbeitet. Beim Vorgang des axialen Kodierens (vgl. Strauss/Corbin 1996, S. 75 f.) wurden die im offenen Kodieren gewonnenen Kategorien anhand des so genannten Kodier-Paradigmas (Strauss/Corbin 1996, S. 78 f.) zueinander in Beziehung gesetzt. Im Mittelpunkt dieses Arbeitsschrittes stand das zur Erklärung und Theoretisierung ausgewählte Phänomen. Die Identifizierung und Benennung des zentralen Phänomens stellte einen wesentlichen und sehr anspruchsvollen Analyseschritt dar. Es musste an dieser Stelle geklärt werden, was der Kern des sich im Datenmaterial widerspiegelnden Sachverhaltes ist. Im Analysegang gerieten unterschiedliche Phänomene in den Fokus und wurden probeweise als zentrale Aspekte behandelt. Dabei wurde dann zunächst nicht die gesamte Forschungsfrage bearbeitet, sondern das Entstehen des jeweiligen Phänomens mit seinen Implikationen erklärt (vgl. Strübing 2004, S. 27 f.). Weitere Elemente des Kodierparadigmas, die sich um das zentrale Phänomen gruppieren, sind: „Handlungs- und Interaktionsstrategien", die sich auf Vorgehensweisen beziehen, anhand derer mit dem zentralen Phänomen umgegangen oder darauf reagiert wird. „Ursächliche Bedingungen" bezeichnen Vorfälle und Ereignisse, die als maßgeblicher Grund für das Auftreten oder der Entwicklung des zentralen Phänomens vermutet werden. Mit „Konsequenzen" werden die Folgen benannt, die die auf das zentrale Phänomen gerichtete Handlungs- und Interaktionsstrategien nach sich ziehen. Der so genannte „Kontext" spezifiziert das Phänomen in seinen Eigenschaften wie etwa Dauer, Intensität etc. Schließlich werden die „Intervenierenden Bedingungen" berücksichtigt. Im Gegensatz zum „Kontext" beinhalten diese Bedingungen den weiteren Rahmen von Bedingungen, in den das Phänomen eingebunden ist, z. B. politische Bedingungen, Organisationskultur etc. und der deshalb auf die Handlungs- und Interaktionsstrategien einwirkt.

Die folgende Grafik wurde in Anlehnung an Strauss und Corbin (1996, S. 78) erstellt und bildet das Kodierparadigma in einer übersichtlichen Form ab.

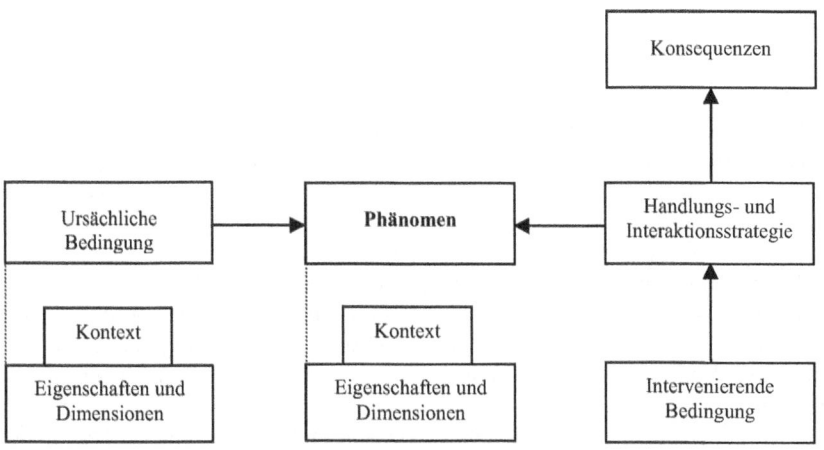

Abbildung 4:   Schematische Darstellung: Kodier-Paradigma

Auch auf der Stufe des axialen Kodierens wurde nicht ausschließlich mit den gewonnenen Konzepten und Kategorien gearbeitet. Es wurde gegebenenfalls zum Datenmaterial zurückgekehrt, um informierter und sensibilisierter nach Hinweisen für Zusammenhänge zu suchen.

Dieses hier dargestellte Kodier-Paradigma legt ein kausales Erklärungsmuster nahe, das dem grundlegenden systemtheoretischen Ansatz der Studie in Forschung und Beratung in gewisser Weise entgegensteht. In dieser Darstellung sind beispielsweise die „Ursächlichen Bedingungen" und die „Handlungs- und Interaktionsstrategien" logisch getrennt. In systemtheoretischer Perspektive gehören aber reflexive Prozesse zu den elementaren Prämissen, etwa in der Figur der Selbstreferenz. Auch in der systemischen Beratungsliteratur werden beispielsweise rigide Schleifen beschrieben, bei denen eine auf das Phänomen bezogene Handlungs- und Interaktionsstrategie wiederum als ursächliche Bedingung für das Problem beobachtet werden kann (Watzlawick 2007). Die systemtheoretischen Prämissen sprengen diese schematische Darstellung des Kodierparadigmas. Dennoch konnte es als basales Schema dienen, an dem sich auch eine systemtheoretisch informierte Theoriebildung orientieren kann. Denn rekursive Wechselwirkungen lassen sich dennoch zwischen den einzelnen Elementen den-

111

ken und beschreiben. Als Hilfsmittel zur Entwicklung und Erläuterungen theoretischer Konzepte wurde teilweise ein etwas abgeändertes zirkuläres Schema genutzt, dass diese Wechselwirkungen treffender darstellten konnte.

Memos und Diagramme

Während der gesamten Analysearbeit wurden Notizen und Skizzen in verschiedener Form als Memos festgehalten (vgl. Strauss, Corbin 1996, S.169 f.). Memos sind kurze bis mittellange schriftliche Aufzeichnungen, in denen Erkenntnisse festgehalten werden, die sich in diesem Analyseschritt noch auf einzelne Phänomene und konkrete Interview- oder Textstellen beziehen. Des Weiteren finden sich Anmerkungen zur Differenzierung eines Begriffs oder Skizzen zu einem (vorläufigen) Zusammenhang verschiedener Kategorien. Diese einzelnen Aufzeichnungen stellen eine wichtige Vorstufe zur Theoriebildung dar, in der die einzelnen Versatzstücke dann integriert und zueinander in Beziehung gesetzt werden.

Die letztendliche Formulierung der gegenstandsverankerten Theorie, in der die entwickelten Konzepte und Kategorien mitsamt des sie verbindenden Bedingungsgefüges integriert wurden, erfolgte im Zuge des „Selektiven Kodierens".

Selektives Kodieren

Durch selektives Kodieren (vgl. Strauss, Corbin 1996, S. 94 f.) wurde schließlich anhand der bis dort geleisteten Analyse eine dichte Beschreibung angefertigt. Dazu wurde die entwickelte Theorie explizit ausgeführt und anhand aussagekräftiger empirischer Belege illustriert. Das Resultat dieses Schrittes bildet das Ergebnis dieser Studie, das in Form des Kapitels 6 vorliegt.

Im konkreten, praktischen Forschungsverlauf wurden alle bis hier getrennt voneinander beschriebenen Analyseschritte parallel durchgeführt. Durch die sukzessive Analyse entstanden immer wieder Anregungen, im Material nach weiteren Konzepten zu suchen oder vorhandene Konzepte anzupassen. So machte beispielsweise die Anordnung der verschiedenen Kategorien um ein zentrales Phänomen auf bestimmte Feinheiten aufmerksam, die im ersten Analyseschritt noch nicht gesehen werden konnten, weil bestimmte Aufmerksamkeitspunkte erst später entwickelt wurden. Andererseits konnten sich Kategorien im Rahmen eines sich ausdifferenzierenden Kodier-Paradigmas „logisch aufdrängen", deren Existenz dann am empirischen Material erst noch nachgewiesen werden musste. In diesem Fall erfolgten wieder ein Wechsel zum offenen Kodieren und eine entsprechende weitere Analyse des empirischen Materials. Hierbei wurden dann neue Konzepte gefunden oder es wurde durch die in der empirischen Arbeit gesteigerte Sensibilität möglich, vorhandene Konzepte und Kategorien in ihrer spezifischen Dimensionalisierung weiter zu differenzieren. Oder aber es stellt sich bei der weiteren Analyse von Phänomenen heraus, dass sich einige Phänomene, die bislang mit dem selben Begriff bezeichnet wurden, doch so sehr unterscheiden, dass unterschiedliche Begriffe verwendet werden mussten. Der zirkuläre Forschungsprozess führte auch dazu, dass die Auswahl des empirischen Materials verändert wurde. Im Rahmen der vorliegenden Studie gerieten zunehmend Gruppendiskussionen und Schriftstücke der Organisation in das Blickfeld wie bspw. Zielvereinbarungen oder schriftliche Standards.

5.3.3 Rückspiegelung in die Praxis: Selbstreflexion und Handlungsorientierung

Im Projekt wurde mit verschiedenen Arten der Rückspiegelung experimentiert. Allen Varianten war gemein, dass sie hypothetische Aussagen zu allgemeinen Mustern beinhalteten und in diesem Sinne eine von den konkreten Fällen der Praxis abgehobene abstrakte Interpretation anboten. In Anlehnung an Argyris (vgl. 1997, S. 95 ff.) beinhalteten diese Feedbacksitzungen als wesentliche Inhalte die Beschreibung der aus dem empirischen Material entwickelten Hypothesen, die Aufforderung an die Praktikerinnen und Praktiker diese Hypothesen zu bestätigen oder zu verwerfen, den Aufbau bzw. die Vertiefung eines Vertrauensverhältnisses zwischen allen Beteiligten sowie die Planung und Implementierung von Interventionsschritten zur weiteren Gestaltung des Qualitätsentwicklungsprozesses.

In regelmäßigen Abständen, d. h. alle zwei Monate, wurden gemeinsame Projektteam-Treffen durchgeführt, bei denen alle Leitungspersonen und Qualitätsbeauftragten anwesend waren. Bei diesen Treffen wurden neben anderen Tagesordnungspunkten auch die Ergebnisse der Begleitforschung zurückzuspiegeln und zu diskutieren.

Die erste Rückspiegelung bestand in der Diskussion der ersten, aus der explorativen Studie gewonnenen, Hypothesen. Zu diesem Zeitpunkt wurden noch keine differenzierten Theoriemodelle angeboten, sondern lediglich der rote Faden der Beobachtungen und unverbundene Aussagen zum Verhältnis von Organisation und Subjekt im Qualitätsentwicklungsprozess dargestellt. Diese Schilderungen und das zugrunde liegenden Datenmaterial wurde von den Praktikerinnen und Praktikern eingehend besprochen. In einigen Fällen wurden die allgemeinen Aussagen auch angezweifelt und festgestellt, dass die beschriebenen Phänomene in der eigenen Einrichtung nicht zu beobachten seien. Im weiteren

113

Diskussionsverlauf wurde dann jedoch ausgiebig darüber diskutiert, wie in den Kindertagesstätten täglich mit eben diesen Phänomenen umgegangen wird, deren Vorhandensein für den eigenen Fall zunächst abgestritten wurde. Diese Rückspiegelung war demnach noch mit Anschlussschwierigkeiten und widersprüchlichen Rückmeldungen an die Begleitforschung belastet. Dieser Umstand resultierte meiner Einschätzung nach aus der Herausforderung an die Praktikerinnen und Praktiker, zwischen Theorie und Evidenz zu unterscheiden, d. h. vom eigenen konkreten Fall zu abstrahieren. Es gelang nicht in allen Fällen, einen Bezug zwischen verallgemeinerten Aussagen der Begleitforschung und erlebten, konkreten Alltagssituationen herzustellen. Dennoch wurden diese Rückmeldungen von mir genutzt, um die Sensibilität und Aufmerksamkeit für relevante Faktoren der Forschungsfrage zu vertiefen.

Bei der zweiten Feedbacksitzung wurde mit einem Diagramm gearbeitet, das in Form eines Kodierparadigmas die Variablen und ihre Abhängigkeiten im Veränderungsprozess der Kindertagesstätten darstellte. Diese Art des Vorgehens wird auch von anderen Sozialwissenschaftlern empfohlen. Argyris (1997, S. 96 ff.) verwendet hierzu so genannte Aktionsdiagramme, anhand derer die verschiedenen Variablen einem Muster zugeordnet werden, inklusive ihrer gegenseitigen Abhängigkeiten sowie den daraus resultierende Konsequenzen. Die gesamte Rückspiegelung soll dazu beitragen, „ein ganzheitliches und systemisches Bild der (...) Organisationsrealität zu vermitteln. Es ist ganzheitlich in dem Sinne, dass es einen größeren Teil der Realität abdecken kann als die darüber geäußerten Ansichten von Einzelnen oder von Untergruppen" (Agyris 1997, S. 96). In der von mir verwendeten Darstellungsform wurden bereits Grundzüge des späteren theoretischen Modells erkennbar. Zur Theorieentwicklung und in Vorbereitung der Feedbacksitzung war zuvor mit einer differenzierteren Variante gearbeitet worden, die u. a. auch Fachbegriffe enthielt. Im Gegensatz dazu handelte es sich bei der für die Feedbacksitzung verwendeten Form um eine relativ einfache Darstellung des Sachverhaltes, ohne jedoch auf die wesentlichen Faktoren zu verzichten. Ergänzend erhielten die Teilnehmenden eine schriftliche Beschreibung der im Diagramm dargestellten Zusammenhänge. Wesentlich für den dargestellten Fall war, dass die Struktur der Beziehung zwischen Subjekt und Organisation beschrieben wurde sowie die Dynamik in diesem Verhältnis bei Veränderungsprozessen, d. h. in erster Linie auch, wie subjektive Handlungserweiterung und Organisationsentwicklung entstehen und zusammenwirken. Zum Transfer des theoretischen Konzeptes in den Alltag der Kindertagesstätten erhielten die Teams eine „Matrix zur Handlungsorientierung"[10], anhand derer konkrete Maßnahmen für den weiteren Qualitätsentwicklungsprozess abgeleitet wurden.

---

10 Die Matrix bestand in Tabellenform aus den folgenden Rubriken: Brauchbares aus der allgemeinen Theorie; Ansatzpunkt für konkrete Veränderung; Maßnahmen zur Umsetzung der Ansatzpunkte;

Aus den Erfahrungen der ersten und zweiten Feedbacksitzung wurden Veränderungen in der Art der Rückspiegelung abgeleitet, um den Grad der Anschlussfähigkeit der angebotenen Beschreibungen zu erhöhen. Zum zweiten Drittel des Forschungs- und Beratungsprojektes wurden deshalb konkrete Fallanalysen genutzt. Zu dieser Zeit war das theoretische Modell in seinen Grundzügen bereits fortgeschritten ausgearbeitet und die Auseinandersetzung mit speziellen, eng begrenzten und konkreten Praxisproblemen diente bereits der Validierung und Feinjustierung von Begriffen und der Darstellung von Zusammenhängen. Der Schwerpunkt verlagerte sich auf eine Verifizierung der formulierten Hypothesen. Die Teams beschrieben anhand eines Leitfadens problematische und schwierige Situationen aus ihrem Alltag, die anschließend im Rahmen der Begleitforschung theoretisiert wurden. Diese Meta-Beschreibungen wurden an die Teams zurückgegeben, um einen differenzierteren Blick auf die beschriebenen Situationen zu erhalten[11]. Gemeinsam mit mir in der Beratungsfunktion wurden dann Maßnahmen zur Lösung der Schwierigkeit abgeleitet.

Neben den beschriebenen Projektteam-Treffen wurden zahlreiche weitere Anlässe genutzt, um eine Verbindung zwischen der Begleitforschung und Fragestellungen bzw. Beobachtungen der Praktikerinnen und Praktiker herzustellen. Im Projektrahmen waren monatliche Treffen mit den einzelnen Leitungsteams der Kindertagesstätten vorgesehen. Gesprächsgegenstand war hier vor allem die Arbeit mit dem Qualitätsentwicklungsmodell. Darüber hinaus gab es aber immer wieder Möglichkeiten der Feldbeobachtung und für Diskussionen zum Forschungsthema bzw. über Praxisprobleme, die die Forschungsthematik berührten. Diese Treffen wurden daher auch intensiv für die Diskussion von Versatzstücken der Theorie genutzt. Ebenso wurden bei monatlichen Treffen mit Vertreterinnen und Vertretern des Trägers der Einrichtungen jeweils der aktuelle Stand bzw. die aktuellen Entwicklungen im Projekt besprochen und (Teil-)Ergebnisse der Praxisforschung vorgestellt und diskutiert.

Die Praktikerinnen und Praktiker sind auf vielfältige Weise mit den Rückspiegelungen umgegangen und haben Maßnahmen abgeleitet. Die gewonnenen Einsichten wurden durch die Kindertagesstätten eigenständig in konkrete Handlungsplanungen überführt. Dies geschah in regulären Teamsitzungen, die dann ohne meine Beteiligung abgehandelt wurden oder im Rahmen von Workshops, in denen dies durch meine Moderation unterstützt wurde. Insgesamt konnte hierbei nicht davon ausgegangen werden, dass theoretisches Wissen direkt praktisch umgesetzt werden konnte. Es bestand vielmehr eine indirekte Verbindung zwi-

---

Erfolgskriterium (woran erkennen wir, dass eine Veränderung stattgefunden hat?); Zuständigkeiten (wer kann Auskunft über Veränderungen geben?).
11 Im Rahmen dieser Arbeit werden diese Meta-Beschreibungen zum Teil auch genutzt, um die entwickelte Theorie anschaulich darzustellen und zu illustrieren.

schen abstrakten Konzepten und der Entwicklung konkreter Maßnahmen für den Arbeitsalltag der Erzieherinnen und Erzieher, ein „loose coupling of cognition and action" (vgl. Luhmann 2000, S. 474). Die erzielten Resultate und Erfahrungen mit neuen Organisationsstrukturen und Handlungsweisen wurden im Rahmen der beschriebenen Forschungsmethode diskutiert und zum Gegenstand weiterer Untersuchungen. Der zyklische Verlauf der Praxisforschung begann an dieser Stelle dann erneut.

Nicht nur die begleitende Forschung, auch die darauf abgestimmte Beratung berücksichtigt die Thematik des Verhältnisses von systemischer Organisationsentwicklung und subjektiver Handlungserweiterung in besonderer Weise. Beratung war ein wesentliches Element im Projekt. Daher sollen im Folgenden die Charakteristika einiger Standard-Workshops vorgestellt werden. Dies ist u. a. auch deshalb notwendig, um die in der theoretisierenden Darstellung beschriebenen Prozesse nachvollziehen zu können.

5.3.4 Workshops und Weiterbildungen
zur Integration von Forschung und Beratung

Die regelmäßig durchgeführten Workshops wurden eng an den jeweiligen Bedürfnissen des Praxisfeldes konzipiert. „Durch Einbeziehung von Aktionsforschung in konkrete Problemlösungen kann das einem Organisationsentwicklungsprojekt zugrunde gelegte Design insofern eine höhere Flexibilität erlangen, als durch Zwischenergebnisse und Feedbackprozesse das Forschungs- wie das Aktionsdesign während des Projektverlaufs wiederholt revidiert und den veränderten Bedingungen angepasst werden können" (Sievers 1977, S. 26). Die von Praktikerinnen und Praktikern formulierten Beratungs- und Weiterbildungsbedarfe resultieren aus erlebten Defiziten bzw. Interessen im Team. Im Zuge der Beratungen wurden die Workshops dann thematisch an den Wünschen der Praxis ausgerichtet und gemäß des Forschungsanliegens inhaltlich so konzipiert, dass die Lerngegenstände unter der besonderen Berücksichtigung der strukturellen Kopplung von Subjekt und Organisation bearbeitet wurden. Das heißt, dass die in den Weiterbildungen angestrebten subjektiven Handlungserweiterungen oftmals auch mit Prozessen der Organisationsentwicklung verbunden wurden, bzw. mit expliziten und teamspezifischen Reflexionen über den Zusammenhang von Personal- und Organisationsentwicklung.

Die monatlichen Team-Workshops waren so angelegt, dass Erzieherinnen und Erzieher Nutzen aus den (selbst-)erarbeiteten Erkenntnissen gewinnen konnten, während für die wissenschaftliche Begleitung Informationen über die Gestalt struktureller Kopplung anfielen. Die Workshop-Designs stellen mithin eine Integration dreier Bezugspunkte dar: Der formulierten praxisbezogenen Entwicklungs-Bedarfe der Teams, dem Auftrag der Beratung zur Beförderung des Organisations- und Personalentwicklungsprozesses und dem Erkenntnisinteresse der Forschung an der strukturellen Kopplung zwischen Subjekt und Organisation.

Die Workshops waren generell handlungsorientiert konzipiert:

- konkret und praxisgeleitet, d. h. auf die jeweilige Praxis und die subjektiven Wirklichkeiten der Lernenden bezogen,
- aktivierend, d. h. in erster Linie durch eigene Aktivität und eigene Erfahrung der Lernenden vermittelt,
- als ein ganzheitlicher Prozess, der kognitive, emotionale und handlungsbezogene Faktoren gleichermaßen berücksichtigte,
- als ein sozialer Prozess, in dem das Lernen der Einzelperson und das Lernen des die Person umgebenden sozialen Systems nicht voneinander isoliert betrachtet wurden,
- ein reflexiver Prozess, bei dem die Lernenden auch und insbesondere etwas über sich selbst lernten.

An dieser Stelle wird eine Auswahl[12] besonders relevanter Workshop-Konzepte kurz skizziert und vor dem Hintergrund des Prozesses der Praxisforschung erläutert.

Workshops zum Leitbild und zur Definition gelungenen Lernens

Zu Projektbeginn wurden sinnlich-ästhetische Workshops[13] zur Leitbildentwicklung durchgeführt. Diese Workshops zielten darauf ab, die subjekt-internen Reflexionen der Erzieherinnen und Erzieher anzuregen und dadurch für die Entwicklung des Leitbildes der Organisation und der Definition gelingenden Lernens zu nutzen. Dieses Vorgehen zur Erstellung einer „shared vision" (gemeinsame Vision) (vgl. Senge 2001, S. 251 ff.) wurde explizit darauf abgestellt, die Vision der einzelnen Subjekte und der gesamten Organisation in Einklang zu bringen. Durch die subjektive, sinnlich-ästhetische Durchdringung abstrakter Konstrukte wie „Leitbild" und „Definition gelingenden Lernens" durch die handwerkliche Anfertigung von Skulpturen wurde der Zugang zu Wahrneh-

---

12 Neben diesen Workshops wurden noch weitere Teamfortbildungen durchgeführt, in denen der Bezug zum Gesamtprojekt und zur Praxisforschung nicht in dieser intensiven Weise berücksichtigt wurde, z. B. die Weiterbildung „Gesprächsführung".
13 Für eine ausführliche Darstellung der Workshops siehe: Brée 2008.

mungsprozessen der Subjekte geöffnet, der sowohl tieferes subjektives Lernen in Auseinandersetzung mit neu entstehenden Organisationsstrukturen beförderte als auch einen Informationspool eröffnete, auf den die Organisation für ihre Lernprozesse zugreifen kann.

Gelingendes Lernen (Kleine Lernskulptur)

Die Teilnehmenden erhalten die Aufgabe, in zwei Gruppen zu acht Personen aus heterogenem Material (Holzklötze, Papprollen, Kerzen, etc.) einen Turm zu bauen. Dieser Turm soll so hoch und so stabil wie möglich sein. Bei der Arbeit sollen alle Teilnehmenden mit ihrer jeweils nicht dominanten Hand arbeiten (z. B. Rechtshänder mit der linken Hand). Mit der anderen Hand wird ein Spiegel gehalten. Jede/r Teilnehmede/r muss beim Bauen in den Spiegel schauen, sodass die Hand-Auge-Koordination durch einen spiegelverkehrten Eindruck irritiert wird. In den meisten Fällen halten die Teilnehmenden den Spiegel in Höhe der Stirn und schauen nach oben in den Spiegel, sodass sie durch den Spiegel nach unten auf den Tisch sehen.

Durch diese gemeinsame Arbeit soll das Team zu einem vertieften Verständnis gelingenden Lernens gelangen und dieses Verständnis in einer anschließenden Reflexionsphase erfahrungsgesättigt darstellen können. Der Prozess des Turmbaus wird vom Workshopleiter fotografisch festgehalten.

Nach der Bauphase werden die Teilnehmenden aufgefordert, zu diskutieren, wie ihr Lernprozess beim Bau des Turmes abgelaufen ist. Welche Erfahrungen wurden gemacht? Welche Effekte traten auf? Welche Kompetenzen waren gefordert? Was waren die größten Herausforderungen? Wie wurden sie gelöst? Was wurde gelernt? Wie wurde gelernt? Die identifizierten Aspekte gelingenden Lernens werden auf Moderationskarten gesammelt.

In der Zwischenzeit werden durch das Moderationsteam ausgewählte Fotos des Bauprozesses in schwarz-weißer Bildqualität ausgedruckt und chronologisch an einer Wand befestigt. Beide Gruppen stellen ihre Ergebnisse zu den Faktoren gelingenden Lernens vor und heften die erstellten Moderationskarten zu den jeweils geeigneten Bildern aus dem Bauprozess. Dadurch erfolgt einerseits nochmals ein Austausch über Aspekte gelingenden Lernens in der Gesamtgruppe und andererseits wird die Dokumentation des Lernprozesses vervollständigt.

Leitbild (Große Lernskulptur)

Zu Beginn der Arbeitsphase werden zwei Gruppen gebildet. Für jede Gruppe werden in einem eigenen Raum große Pappkartons, Cutter zum Schneiden und ein Text mit dem Titel „Die Organisation lernt" zur Verfügung gestellt. Die Teilnehmenden erhalten den Auftrag, drei Eigenschaften einer lernenden Organisation herausarbeiten und unter Verwendung des gesamten Materials eine Skulptur zu bauen, die eine Organisation mit diesen drei Eigenschaften darstellt. Die Arbeit an der Skulptur wird durch das Moderationsteam fotografisch festgehalten.

Die Teilnehmenden treten durch die gemeinsame Arbeit an der Organisationsskulptur in eine vertiefte Diskussion über das Leitbild der eigenen Organisation ein und der Prozess der Leitbildentwicklung wird durch die fotografische Dokumentation des Baus an der Skulptur sichtbar.

Nachdem beide Gruppen ihre Skulpturen fertig gestellt haben, erfolgt die Interpretation der Skulpturen durch die jeweils andere Gruppe. Was wird hier sichtbar? Wie wirkt die Skulptur? Was könnte sie bedeuten? Was wollten ihre Erbauerinnen und Erbauer ausdrücken?

Die auf diese Weise angeregten Reflexionsprozesse zur Leitbildentwicklung wurden so durch künstlerisch-ästhetische Methoden gefördert und führten zur vertieften Auseinandersetzung mit dem eigenen Selbstbild und zu einer erfahrungsgesättigten Definition gelingenden Lernens. Beide Workshops bilden die Grundlage für die daran anschließende weitere Qualitätsentwicklung.

Der Workshop „Handlungserweiterung durch Organisationsentwicklung"

Der eigens für die Fragestellung und den Projektzusammenhang von mir entwickelte Workshop „Handlungserweiterung durch Organisationsentwicklung" wurde im Rahmen des Projektes einige Male mit jeweils einem Team durchgeführt und erwies sich als geeignetes Instrument zur Integration von Praxisforschung und Qualitätsentwicklung, weshalb er im Folgenden beschrieben wird.

Einer Beobachtung von Agyris und Schön (2002, S. 87) zufolge, ist es Mitarbeitenden in einer ersten Bearbeitung oftmals nicht möglich ist, ihre Probleme konkret zu benennen und praktikable Lösungsmöglichkeiten zu identifizieren. Um differenzierte Analysen in Zusammenarbeit mit Praktikerinnen und Praktikern realisieren zu können, war es daher notwendig in der begleitenden Forschung Situationen zu schaffen, durch die sie in differenzierter Weise über die eigene Situation reflektieren konnten. Zu diesem Zweck beginnt der Workshop mit einem Planspiel, das an die Thematik „Organisation und Handeln in der

Kindertagesstätte" angelehnt ist und in dem alle Teammitglieder bestimmte Rollen übernehmen. Die Dramaturgie des Spieles führt dazu, dass die Erzieherinnen und Erzieher Szenen erleben, die sie aus ihrem Berufsalltag kennen, die im Rahmen des Planspiels aber in überspitzter Form auftreten und daher intensiv wahrgenommen werden. Im Planspiel erhält ein fiktives Kindertagesstätten-Team eine Aufgabe, die es aufgrund bestimmter Rahmenbedingungen und der Struktur der vorgegebenen Arbeitsorganisation nicht bewältigen kann.

An diese Phase schließt eine Reflexionsphase an, in der die subjektiv erlebten Eindrücke und Erfahrungen diskutiert und mit Fokus auf die Organisation ausgewertet werden, in dem kollektiv „Merkmale einer guten Organisation" gesammelt werden. Anschließend nennt das Team typische Schwierigkeiten der eigenen alltäglichen Praxis, für die es durch das Planspiel und die anschließende Reflexionsphase sensibilisiert ist. Eines dieser Probleme wird zur weiteren Bearbeitung ausgewählt. Anhand einer moderierten Problemlösungsmethode und des Kodierparadigmas der Grounded Theory wird das Bedingungsgefüge zu Handlungen, Handlungsblockaden und Organisationsstruktur vom Team analysiert und es werden Lösungsmöglichkeiten abgeleitet, die anhand eines Maßnahmeplans konkretisiert werden. Auf diesem Wege wurden beispielsweise eine Struktur für gelingende Teamsitzungen oder Standards bzw. Rahmenbedingungen für die Durchführung von Beobachtungen und Dokumentationen von Bildungsprozessen entwickelt.

Durch diesen Workshop gelang es, den Prozess der Praxisforschung bis in die Teamberatungen selbst hinein zu bringen. Insgesamt wurden die Erzieherinnen und Erzieher auf diese Weise für den Zusammenhang von subjektiv erlebten Schwierigkeiten in der Arbeit und der Organisationsstruktur sensibilisiert und es wurde durch die Moderation ein Weg aufgezeigt, wie subjektive Handlungen durch Organisationsstrukturen befördert werden können. Den Praktikerinnen und Praktikern gelang es auf diesem Weg, ein neu gewonnenes Verständnis vom Verhältnis von Subjekt und Organisation für die Bewältigung der Arbeit zu nutzen. Für die Begleitforschung entstanden durch die Diskussionen weitere Einblicke in die typischen Muster im Feld von Kindertagesstätten.

Schreibwerkstätten

Ein relevantes Forum für die teaminternen Reflexionen boten vor allem auch die Schreibwerkstätten zur Anfertigung der Selbstreporte, bei denen jeweils das gesamte Team einer Einrichtung und ich als wissenschaftlicher Begleiter und Berater anwesend waren. Das konkrete Anfertigen von schriftlichen Beschreibungen der eigenen Praxis und der organisierten Strukturen der Kindertagesstätte, stellte eine gute Reflexionsübung für die Praktikerinnen und Praktiker dar. Beispielsweise wurde bei der Arbeit an systematischen Beschreibungen der Praxis durch die gemeinsame Formulierungsarbeit des gesamten Teams klar, dass teilweise keine einheitlichen Verfahren bestanden, vielmehr jede Erzieherin und jeder Erzieher eine eigene Art der Durchführung bestimmter Arbeitsabläufe entwickelt hatte und im Team kein geteiltes Wissen über diese verschiedenen Varianten bestand. Gemeinsam und teils durch mich moderiert wurde über sinnvolle Vorgehensweisen diskutiert und die Entwicklung eines einheitlichen Verfahrens begonnen. In diesem Sinne passten die auf Reflexion abstellende Qualitätsentwicklungslogik von LQK und der Ansatz der Praxisforschung gut zueinander.

5.4 Kritische Einschätzung zur Methode und Validität der Ergebnisse

Jede Forschung muss ihre Wissenschaftlichkeit vor dem Hintergrund definierter Gütekriterien beweisen können. Die in der entsprechenden Literatur definierten Qualitätsmerkmale empirischer Sozialforschung (Strauss/Corbin 1996, S. 214 ff.; Steinke 2004, S. 319 ff.; Mayring 2002, S. 140 ff.) lassen sich auf einige Kriterien zusammenfassen. Dazu gehören die Nachvollziehbarkeit und Angemessenheit der Forschungsmethode, die Verankerung der entwickelten Theorie in den empirischen Daten, die Formulierung von Aussagen zur Validität und zum Geltungsbereich der Ergebnisse sowie die Darstellung einer Kritik des methodischen Vorgehens. Auf die Einschätzung der hier vorgelegten Studie vor diesem Hintergrund wird im Folgenden eingegangen.

Der Anspruch an die vorangegangenen Erläuterungen war es, die Forschungsmethode prägnant, aber verständlich und nachvollziehbar zu schildern. Dabei musste in der Darstellung eine Form der Zusammenfassung gefunden werden, die die Komplexität eines zweijährigen Prozess angemessen reduziert. Die angewendeten Methoden ermöglichten die Erhebung vielfältigen und auswertbaren Materials und erwiesen sich, wie dargestellt, als passend.

Der Anspruch des Forschungsvorhabens war es darüber hinaus, bereits im Forschungsverlauf selbst eine gewinnbringende Funktion für die Praxis und den Veränderungsprozess wahrzunehmen. Mit dem Ansatz der Praxisforschung wurde ein methodischer Ansatz zur Anwendung gebracht, der sich in die Konzeption des Beratungsprojektes einzugliedern vermochte. Die Verbindung von Wissenschaft und Praxis wird im Teilkapitel 5.5 abschließend bewertet.

Die Reproduzierbarkeit des dargestellten Forschungsprozesses ist als sehr voraussetzungsvoll einzuschätzen. Im konkreten Forschungsprozess bestanden spezielle Bedingungen und es entwickelte sich ein Forschungs- und Projektverlauf, der in dieser Art und Weise mit seinem inhärenten Bedingungsgefüge nur in einer ähnlichen Weise wieder hergestellt werden kann. Bei der Überprüfung von Theorien über soziale Phänomene ist es „äußerst schwierig, ein experimentelles oder anderes Design zu erstellen, in dem man alle Original-Bedingungen wiederherstellen und alle äußeren Variablen mit potentielle Störeinflüssen auf das untersuchte soziale/psychologische Phänomen kontrollieren kann" (Strauss/Corbin 1996, S. 215).

Gerade auch die Vorgehensweise der Praxisforschung bringt die Schwierigkeit mit sich, dass der Forschungsprozess durch die Praxiseinbindung nicht in dem Maße zu kontrollieren ist, wie dies bei anderen Vorgehensweisen, beispielsweise soziologischen Experimenten, der Fall ist. Diesen Nachteilen kann nur durch eine möglichst exakte und nachprüfbare Darstellung des Zustandekommens von Daten begegnet werden. Die Möglichkeit der Reproduzierbarkeit sehen Strauss und Corbin (1996, S. 215) dann in dem Maße gegeben, dass bei der Übernahme der entwickelten theoretischen Perspektive einer Studie und der Befolgung der verwendeten Regeln zur Datenerhebung und Analyse bei einem zumindest ähnlichem Forschungsfeld zu vergleichbaren Erklärungen der beobachteten Phänomene gelangt werden kann.

Als einen Vorteil der Methode sehe ich vor allem ihren pragmatische Ansatz und die dadurch ermöglichte Art des Erkenntnisgewinns, der relevante Einsichten für die Problemlösungen des Praxis-Feldes bietet.

Die Auswertung der Daten und die Erstellung eines theoretischen Modells orientierte sich an der vorgestellten Auswertungs- und Verfahrensweise zur Erstellung einer gegenstandsbezogenen Theorie. Aufgrund der Vieldeutigkeit von sprachlichen Aussagen und der Komplexität der durch diese Aussagen beschriebenen sozialen Realität, können einzelne Aussagen nicht als empirische Daten für sich stehen, sondern bedürfen der Interpretation. „Es sind einzelne Antworten auch bei ausgeklügelter Auswertung nicht als isolierte Daten zu werten, sondern vornehmlich als Hinweise auf Zusammenhänge" (Atteslander 1995, S. 158). Ein solcher Umgang mit konkreten Aussagen liegt auch dem in dieser Studie genutzte Methode zugrunde. Erst aus der Zusammenschau mehrerer Aussagen und Beobachtungen können diese als Belege sozialer Phänomene dienen und abstrakte Konzepte gebildet werden. Die entwickelten Haupt- und Nebenkategorien werden im nachfolgenden Ergebnisteil dieser Arbeit detailliert definiert sowie ihre dimensionale Ausprägung und Veränderungen in diesen Ausprägungen dargestellt. Zur anschaulichen Darstellung dienen prägnante Zitate aus Interviews und Gruppendiskussionen, die die abstrakten theoretischen Ausführungen exemplarisch illustrieren.

Die methodischen Implikationen wirken sich auch auf die Generalisierbarkeit der Ergebnisse aus. Strauss und Corbin bezeichnen die durch die Anwendung ihrer Methoden entwickelten Modelle u. a. als „bereichsbezogene Theorien" (Strauss/Corbin 1996, S. 146), die sie von formalen Theorien unterscheiden. Bereichsbezogene Theorien beziehen sich auf Phänomene in einem bestimmten Kontext. Für den Fall der hier vorgestellten Studie sind dies die Bedingungen des beschriebenen Projektes mit seinem spezifischen Prozessverlauf. Strauss und Corbin formulieren dies als primäre Zielsetzung bei der Entwicklung einer gegenstandsbezogenen Theoriebildung, verweisen jedoch darauf, dass in einem weiteren Schritt auch die Anwendung und Überprüfung der entwickelten Konzepte in anderen Kontexten angestrebt werden kann: „Das Ziel der Grounded Theory ist das Erstellen einer Theorie, die dem untersuchten Gegenstandsbereich gerecht wird und ihn erhellt. In dieser Tradition arbeitende Forscher hoffen zudem, dass ihre Theorien letztendlich innerhalb ihrer jeweiligen Disziplin zu weiteren Theorien in Beziehung gesetzt werden und zu einer kumulativen Erkenntniszunahme führen, deren Implikationen sich auch in der praktischen Anwendung bewähren" (Strauss/Corbin 1996, S. 9). Demnach gelten die hier vorgestellten Ergebnisse vorläufig nur für die beobachteten Fälle, können aber als gewinnbringende Perspektive für andere Zusammenhänge angesehen werden. Zur Erstellung einer formalen Theorie wäre es notwendig, die hier bearbeitete Fragestellung in verschiedenen anderen Kontexten zu wiederholen, um das Theoriemodell kritisch zu überprüfen und ggf. zu modifizieren. Sinnvoll erscheint im Anschluss an eine theoriegenerierende Arbeit in jedem Falle ein Hypothesen überprüfendes Forschungsdesign, um die Validität der Ergebnisse zu festigen.

5.5 Resumée zum Forschungsprozess: das Verhältnis von Wissenschaft und Praxis

In diesem Projekt der Aktionsforschung haben Wissenschaft und Praxis kooperiert, aber weitestgehend ihre jeweilige Systemlogik gewahrt.

In der wissenschaftlichen Praxis hat sich dennoch gezeigt, dass eine Gefahr für die Forschenden besteht, sich mit dem Praxisfeld zu identifizieren und den eigenen wissenschaftlichen Fokus aus den Augen zu verlieren. In diesem Falle würde die/der Sozialwissenschaftler/in zu einem „change agent" (vgl. Rapoport 1972, S. 44). Die Arbeit mit der Praxis verleitet dazu, an der Lösung von Problemen mitzuarbeiten. Eine so verstandene Praxisforschung gerät in die Gefahr, dass „sie nicht die Forschungsinteressen des Sozialforschers, sondern nur die Interessen des Klienten [beachtet]" (Rapoport 1972, S. 44, Einfügung: MK). Im konkreten Fall entstand zu einem Zeitpunkt die Frage, wie wissenschaftlich weitergearbeitet werden kann, obwohl die Praxisprobleme gelöst worden waren und somit als Bezugspunkt wegfielen. Erst durch eine Forschungssupervision wurde deutlich, dass die Forschungsfrage jenseits praktischer Probleme bestand und weiterhin anhand anderer Phänomene bearbeitet werden konnte. Das wissenschaftliche Interesse und das Praxisproblem fallen also nicht zusammen, obwohl Wissenschaftler und Praktiker eine Kooperation eingehen und sogar am selben Themenkomplex zu arbeiten scheinen. „Theoriegeleitete Annahmen ermöglichen es den Beratern, die Beobachterrolle beizubehalten und auch in Krisensituationen nicht in die Rolle eines Mitakteurs zu verschwinden" (Exner/Königswieser/Titscher 1987, S. 267). Die Forschung bewegt sich dabei auf einer dem Praxisproblem übergelagerten Meta-Ebene, versucht dennoch einen Nutzen für die Praxis zu stiften. Rapoport schreibt dazu: „Aktionsforschung hat das Ziel, sowohl zu den praktischen Interessen von Menschen in einer unmittelbaren Situation wie auch zu den Zielen der Sozialwissenschaft durch gemeinsame Arbeit (…) beizutragen" (Rapoport 1972, S. 44). Beide Systeme bearbeiten dieselben Aspekte, schließen aber auf unterschiedliche Weise daran an. Dem beschriebenen Vorgehen liegt dabei eben nicht die Vorstellung zugrunde, die Grenzen zwischen Wissenschaft und Praxis einebnen zu können. Eine solche Vermischung wird dem Ansatz der Praxisforschung teilweise vorgeworfen (vgl. Thomae 1999, S. 6). Vielmehr ist eine wechselseitige Irritation von Wissenschaft und Praxis angestrebt.

In der Anlage der Praxisforschung ist vorgesehen, dass Praktikerinnen und Praktiker aktiv am Forschungsprozess partizipieren. Eine solche Zielsetzung ist mit diversen Schwierigkeiten bezüglich der zeitlichen Ressourcen und fachlichen Kompetenzen von Praktikern konfrontiert (vgl. Heiner 1988, S. 11). Damit eine solche Beteiligung dennoch gelingt, muss die wissenschaftliche Begleitung entsprechend dafür Sorge tragen. Die Motivation zur Mitarbeit an der Forschungsfrage ist entscheidend davon abhängig, ob durch die Begleitforschung vermittelt werden kann, dass es hier um einen Forschungsprozess geht, der nicht zusätzlich neben der Qualitätsentwicklung durchgeführt wird, sondern in diesen integriert ist und den gesamten Prozess vertiefen kann.

Forscher müssen neben der Durchführung wissenschaftlicher Reflexion auch in der Lage sein, anschlussfähig zu kommunizieren, d. h. die Sprache des Feldes zu sprechen: „Gerade wenn es die Absicht eines wissenschaftlichen Forschungsprojektes ist, in irgendeiner Form die Praxis zu beeinflussen, wird es besonders wichtig sein, die Ergebnisse in die Sprache der Praxis zu übertragen und dort Anschlüsse für praktisches Handeln zu suchen" (Moser 2003, S. 16). Die Einlösung dieser Prämisse stellte eine Gradwanderung dar. Erkenntnisse, wie sie aus der begleitenden wissenschaftlichen Beobachtung gewonnen wurden, konnten nicht unbearbeitet für die Rückspiegelung in die Praxis genutzt werden. Vielmehr musste zunächst eine Übersetzungsleistung der abstrakten Modelle und Fachbegriffe erfolgen, damit sie für die Praktikerinnen und Praktiker anschlussfähig wurden. Dabei müssen jedoch die entscheidenden Informationen in der gebotenen Komplexität transportiert werden (Luhmann/Fuchs 1989, S. 211). Diese Aufgabe wurde im Rahmen des Projektes ständig anspruchsvoller. Die allgemeine Tendenz zur zunehmenden Komplexität wissenschaftlich generierten Wissens und damit die Schwierigkeit des Verständnisses durch Außenstehende (vgl. Kieser 2002, S. 19 f.) wurde auch im Rahmen des Projektes im Zuge der zunehmenden Komplexität der Theorieentwicklung deutlich.

Zu Beginn des Projektes und auch im gesamten ersten Projektjahr spielten der wissenschaftliche Ansatz und die theoretische Fragestellung für die meisten Beteiligten aus den Kindertagesstätten eine eher untergeordnete Rolle. Es war bemerkbar, dass sich das Interesse der Erzieherinnen und Erzieher in dieser ersten Zeit auf die persönliche Qualifikation durch Fortbildungen konzentrierte. Es war daher eine Herausforderung, die Fragestellung der Begleitforschung in Inhalt und Relevanz für die Praktikerinnen und Praktiker plausibel darzustellen und in deren Aufmerksamkeitsbereich zu rücken. Erst nach ca. einem Drittel des Projektzeitraums änderte sich diese Situation. Es schien, dass der Bedarf nach einer Auseinandersetzung mit professionell-fachlichen Themen im Rahmen der Weiterbildungen gedeckt war. Die Umsetzung der erlernten Inhalte warf nun die entscheidenden Fragen auf: Wie kann das neue Wissen in die bestehende Praxis integriert werden? Welche Ressourcen stehen zur Verfügung und wie kann sich die Kindertagesstätte so organisieren, dass all das, was möglich wäre und von dem man fachlich überzeugt war, auch umgesetzt werden kann? Die Fragestellung der wissenschaftlichen Begleitforschung war nun auch in der Praxis angekommen.

Anhand dieses kurzen Einblicks in die Praxis der Praxisforschung lässt sich bereits erkennen, dass die Kooperation unter Berücksichtigung zweier Systemlogiken im konkreten Forschungs- und Beratungsprozess nicht immer einfach war. Die Wissenschaft beobachtet mit ihrer Leitunterscheidung wahr/unwahr (vgl. Luhmann 1998, S. 194) und ist dabei primär in den Kommunikationszusammenhang eines analytisch-wissenschaftlichen Diskurses eingebunden und diesem verpflichtet. Wissenschaftlicher Erkenntnisgewinn ist hierbei „von Nützlichkeitserwägungen enthoben" (Moser 2003, S. 12). Das System der Praxis beobachtet dagegen mit der Unterscheidung von brauchbar/unbrauchbar (Moser 1995, S. 73 ff.) und prüft die wissenschaftlichen Hypothesen als Angebote auf eine Brauchbarkeit zur Lösung von Handlungsproblemen und Anschlussfähigkeit zu praxisbezogenem, professionellem Wissen[14]. Selvini Palazzoli formuliert

---

14 Für ein ähnliches Verständnis zur Unterscheidung von „wahr/falsch" bei wissenschaftlicher Hypothesen-bildung und der Beobachtung „erfolgreich/erfolglos" der aus diesen Hypothesen abgeleiteten Interventionen und deren Effekten anhand des Schemas „erfolgreich/erfolglos, vgl.: Krohn/Küppers 1989, S. 58.

es im Kontext der Familientherapie treffend: „Die Hypothese ist weder richtig noch falsch, sondern viel eher mehr oder weniger nützlich" (Selvini Palazzoli et al. 1981, S. 126).

Eine beteiligte Einrichtung schreibt dazu in einem für den Projektabschlussbericht verfassten Kapitel: „Zusammenfassend betrachtet waren wir mit der Prozessorientierung gut beraten (…). Die Wissenschaft war nah an der Praxis orientiert und sprach annähernd dieselbe Sprache wie die Erzieher (Basis). Die Mitbestimmung, Flexibilität und Einbeziehung der Meinungen der Praktiker (Projekttreffen, Interviews) gab uns die Sicherheit, dass wir die wissenschaftlichen Theorien mitgestalten und nicht aufgesetzt bekommen. Die Ergebnisse aus den Befragungen wurden von Markus Kieselhorst regelmäßig an uns herangetragen und gegebenenfalls angepasst. (…) Diese Transparenz war für uns von großem Nutzen und hat uns bestärkt über Praxisbezüge zu berichten" (Brée/Kieselhorst 2008, S. 61 f.).

Der Unterschied zwischen Wissenschaft und Praxis darf in der Praxisforschung nicht unterwandert werden, vielmehr bezieht ihre Ressource in dieser Differenz. Sie ist „ein Moment intensiveren Kontaktes zwischen Klient und Berater, bei dem Unterschiedlichkeit voll aufeinander trifft" (Loos 2006, S. 102). Wissenschaftliches Wissen kann nicht direkt in Praxis umgesetzt werden (vgl. Beck/Bonß 1984). Gemäß des systemtheoretischen Kommunikationsmodells muss jeder Inhalt systemintern neu erzeugt werden und kann erst dadurch verstanden werden. „Wissenschaftliches Wissen muss der Praxis als 'Material' gegeben werden, die damit nach ihren eigenen systemreferentiellen Maßstäben umgeht" (Moser 1995, S. 81). In einem solchen Austausch wird gegebenenfalls zunächst mit den Erwartungen der Praktikerinnen und Praktiker an die Wissenschaft gebrochen, denn die Rückspiegelung von Forscherinnen und Forschern enthält durch generalisierte Aussagen einen großen Anteil an Fremdheit. Praktikerinnen und Praktiker erkennen sich in den Rückspiegelungen und allgemeinen Beschreibungen nicht unbedingt wieder. Beispielsweise fallen Merkmalsausprägungen bei bestimmten Phänomenen extremer aus, als dies von ihnen selbst beobachtet wurde. Schon die analytische, isolierte Darstellung bestimmter Strukturen, Prozesse und Dynamiken und deren abstakte Beschreibung kann auf die Praxis befremdlich wirken, weil beschriebene Phänomene in der Praxis durch den Filter der Vertrautheit und durch die Einbettung in weitere Phänomene wahrgenommen werden.

Generell ist zu sagen, dass ein Konsens über Ergebnisse der Praxisforschung im ersten Schritt nicht unbedingt das Ziel ist. Es hatte sich gezeigt, dass gerade der kritische Diskurs umso erkenntnisförderlicher war, je mehr Dissens auftrat. Durch die unterschiedlichen Sichtweisen und Interpretationen erfolgte eine Anreicherung der Forschungsergebnisse. Ohne einen Dissens hätte es keinen Grund und keinen Anhaltspunkt für weitere Kommunikationen gegeben, genau wie dazu, die vorläufigen Ergebnisse weiter zu bearbeiten und zu verfeinern. Ziel ist daher in erster Linie nicht ein Konsens, sondern die Steigerung von Anschlussfähigkeit der Irritation und Informationsverarbeitung in beiden Systemen.

Ziel der Praxisforschung im Projekt war es, die Erzieherinnen und Erzieher, und im besonderen Maße die Leitungen und Qualitätsbeauftragten als zentrale Steuerungseinheit, zu Akteuren des eigenen Wandels zu machen. Dazu war es notwendig, die Praktikerinnen und Praktiker mit übergeordneten Kategorien bekannt zu machen und ein abstraktes Verständnis für die laufenden Prozesse aufzubauen. Bei diesem Vorgehen war eine feinfühlige Gradwanderung erforderlich. Die aus den Praxiserfahrungen und möglicherweise langjährigen beruflichen Biographien resultierenden Deutungen der Erzieherinnen und Erzieher sollten durch die Forschung nicht radikal ersetzt, sondern um wissenschaftliche Sichtweisen ergänzt und erweitert werden. Gemäß dieses Ansatzes und der im Projekt gewonnen Erfahrungen kann nicht mit einer unbegrenzten Rationalisierbarkeit der Praxis durch wissenschaftliche Begleitung und Beratung gerechnet werden. „Häufig bleiben Versuche der Praxisforschung trotz aller gegenseitigen Versicherungen im eignen Systemkontext gefangen" (Moser 1995, S. 86). Dies mag Veränderungswünsche enttäuschen, beschreibt aber auch einen intakten Informationsverarbeitungsprozess von Organisation und Subjekt (Wimmer 1999). Die Operationsweise geschlossener Systeme führt dazu, den allergrößten Teil von Informationen aus der Umwelt zu ignorieren und für sich folgenlos zu halten. Lernen ist nie passive Informationsaufnahme, sondern stets ein aktiver, innengesteuerter Selektionsprozess (vgl. Simon 1999, S. 152).

Konkrete Rückschlüsse für Veränderungen mussten von den Praktikern gezogen und umgesetzt werden. Die Durchführung des Forschungsprozesses verblieb bei der wissenschaftlichen Begleitung. Sie verantwortete die Analyse und war für die gesamte Studie und deren Auswertung und Dokumentation verantwortlich. Dieser Aufgabe widmet sich das folgende theoretische Hauptkapitel dieser Arbeit.

6 Ergebnis: Momente in der Kopplung von Subjekt und Organisation

„Auf eine schwierige Frage antwortet ein schwieriger Begriff"
(Luhmann 1997, S. 100).

Im Forschungsprozess kristallisierte sich sukzessiv ein zunehmender Grad an Differenzierung in der Betrachtung des Gegenstandes heraus und es konnten vier Momente in der Verbindung zwischen Subjekt und Organisation identifiziert werden. Diese Momente werden als diffuse, strukturierte, offene und innovative Kopplungsmomente benannt. In diesem Hauptteil der Arbeit werden sie mit jeweils einem Teilkapitel vorgestellt.

Jeder Kopplungsmoment wird zunächst durch eine allgemeine Begriffsdefinition charakterisiert. Daran schließen theoretisierende Ausführungen an, anhand derer dargestellt wird, wie Subjekt und Organisation einander wechselseitig beobachten und sich auf die jeweils intern konstruierte Umwelt in Beziehung setzen. Dies erfolgt durch dichte Beschreibungen subjektiver und organisationaler Zustände im jeweiligen Kopplungsmoment. Es wird verdeutlicht, wie Varianten bezüglich Form und Intensität in der reziproken Bezugnahme zwischen Organisation und Subjekt zu unterschiedlichen Kopplungen führen.

In einem weiteren Abschnitt werden das spezifische Wechselspiel zwischen Organisation und Subjekt im jeweiligen Moment erläutert und die daraus resultierenden Konsequenzen skizziert. Es werden auch Faktoren benannt, die dazu führen, dass sich ein Moment in der Kopplung stabilisieren kann oder aber es zu einem Wechsel des prägenden Momentes kommt.

Die zugrunde liegende Empirie wird in Form einiger ausgewählter Fälle dargestellt, um die Theorie und die bezeichneten Sachverhalte zu illustrieren. Zum Teil vertiefen Exkurse einzelne Aspekte.

Jedes Teilkapitel enthält abschließend die Darstellung des abstrakten Musters eines jeden Kopplungsmomentes anhand einer typisierenden Matrix. Die Kategorien dieser Matrix und die jeweiligen dimensionalen Ausprägungen wurden im Zuge der Kodierung eng am empirischen Material entwickelt und waren als solche auch eine Grundlage der Theorieentwicklung. Diese zusammenfassende Darstellung soll dem Leser und der Leserin einen Überblick zu den charakteristischen Merkmalen der einzelnen Momente verschaffen und ein Raster von Unterscheidungen anbieten, mit dem beobachtet werden kann.

Empirie und Aufmerksamkeitspunkte

Die Darstellung des theoretischen Modells orientiert sich im Wesentlichen an den Fallbeispielen des Strukturierungsprozesses der „Morgenkreise" und der Einführung des Konzeptes der „Bildungs- und Lerngeschichten" in den Kindertagesstätten, da in diesen Entwicklungsprozessen alle Momente struktureller Kopplung nachgezeichnet werden können. Die Entwicklungslinien dienen dabei gewissermaßen als Leitgeschichten. Die Entwicklung des theoretischen Modells basiert jedoch auf einer breiteren empirischen Basis. Zur Veranschaulichung und Darstellung der Eigenarten des jeweiligen Kopplungsmomentes werden daher auch andere illustrierende Fälle weiterer Entwicklungsprozesse exemplarisch berücksichtigt. Die Entwicklungslinien dieser Prozesse könnten ebenfalls als Rahmen dienen, ausführlicher nachgezeichnet und anhand des Kopplungs-Modells erklärt werden. Für eine überschaubare Darstellung der Ergebnisse erfolgt an dieser Stelle eine Auswahl markanter Beispiele. Die Berücksichtigung der gesamten Prozesse wäre zum einen im Rahmen dieser Arbeit zu umfangreich und zum anderen zur Formulierung und Illustration der Theorie nicht notwendig.

Die Erläuterung der einzelnen Momente in der Kopplung orientiert sich grob an der Struktur des Kodierparadigmas der Grounded Theory. Dies wird nicht immer explizit ausgewiesen. Aus Gründen einer verständlichen Darstellung wird in Teilen auch davon abgewichen. Zentrale Kategorien, die in der Auswertung der Daten und bei der Erstellung der Grounded Theory gewonnen wurden, bilden wiederkehrende Gesichtspunkte in den Teilkapiteln. In den unterschiedlichen Momenten der Kopplung nehmen sie eine jeweils spezifische Form an. Sie werden dann als Variation innerhalb der jeweiligen Kategorie dargestellt.

Im Kapitel Nr. 4 zu den subjektwissenschaftlichen und soziologischen Grundlagen wurde bereits ausführlich dargelegt, welche theoretischen Modelle den Hintergrund der Untersuchung bilden. Im Kapitel Nr. 5 zur Forschungsmethode wurden daraus resultierende Aufmerksamkeitspunkte für die Fragestellung dieser Arbeit ausgewiesen. In der hier vorliegenden Untersuchung werden analytische Kategorien konzipiert, die Organisations- und Subjektstrukturen daraufhin beobachten, inwieweit diese sich auf pädagogisches Handeln, die strukturierte Umsetzung pädagogischer Konzepte und Organisationsentwicklungsprozesse beziehen. Im speziellen Fall betrifft dies die Bewältigung des Paradigmenwechsels in der Frühpädagogik, d. h. die Entwicklung von Kindertagesstätten zu Bildungsorganisation und Professionalisierungsprozesse von Erzieherinnen und

Erziehern. Im Fokus der Betrachtung stehen also Prozesse der Reflexion und Strukturveränderung unter den Bedingungen des Zusammenwirkens von Organisation und Subjekt.

Kopplung als systeminternes Konstrukt

Bevor mit der Darstellung der unterschiedlichen Kopplungsmomente begonnen wird, erfolgt zunächst eine Präzisierung des Konzepts der strukturellen Kopplung als „systeminternes Konstrukt" und ein Vorgriff auf die theoretisierenden Ausführungen, in denen auch auf den Abgleich systeminterner Konstrukte, die „Kopplung der Kopplung", eingegangen wird. Beide Aspekte können erst in den darauf folgenden Ausführungen plausibel erläutert werden, es ist für ein besseres Verständnis jedoch notwendig, sie bereits im Vorfeld einzuführen.

Es ist wichtig, an dieser Stelle nochmals festzustellen, dass von einem systemtheoretischen Standpunkt aus strukturelle Kopplung jeweils nur systemintern verortet werden kann. Sie bezeichnet keine Struktur, die in irgendeiner Form zwischen Subjekt und Organisation existiert, ohne selbst wieder ein System zu sein. Subjekt und Organisation reagieren auf ein selbst erzeugtes internes Abbild des Gegenübers und auch ihre strukturelle Kopplung zu diesem systemintern erzeugten Konstrukt ist ein systemintern erzeugtes Konstrukt. Die Widerstände in der Welt werden intern konstruiert und extern zugeschrieben (Luhmann 1997, S. 93).

Strukturelle Kopplung ist demnach eine Struktur des Subjektes, bzw. der Organisation und realisiert sich in Gedanken bzw. Kommunikationsstrukturen. Beide Systemtypen beobachten sich wechselseitig und reagieren aufeinander, versuchen Einfluss aufeinander zu nehmen. Und es lässt sich feststellen, dass Veränderungen bei einem Systemtyp zu Irritationen des anderen Systems führen können. Organisation und Subjekt können anhand ihrer wechselseitigen Wahrnehmungen Informationen für Lern- und Veränderungsprozesse gewinnen. Dies betrifft vor allem auch die Konstruktionen der strukturellen Kopplung.

Die Unterscheidung der Momente in struktureller Kopplung resultiert aus der Art und Weise, in der Subjekt und Organisation die Kopplung zueinander konstruieren. Als Einheit der Differenz sind die verschiedenen Kopplungsmomente immer zumindest latent vorhanden (Luhmann 1991). In einem spezifischen Ereignis wird jedoch in der Beobachtung von Subjekt und Organisation immer nur ein bestimmter Moment bezeichnet und damit aktualisiert. Organisation und Subjekt sind in diesem Sinne immer aneinander gekoppelt. Die Frage ist, wie sich diese Kopplung in der systeminternen Perspektive darstellt.

Diese Modellvorstellung systeminterner Konstruktion struktureller Kopplung bedeutet, dass für die Art der Kopplung entscheidend ist, wie das beobachtende System seine Kopplung zur Umwelt konstruiert. Darüber hinaus erfolgt eine Beobachtung der Konstruktion der Kopplung anderer Systeme und ein Abgleich mit systeminternen Konstruktionen. Werden Unterschiede in den jeweiligen Konstruktionen durch die Organisation oder das Subjekt festgestellt, werden diese thematisiert bzw. es wird ein Angleich angestrebt.

Die Kopplung realisiert sich demnach in einer wechselseitig anschlussfähigen, gekoppelten Konstruktion der Kopplung. Operativ geschlossene Systeme sind daher auch über den Abgleich ihrer jeweiligen Beobachtungen der Kopplung aneinander geknüpft. Das heißt, dass die Form, in der ein System die Kopplung zum anderen System intern konstruiert, nicht unabhängig ist von der Form, in der das jeweils andere System diese Kopplung konstruiert. „Der Begriff der strukturellen Kopplung erklärt schließlich auch, dass Systeme sich zwar völlig eigendeterminiert, aber im großen und ganzen doch in einer Richtung entwickeln, die von der Umwelt toleriert wird" (Luhmann 1997, S. 118). Jedes System kann in seinem Rahmen anhand von Repräsentanten beobachten, wie andere Systeme die Kopplung zu ihm konstruieren und ob sie der von ihm konstruierten Kopplung entsprechen. Wenn eine Organisation beispielsweise ihre Kopplung zu Personen als strukturiert konstruiert, diese Personen aus ihrer subjektiven Warte diese Kopplung zur Organisation aber als diffus, kann nicht von einer strukturierten Kopplung zwischen beiden gesprochen werden. Wenn beispielsweise eine Militärorganisation ihre Verbindung zum Soldaten als strukturiert konstruiert, wird es zu Irritationen kommen, wenn dieser Soldat versucht, der Organisation sein Abweichen von Regeln als Lernanlass anzubieten. Im Falle solcher Diskrepanzen wird es wechselseitige Irritation geben und Versuche, die Konstrukte der Kopplungen hinreichend zu synchronisieren. Ein Kopplungsmoment kann nur dann etabliert werden, wenn er in beiden Systemen seine Entsprechung findet, beide Systeme die Kopplung zueinander in dieser Form beobachten.

Wenn die aktiven Kopplungsmomente auf Seiten der Organisation und Subjekt nicht korrelieren, greifen bestimmte synchronisierende Prozesse, die einen Abgleich der Kopplungsmomente herbeiführen können. In diesem Kapitel wird die Frage behandelt, wie sich jeweils Subjekt und Organisation inklusive ihrer strukturellen Kopplungen wechselseitig zueinander konstruieren, welcher Dynamik diese Konstruktionen unterworfen sind und wie die Kopplung der Kopplungen aufgebaut ist.

Alle Kopplungsmomente sind potentiell in der Organisation und im Subjekt angelegt. Die theoretisierenden Ausführungen dieses Kapitels werden darauf eingehen. Ob ein solcher Moment aber zum prägenden Moment in der Kopplung von Organisation und Subjekt wird, ist abhängig von der Übereinstimmung der

Beobachtung von Organisation und Subjekt. Die Kopplung realisiert sich über die synchrone Aktualisierung eines Momentes in den Beobachtungen von Subjekt und Organisation.

Einblick in den Forschungsprozess:
vom „Stufenmodell" zu „Kopplungsmomenten"

Im Forschungsprozess wurde zu Beginn der Theoretisierung zunächst ein hierarchisches Modell entworfen, in dem die verschiedenen Kopplungsarten strikt voneinander unterschieden und jeweils verschiedene Stufen in der strukturellen Kopplung definiert wurden.

Mit der Zunahme an Tiefe der Analyse des empirischen Materials und der eingehenden theoretischen Reflexion zeigte sich, dass dieses erste entworfene Theoriemodell einer Stufenabfolge in der strukturellen Kopplung den empirischen Daten nicht immer standhalten konnte und auch nicht, wie zunächst vermutet, eine Abfolge im Sinne eines aufsteigenden Prozesses darstellte. Oftmals ließen sich die entwickelten Kopplungsstufen im konkreten empirischen Fall nicht in der analytisch-idealtypisch isolierten Form beobachten. Vielmehr war es so, dass Elemente verschiedener Niveaus gleichzeitig beobachtet werden konnten. Auf diesem Stand der theoretischen Durchdringung wurde eine Übergangssituation von der einen zur anderen Stufe vermutet, bei der sich Kopplungsstufen mischen.

Im weiteren Forschungsverlauf stellte sich dann aber immer klarer heraus, dass bestimmte für die Kopplung relevante Strukturen und Prozesse gleichzeitig vorhanden sind und ablaufen und die Art und Weise, wie sich Organisation und Subjekt jeweils aktuell in Beziehung setzen, dafür ausschlaggebend ist, welche Elemente sich zu einem charakteristischen Muster der Kopplung verdichten. Aus diesem Grund wurde die Bezeichnung des Sachverhaltes als eines „Stufenmodells der Kopplungsniveaus" aufgegeben, da dies eine qualitativ-hierarchische, mechanische und vor allem eine von der Perspektive der aneinander gekoppelten Systeme abstrahierende Sichtweise auf die Kopplung von Subjekt und Organisation suggeriert. Mit dem weiterentwickeltem Modell geriet dagegen die Prozesshaftigkeit der Kopplung stärker in den Vordergrund.

In diesem Sinne wird im Folgenden von einem „Modell unterschiedlicher Momente in struktureller Kopplung" gesprochen. Zum einen bringt diese Bezeichnung zum Ausdruck, dass die Art und Weise des Zusammenhangs von Subjekt und Organisation durch einen dominierenden Kopplungsmoment geprägt sein kann, jedoch zeitgleich andere Kopplungs-Momente latent als Potenzial in Organisation und Subjekt angelegt sind. Dies jedoch in einer entkoppelten Weise, bei der sie nicht mit den entsprechenden Kopplungsmomenten des anderen Systems in Verbindung stehen. Zum anderen impliziert der Begriff des „Moments" die Zeitdimension, wodurch ausgedrückt wird, dass ein bestimmtes charakteristisches Muster der Kopplung für einen Moment dominieren und ihr somit einen bestimmten Charakter verleihen kann, sich dies aber nur auf ein momentanes Ereignis bezieht. Zumindest analytisch kann dann ermittelt und bezeichnet werden, welcher Moment im konkreten Falle aktuell ist und daher maßgeblich die Art der Kopplung bestimmt und ihr somit eine dominierende Charakteristik und Dynamik verleiht. In diesen Fällen kann von einer Kopplung gesprochen werden, die durch einen Kopplungsmoment dominiert ist. Wesentlich an dieser Modellvorstellung ist aber, dass die Kopplungsmomente in der Regel nicht isoliert auftreten, sondern vor dem Hintergrund aller anderen Momente zu betrachten sind.

In diesem Kapitel werden vier Kopplungsmuster dargestellt, die jeweils durch einen Kopplungsmoment maßgeblich geprägt sind, auf den als namensgebender Moment der Schwerpunkt der Darstellung liegt. Aber auch auf die latente Anlage der anderen Kopplungsmomente wird in ihren relevanten Teilen betrachtet. Die Reihenfolge in der Beschreibung der verschiedenen Kopplungsmomente orientiert sich an einem festzustellenden Zuwachs an Komplexität in der möglichen Reflexion von Subjekt und Organisation. Daraus resultiert jedoch keine hierarchische Ordnung im Sinne einer normativen Bewertung der einzelnen Momente. Jeder Kopplungsmoment erfüllt spezifische Funktionen. Das Bemühen dieser Arbeit ist es, dies transparent zu machen.

Die folgende Darstellung der Charakteristika der identifizierten Momente in strukturellen Kopplungen und die Prozesse der Synchronisierung der diesbezüglichen Konstruktionen von Organisation und Subjekt, stellt das wesentliche Forschungsergebnis dieser Arbeit dar.

6.1 Diffuse Kopplung

Der erste, rudimentäre Moment in der strukturellen Kopplung zwischen Subjekt und Organisation wird in dieser Untersuchung als „diffuse Kopplung" bezeichnet.

Es ist der operativen Geschlossenheit von Systemen geschuldet, dass eine Organisation nur für einen Bruchteil subjektiver Prozesse sensibilisiert ist, den sie durch die Form Person abbilden kann. Der weitaus größte Teil bleibt für sie intransparent. Andererseits ist das Subjekt in vielen Handlungen frei und nur punktuell durch Vorgaben der Organisation strukturierbar.

Im Moment der diffusen Kopplung wird die Organisation durch die Subjekte nicht explizit und bewusst wahrgenommen. Aus subjektiver Perspektive ist sie größtenteils unsichtbar, da bestimmte Strukturen nicht vorhanden sind oder aber diese subjektiv ausgeblendet werden. Die Subjekte konstruieren keine interne Repräsentanz der Organisation, die ihren gedanklichen und handelnden Operationen als Prämisse zur Verfügung steht und vorausgeht.

Die Organisation ihrerseits verfügt nur über ein rudimentäres Bild als Zuschnitt der Personen mit basalen Zugriffsmöglichkeiten auf deren Handlungsweisen. Im Wesentlichen konstruiert sie ein Bild von nicht-steuerbaren Subjekten. Konkret die Organisation Kindertagesstätte verfügt nicht über ein ausgewiesenes Selbstbild als Bildungsorganisation oder eine Modellvorstellung über ihr Personal als pädagogisch handelnde Fachkräfte. Für die intern ablaufenden pädagogischen Prozesse hat sie kein Verständnis und „Druckpunkte" (Willke 1996, S. 72), um diese zu beobachten oder gezielt darauf Einfluss zu nehmen. Die Organisation Kindertageseinrichtung bietet den Erzieherinnen und Erziehern keine systematischen Verfahren, Regeln oder Konzepte für pädagogisches Handeln an.

6.1.1 Organisation

In dieser Arbeit interessiert der Zusammenhang von Organisation und Subjekt, der sich bezüglich der Umsetzung pädagogischer Konzepte herausbildet. Betrachtet werden sollen Organisationsstrukturen einer Bildungsorganisation, die sich auf das Personal als pädagogisch-professionelle Mitarbeitende beziehen. Die Charakteristik des diffusen Momentes besteht gerade darin, dass solche Strukturen nicht zu beobachten sind. Analytisch wird davon ausgegangen, dass lediglich rudimentäre Entscheidungen und Strukturen wie Hierarchien, allgemeine Stellenbeschreibungen, Öffnungszeiten, Betreuungsverträge usw. zu beobachten sind.

Diese Strukturen beziehen sich auf allgemeine Grundlagen der organisationalen Konstitution. Es werden Verwaltungsakte durchgeführt, Brandschutzvorschriften kontrolliert oder administrative Prozesse aufrechterhalten. Diese Prozesse sind rein selbstbezüglich und beziehen sich nicht auf Handlungsprämissen pädagogischen Personals, zu denen sich die Organisation als Bildungsorganisation in Beziehung setzt. In diesem Kopplungsmoment bestehen keine Organisationsstrukturen, an denen Erzieherinnen und Erzieher ihr pädagogisches Handeln ausrichten.

In diesem diffusen Moment verfügt die Organisation über ein Bild der Subjekte als Personen der Organisation, aber sie hat kein Verständnis für pädagogisch handelnde Subjekte oder auch nur Aufmerksamkeitspunkte, um diese zu beobachten. Professionelle Pädagoginnen und Pädagogen sind für die Organisation keine steuerbaren Einheiten und somit der blinde Fleck in der Beobachtung in diesem Moment. Dargestellt wird hier, wie die Organisation von diesem Nullpunkt aus beginnt, Struktur zu entwickeln. Die Organisationsentwicklung der Kindertagesstätten und damit der Prozess zur Implementierung einer differenzierten Form der Kopplung zwischen Organisationsstruktur und pädagogischen Handlungen des Personals startete im Projekt mit einem Workshop zur Entwicklung des Leitbildes mit integrierter Definition gelungenen Lernens. Dieser Workshop wurde vom Beraterteam moderiert und es nahmen jeweils alle Teammitglieder der Einrichtung teil. Durch Experimente, die auf die ästhetisch-sinnlichen Wahrnehmungsweisen der Subjekte zielten, gelangten diese je individuell zu einem vertieften Verständnis gelingenden Lernens. Sie durchliefen einen Lernprozess, wodurch sie in der anschließenden Reflexionsphase und der Formulierung von Faktoren gelingenden Lernens auf unmittelbar Erlebtes zurückgreifen konnten. Auf dieser Grundlage wurde in einem anschließenden diskursiven Verfahren eine entsprechend erfahrungsgesättigte Definition gelingenden Lernens formuliert und schriftlich festgehalten. Im Weiteren wurden ähnliche Methoden genutzt, um das Team bei der Erarbeitung der weiteren Leitbildanteile zu unterstützen[15].

Die Organisation ist bei diesem Vorgehen auf die sinnliche Wahrnehmungs- und Reflexionsfähigkeit der Subjekte angewiesen, um darauf aufbauend eine Definition gelingenden Lernens als Entscheidungsprämisse erstellen zu können. Denn die Subjekte können Bezug auf eigene physische wie psychische Erfahrungen nehmen. Diese subjektiven Eindrücke werden durch Gedankenoperationen verarbeitet und mittels Sprache kommt es dazu, dass sie in Form von Kommunikationsereignissen repräsentiert werden. Das heißt, dass auf das sinnlich Erlebte in einer Weise Bezug genommen wird, durch die es in seiner Komplexität reduziert und in eine Form gebracht wird, die für das auf Kommunikation basierende Sozialsystem Organisation verarbeitbar und darstellbar ist.

In diesem Workshop wurde auf diesem Weg das Leitbild mit der darin enthaltenen Definition gelungenen Lernens als grundlegendes Programm der Organisation erarbeitet. Dieses Programm soll die grundlegende Entscheidungsprämisse für alle weiteren Entscheidungen über Organisationsstrukturen im Qualitätsentwicklungsprozess darstellen und zukünftig auch die Strukturierung des alltäglichen Handelns von Erzieherinnen und Erziehern leiten. Durch die schrift-

---

15 Beschreibungen dieses und der im Weiteren erwähnten Workshops finden sich im Kapitel 5.3.4. Für eine ausführliche und wissenschaftlich fundierte Darstellung der Methoden siehe: Brée 2007, S. 165 ff.

liche Form und Veröffentlichung im gesamten Team soll das Leitbild als Selbstbeschreibung der Organisation für die Personen präsent sein und die Erinnerung der Inhalte gewährleistet und unterstützt werden.

Die Erarbeitung der Definition gelingenden Lernens als zentralem Aspekt des Leitbildes und des Qualitätsentwicklungsprozesses insgesamt und ihre letztendliche Wirkungsweise beschreiben einen zirkulären Prozess. Dieser läuft zum Teil kommunikationsförmig als Operationen des Organisationssystems ab, hat aber seinen Ursprung im subjektiven Handeln und Erleben der Personen. Und genau in diesen Punkten soll er wiederum seine Wirkung erzeugen: Pädagogisches Handeln und subjektives Erleben, z. B. die Beobachtung von Kindern, soll durch die Prämissen des Leitbildes beeinflusst sein. Ausgehend von der subjektiven Perspektive, wurde in der Interaktion unter anwesenden Teammitgliedern die Definition gelingenden Lernens angefertigt. Deren Referenz bleibt immer das subjektive Erleben. Auf diese subjektiven Erfahrungen wird als Referenz interaktiv Bezug genommen und von der Organisation in dem Moment in ihr Programm aufgenommen, in dem eine Entscheidung über den genauen Wortlaut und die schriftliche Form der Definition gelingenden Lernens als Prämisse für alles weitere pädagogische Handeln in der Bildungsorganisation Kindertagesstätte getroffen wird. Als eine solche Prämisse soll sie auch auf die subjektiven Anteile der Personen, ihre Haltung und Innensteuerung einwirken.

In diesem diffusen Kopplungsmoment treten erste strukturierende Elemente der Organisation in dem Sinne in Erscheinung, als durch das Leitbild das Selbstbild der Organisation nach Außen vertreten wird und dieses nach Innen gegenüber dem Personal als verbindlicher Orientierungspunkt kommuniziert wird. Das Leitbild und die Definition gelungenen Lernens stellen rudimentäre Inhalte zur Verfügung, die auch für die Innensteuerung der Subjekte potentiell anschlussfähig und geeignet sind. In diesem diffusen Kopplungsmoment stellt die Organisation aber noch keine Strukturierungen zur Verfügung, die über dieses allgemein gefasste Programm hinausgehen und vorgeben, wie die Leitvorstellungen in konkretes Handeln umgesetzt werden können bzw. sollen. Die Organisation zeichnet ein diffuses Bild ihres Personals und definiert keine genauen Anschlussstellen, an denen sie die Überführung ihrer Prämissen in konkretes Handeln eng führt. In der Perspektive der Organisation werden die Personen nach wie vor als unsteuerbare Elemente abgebildet. Die Organisation ist im diffusen Moment nur in der Lage, Zonen zu kennzeichnen, denen sie indifferent gegenüber steht. Sie hat keine Anschlussstellen für Irritationsmöglichkeiten bei den Subjekten identifiziert und vollzieht keine Prozesse, die auf eine solche Irritation abzielen.

Die Organisation beginnt dennoch, das Handeln der Personen zu rahmen. Dazu nutzt sie die psychischen Zustände und Prozesse der Erzieherinnen und

Erzieher. In diesem Sinne sehen sich die Subjekte in der Definition gelingenden Lernens ihren eigenen sinnlich-ästhetischen Reflexionsprozessen gegenüber, jedoch in einer durch die Schriftform und die Verallgemeinerung durch Abstimmungsprozesse im Team entfremdeten und vergesellschafteten Form eines Leitbildes.

Diesem hier skizzierten Prozess der wechselseitigen Bezug- und Einflussnahme von Personen, subjektiven Prozessen und Organisationsstrukturen werden wir im Weiteren noch mehrmals und im Rahmen der unterschiedlichen Kopplungsmuster in verschiedener Ausprägung begegnen.

Im empirisch vorliegenden Fall formuliert das Leitbild als Programm der Organisation vor allem ein anspruchsvolles Leistungsversprechen nach Außen, also für Eltern und Kooperationspartner. Eine Zusammenfassung der Originalinhalte des Leitbildes:

Die Kindertagesstätte leistet pädagogische Arbeit mit Familien unterschiedlicher Lebenslagen und Bildung; Familiengruppen ermöglichen die optimale Förderung von Kindern mit Entwicklungsverzögerungen und körperlichen Beeinträchtigungen; Lernumgebungen werden offen, veränderbar und anregend gestaltet; Selbstbildung wird durch die Schaffung optimaler Rahmenbedingungen gefördert und angeregt; Erzieherinnen und Erzieher sind Partner in individuellen Bildungs- und Lernprozessen der Kinder; Kinder werden in der Kindertagesstätte zu toleranten, konfliktfähigen, mitfühlenden, ehrlichen und selbstständigen Persönlichkeiten erzogen; zentrale Bildungsthemen sind die Förderung von Sprachentwicklung, die Nutzung neuer Medien inklusive der Förderung von Sprach- und Schrifterwerb und das Entdecken und Erforschen der Natur; Pädagoginnen und Pädagogen bringen ihre Kompetenzen ein, um Kinder so optimal wie möglich in ihren Bildungs- und Lernprozessen zu unterstützen; es erfolgt eine offene und transparente Zusammenarbeit mit allen Beteiligten (Kinder, Eltern, Kooperationspartner); unterschiedliche Meinungen werden akzeptiert und kontrovers diskutiert, um Entscheidungen und Veränderungen gemeinsam zu gestalten; Eltern werden als aktive Partner betrachtet; Eltern können durch den Elternrat Einfluss auf die pädagogische Arbeit und Rahmenbedingungen nehmen; rechtliche Prämissen des Handelns sind das Kindertagesstättenkonzept, der Bildungsplan und das Kindertagesstättengesetz; es besteht ein hohes Engagement im Rahmen des Teams.

Als dokumentierter Text tritt dieses Leitbild nach Außen als allgemeines Leistungsversprechen und nach Innen als diffuser Anforderungskatalog auf. Das Leitbild formuliert ein recht großes Spektrum an Leistungen, die in der Kita erbracht werden (sollen). Die Auskunft, auf welche Weise diese Ansprüche realisiert werden (können), bleibt im Leitbild eher vage, hier ist lediglich vom Konzept der Kindertagesstätte, dem Bildungsplan und rechtlichen Bestimmungen die

Rede. Es wird nicht konkretisiert, durch welche pädagogischen Handlungskonzepte die Ansprüche eingelöst werden. Die Transformation der formulierten Leistungen in konkrete pädagogische Vollzüge verbleibt in der Eigeninitiative und Verantwortung der einzelnen Personen. Nach Innen, d. h. für das pädagogische Handeln innerhalb der Kindertagesstätte, kann das Leitbild damit nur sehr begrenzt als handlungsleitende Prämisse angesehen werden. Auf welchem Wege das Personal die Leistungsversprechen einlöst, bleibt im individuellen Entscheidungsspielraum der Erzieherinnen und Erzieher. Es wird im Leitbild dann auch explizit gefordert, individuelle Kompetenzen einzubringen. Die Erzieherinnen und Erzieher finden im Leitbild dadurch eher einen Anforderungskatalog als eine Richtschnur vor. Es wird ein hohes Maß an Motivation und Engagement eingefordert, bei gleichzeitiger Einhaltung verbindlicher Vorgaben. In der Verantwortlichkeit der Erzieherinnen und Erzieher verbleibt die fachlich fundierte Einlösung des Leistungsversprechens in Kombination mit der Fähigkeit, die jeweils zugrunde liegenden pädagogischen Konzepte formulieren zu können, um sie dann in Teamsitzungen mit anderen Kolleginnen und Kollegen kontrovers zu diskutieren. In diesem Sinne formuliert das Leitbild vage Entscheidungsprämissen, die jeweils individuell zu füllende Handlungsfelder aufspannen. Komplexität wird explizit dargestellt und zunächst nicht reduziert.

Durch den Bezug auf subjektive Zustände zur Erstellung der Definition gelingenden Lernens und einer allgemeinen und offenen Formulierung des Leitbildes, dessen Umsetzung im individuell-willkürlichen Bereich verbleibt, werden diese Organisationsstrukturen dem diffusen Kopplungsmoment zugeschrieben, da sich noch keine Konkretisierungen zeigen, subjektive Prozesse konkreter zu fassen und eng zu führen, um Handeln zu strukturieren.

6.1.2 Subjekt

Die Organisation als soziale Struktur mit vagen Vorgaben provoziert unklare Irritationen in psychischen Prozessen der Erzieherinnen und Erzieher. Sie hat keine Strukturen ausgebildet, die auf eine gezielte Irritation der psychischen Umwelt ausgerichtet sind. Sie kann von den Subjekten in diesem diffus-dominierten Kopplungsmuster lediglich als ein rudimentärer Rahmen beobachtet werden.

Eine solche subjektive Perspektive, in der die Organisation nicht als relevante Sozialstruktur angesehen wird, wird zum Teil auch durch die Handlungslogik des Feldes begünstigt. Pädagogische Berufe und Praxisfelder konfrontieren die in ihnen arbeitende Personen immer wieder mit neuen Herausforderungen, was als ein Pendeln zwischen „Krise und Routine" bezeichnet werden kann (vgl.

Oevermann 2008, S. 57 f.) In ihrem Alltag sehen sich die Erzieherin und der Erzieher der Aufgabe gegenüber, in pädagogischen Settings durch professionelles Handeln mit offenen Situationen umzugehen. Ihre zentrale Aufgabe ist es, kindliche Bildungs- und Lernprozesse zu befördern, die unberechenbar, chaotisch (vgl. Bock 2008, S. 100 f.) und auch zu großen Teilen schwer beobachtbar ablaufen. In solchen offenen Situationen sollen Erzieherinnen und Erzieher trotzdem handlungsfähig bleiben. Der Professionalitätsgrad pädagogischen Handelns wird dabei oftmals an der Fähigkeit festgemacht, diese Ungewissheit zu ertragen, trotzdem Handlungsmöglichkeiten zu entwerfen und dann die Verantwortung hierfür zu übernehmen (vgl. Nentwig-Gesemann 2008, S. 255).

Pädagogische Profession kann dabei nicht komplett durch starre Regelungen und Strukturen determiniert werden, um intendierte Ergebnisse zu erreichen. Die Organisation hat keine Möglichkeit, komplexe pädagogische Interaktionen detailliert abzubilden bzw. in ihrer Komplexität zu reduzieren, um eine Strukturierung abzuleiten (vgl. Kapitel 4.3.2 in dieser Arbeit). Aus diesem Grunde kann sie in vielen alltäglichen Situationen nicht in Form einer Handlungsprämisse in der subjektiven Wahrnehmung der Erzieherinnen und Erzieher in Erscheinung treten. Die Organisation muss hier aus der Eigenart pädagogischen Handelns in subjektiver Perspektive unsichtbar bleiben.

Eingedenk dieses Umstandes, tritt sie nicht als relevanter sozialer Rahmen neben personenbezogenen Beziehungen in Erscheinung. Sie überlässt den Subjekten vielmehr einen Freiraum, den diese mit subjektiv begründeten Entscheidungen individuell strukturieren müssen.

Es ist im diffusen Moment zwar möglich, dass die Organisation an einigen Stellen weit gefasste Prämissen formuliert, etwa durch das Leitbild als vage Richtschnur. Diese Repräsentanz der Organisation kann dann aber von den Subjekten auch mit der eigenen subjektiven Struktur verwechselt und erlebt werden. Das Leitbild und die Definition gelungenen Lernens hatten, wie beschrieben, ihren Ursprung im Erleben der Subjekte und enthalten trotz ihrer Verallgemeinerung immer noch einen starken Verweis darauf. Durch diese Nähe ist sie im jeweiligen Denken tief verankert und wird in der konkreten Situation oftmals nicht mehr als Produkt der Organisation angesehen.

„Die Definition gelungen Lernens ist im Hinterkopf drin, nicht so, dass man sich das bewusst macht und vornimmt." und "Das neue Bild vom Kind ist jedem klar, das hat jeder verstanden und verinnerlicht" (Erzieherin D, Gruppendiskussion Leitungsteam Kindertagesstätte 2).

Subjektiv-willkürliches Handeln

Im Rahmen des diffusen Kopplungsmomentes lassen sich Handlungsweisen und Gedankenoperationen der Erzieherinnen und Erzieher kategorisieren, die in dieser Arbeit als subjektiv-willkürliches Handeln bezeichnet werden. Subjektiv-willkürlich soll ein Handeln insofern heißen, als es keine Prämissen der Organisation berücksichtigt. Subjektive Reflexion und Handlungen orientieren sich einzig an subjektinternen Zuständen oder bilateralen Absprachen mit anderen Personen. Vorgaben aus, auf kollektiven Entscheidungen beruhenden, Regeln und Verfahren fließen nicht ein. Handeln bleibt auf die konkrete Situation und das handelnde Individuum beschränkt. Es wird keine Information darüber nach Außen weitergegeben oder Rechenschaft abgelegt.

„Was Eltern eben immer wieder feststellen, (...) dass wir uns eben nicht einig sind. Also dass es mal so gemacht wird und mal so. Die einen machen es so, die anderen machen es so. (...) Und das ist immer wieder, ja, das haben uns die Eltern jetzt schon mehrfach kritisch angemerkt" (Leiterin Kindertagesstätte 2, Gruppendiskussion).

Können sich Erzieherinnen und Erzieher im diffusen Kopplungsmoment nicht auf über-individuelle Strukturen beziehen, bleibt ihnen nur die Möglichkeit, Einzellösungen für spezielle Handlungsprobleme und Arbeitsanforderungen zu entwickeln, die sich exklusiv auf ihr je individuelles Handeln beziehen und sich dann in ihrer Anwendung auf die eigene Gruppe beschränkt.

Im diffus-dominierten Kopplungsmuster können demnach strukturierende Momente enthalten sein und es können diese Strukturen auch jenseits der Subjekte entstehen. Diese bleiben aber auf eine Gruppe oder Teile der Kindertagesstätte beschränkt und dadurch bezogen auf die Gesamtorganisation latent. Für solche Strukturen wird der Begriff einer interviewten Erzieherin als Invivo-Code (Invivo-Code = feldtypischer Begriff; vgl. Strauss 1991, S. 64) übernommen und von einem Ritual gesprochen[16]. Für den Gebrauch innerhalb dieser Analyse wird es folgendermaßen definiert: Als Ritual wird eine zufällige und evolutionär entstandene Struktur bezeichnet, die ständigem Wandel unterworfen ist und in Auseinandersetzung mit der konkreten Situation spontan angepasst wird. Rituale setzen keine ausgelagerte Reflexion voraus. Sie sind den Handlungen und Interaktionen der Subjekte nachgelagert, sedimentieren sozusagen als Kondensat aus ad hoc Handlungen und werden erst im Nachhinein als Ritual mit einer gewissen

---

16 Dieser Begriff ist gemäß der angewendeten Forschungsmethode und zur Verwendung innerhalb dieser Studie auf den konkreten Fall gegenstandsbezogen entwickelt worden. Es wird nicht der Anspruch erhoben, an etablierte Ritual-Theorien (Bellinger/Krieger 2006) anzuknüpfen.

konstanten Struktur beobachtbar. Durch eine anschließende Reflexion kann ein Ritual als Auslöser zur Verfahrensentwicklung dienen, wenn gewissermaßen im Nachhinein erkannt wird, dass sich eine zufällig entstandene Handlungsweise als sinnvoll erwiesen hat.

Deutlich wird dies am Beispiel des Morgenkreises[17] in Kindertagesstätte 1: In einer Situation des Alltags der Kindertagesstätte macht eine Erzieherin die Beobachtung, dass die Kinder der Gruppe zu wenig trinken. In ihrem weiteren Denken und Handeln ist die Kopplung zur Organisation diffus, denn es liegen keine verbindlichen Standards oder Regelungen vor, die ein weiteres Vorgehen für einen solchen Fall beschreiben. Das Denken und Handeln der Erzieherin vollzieht sich im Sinnhorizont pädagogischer Interaktion, einem Handlungsspielraum, der der Erzieherin von der Organisation zur Ausgestaltung überlassen ist.

Es entsteht die Idee einer Teerunde, individuell und aus einem Gefühl heraus:

„Also, bei uns ist der Morgenkreis eigentlich so entstanden, dass das in dem Sinne eigentlich kein direkter Morgenkreis war, sondern wir haben das mit einer Teerunde begonnen. Und die ist daher entstanden, aus dem Gefühl heraus: `Die Kinder trinken zu wenig.´ (…) Da haben wir den Kindern den Tee schmackhaft gemacht und als die Kinder so saßen, kam es unwillkürlich dann auch zu Gesprächen. Und auch zu besonderen Inhalten. Und da haben wir das angefangen auszubauen. Das wurde dann ein Ritual. (…) Und die Kinder meldeten sich zu Wort und wir fingen dann schon an drauf zu achten, dass eben, wenn das eine Kind spricht, nicht gestört wird" (Interview Erzieherin A).

Die Erzieherin und ihre Kollegin führen eine besondere Situation in den Alltag ihrer Gruppe ein, die durch besondere Handlungseinschränkungen gekennzeichnet ist: die Teerunde. Dieses Ritual unterscheidet sich durch andere Handlungsräume durch ihre spezifische Struktur, Zeitpunkt, Teetrinken etc. und die dort geltenden Regeln, z. B.: alle Kinder sitzen am Tisch.

Die Beobachtungen der Erzieherin führen zu Handlungen, die sie im Abgleich mit ihren eigenen subjektiven Kriterien und Handlungsstrategien entwickelt. Sie handelt vor dem Hintergrund ihrer individuellen Erfahrung und den daraus resultierenden Aufmerksamkeitspunkten. In erster Linie geht es hier zunächst um das körperliche Wohlergehen der Kinder. Die Organisation ist auf diesem Kopplungsniveau keine Referenz in der subjektiven Reflexion, da keinerlei Regelungen vorliegen, die in diesem Fall als Handlungsprämisse herangezo-

---

17 Morgenkreise werden in vielen Kindertagesstätten durchgeführt. In der Regel handelt es sich dabei um ein tägliches ca. halbstündiges Treffen aller Kinder einer Gruppe mit den Erzieherinnen und Erziehern. Es werden aktuelle Anlässe des Tages besprochen oder gemeinsam Lieder gesungen.

gen werden könnten. Es handelt sich um ein gruppenspezifisches Ritual, mit dem Ziel, das Teetrinken bei den Kindern zu befördern.

Ob dieses ursprüngliche Ziel mit der Teerunde erreicht wurde, wird im Interview nicht berichtet, wohl aber, dass den Erzieherinnen eine Erweiterung kindlicher Handlungsweisen auffällt: Die Kinder sprechen in diesem Rahmen in besonderer Art und Weise, die die Erzieherinnen von der Art des Sprachgebrauchs außerhalb der Teerunde unterscheiden können. Durch den besonderen Rahmen und die speziellen Regeln in der Teerunde finden die Kinder hier besondere Prämissen vor, die ihren Handlungsspielraum einschränken. Sie dürfen beispielsweise nicht umherlaufen wie zu anderen Zeiten, sondern werden angehalten, an Tischen zu sitzen. Die Kinder zeigen folglich andere Handlungsweisen als zu anderen Tageszeiten, an denen andere Regelungen gelten. So fällt den Erzieherinnen bald auf, dass die Kinder besondere Sprachaktivitäten zeigen, was die Erzieherinnen als eine Handlungserweiterung auf dem Gebiet dieser Kompetenz beobachten.

Sie treffen die Entscheidung, diese Handlungserweiterung zu befördern. Dadurch kommt es zu einer Rückwirkung der, durch die Struktur der Teerunde entstandenen, Sprachtätigkeit der Kinder auf eben diese Struktur der Teerunde: Die Handlungserweiterung „Sprechen" der Kinder führt dazu, dass die Systematik der Teerunde von den Erzieherinnen verändert wird, um die Handlungserweiterung noch stärker zu befördern. Beispielsweise wird die neue Regel „Aussprechen lassen" eingeführt. Die Teerunde wird ihrem Sinn nach verändert.

Es scheint hier ein Mechanismus vorzuliegen, bei dem eine organisierte Struktur, hier das Ritual, mit Resonanzen bei Subjekten korrespondiert, die wiederum zu einer strukturellen Veränderung in der organisierten Struktur führt.

Erzieherin A berichtet auch über Resonanzen der Systematik der Teerunde im Handlungssystem der Erzieherinnen. Durch die besondere Situation, den besonderen Kommunikationszusammenhang „Teerunde" ist es den Erzieherinnen möglich, ihre Aufmerksamkeit auf besondere Aspekte zu richten, bzw. sind die Bedingungen geschaffen, dass ihnen besondere Handlungsweisen bei den Kindern auffallen können. Diese können ihnen deshalb auffallen, weil im Ritual der Teerunde der Gruppe eine Situation reduzierter Komplexität vorliegt. Bei einer Gruppe von 25 Kindern, die frei spielen, ist es schwer, den Überblick zu behalten, geschweige denn, Sprachkompetenzen zu beobachten. Die Teerunde ist dem gegenüber eine Struktur, die den Erzieherinnen eben dieses ermöglicht. Durch die besonderen Bedingungen und Regeln sind die Handlungsweisen der Kinder eingeschränkt, wodurch es für die Erzieherinnen möglich wird, ausgewählte Handlungsweisen isoliert zu beobachten.

Auch diese Handlungserweiterung bei den Erzieherinnen als Resonanz auf den strukturierten Kommunikationszusammenhang „Teerunde" führt umgehend

143

zu einer Rückkopplung mit diesem Teerunden-System. Die Teerunde hat wenige Regeln und daher eine überschaubare Struktur. Es fällt der Erzieherin relativ leicht, Faktoren zu identifizieren, bei denen ein Einfluss auf das Sprachverhalten der Kinder vermutet werden kann. Es ist einer experimentellen Situation gleich, in der ein Ursache-Wirkungs-Denken der Erzieherinnen anschlussfähig ist und damit die Situation handhabbar macht. In Konfrontation mit einer unstrukturierten Kindergruppe befragt, wäre es schwieriger eine Antwort darauf zu geben, wie Sprachkompetenz bei Kindern gefördert werden kann. Das Teerunden-System führt zu einer Handlungserweiterung bei den Erzieherinnen in dem Sinne, dass sie konkrete Angaben zur Sprachförderung bei den Kindern machen können, die dann auch handlungsleitend werden.

„Ja, und dann auch solche Sachen, wenn man den Kindern das Wort gibt, wie kann man das eben machen und da sind wir dann auf diesen symbolischen Gegenstand gekommen. Dass ich gesagt hab, in dem Moment, wenn das Kind jetzt den Gesprächsball hat, wissen die anderen: Aha, wir fallen dem jetzt nicht ins Wort. (…) Also, das wurde dann auch wunderbar übernommen" (Interview Erzieherin A).

Zusammengefasst lässt sich feststellen, dass standardisierte Verfahren in besonderer Weise Aufmerksamkeitspunkte markieren, an denen auf besondere Weise auf Effekte geachtet werden kann, um gezielt Einfluss darauf zu nehmen. Solche Handlungssysteme schränken den Handlungsmöglichkeitsraum ein, ermöglichen aber auch Handlungen, die nur durch das Handlungssystem einen Sinn und Zweck erhalten. Im Bereich der reduzierten Komplexität kann also Komplexität gesteigert werden.

Rituale können sich mit der Zeit stabilisieren, bis hin zu Traditionen und biographisch-bedingten Vorgehensweisen. Die individuelle Erfahrung mit der Durchführung von Handlungsweisen verleiht den Erziehenden Sicherheit bezüglich des Verlaufs und der Ergebnisse und wird beibehalten. Jedoch üben Tradition und vor allem Biographie einen nicht reflektierten Einfluss auf Handlungen aus. Die Entwickelung von Ritualen und eine darauf ausgerichtete Handlungsorientierung führen darüber hinaus auch lediglich zu individueller Erfahrung einzelner Erzieherinnen und Erzieher mit diesem Vorgehen.

6.1.3 Einflussfaktoren und Konsequenzen

Subjektives Handeln vollzieht sich nie isoliert, sondern ist immer in einen sozialen Rahmen eingebunden. Subjektives Denken und Handeln werden, neben der Organisation als soziale Umwelt, auch noch durch andere intervenierende Bedingungen beeinflusst. Auf die hier dargestellte diffus strukturierte Kopplung von Organisation und Subjekt wirken Einflussfaktoren aus der Umwelt ein, die zunächst als relativ konstant anzusehen sind und sich weitestgehend dem Einfluss von Organisation und Subjekt entziehen[18]. Aufgrund der durch die wechselnde Dominanz der verschiedenen Momente in der strukturellen Kopplung entstehenden Muster, kann der Subjekt-Organisations-Zusammenhang die Einflüsse aus der Umwelt aber jeweils anders abbilden, bearbeiten und beantworten.

Einflussfaktoren auf subjektive Handlungsweisen und Kindertagesstätte

Im Zusammenhang mit einem diffus-dominierten Kopplungsmuster werden von Erzieherinnen und Erziehern beispielsweise konkrete Störungen beschrieben, die auf ihr Handeln als intervenierende Bedingungen einwirken. Es bleibt aber der Handhabung der einzelnen Erzieherin bzw. des einzelnen Erziehers überlassen, mit diesen Störungen umzugehen, bzw. diese zu vermeiden oder zu mindern. Der Umgang mit diesen Störungen erschwert den Alltag.

„Ja! Störungen waren zum Beispiel, wenn in die Teerunde hinein Eltern kamen oder Kinder spät kamen und dann in die Teerunde praktisch reingeplatzt sind" (Interview Erzieherin A).

Die Entwicklung von Ideen und die Durchführung von Handlungen, die dazu dienen, mit den Störungen umzugehen, erfordern psychische Kapazitäten, die dann für andere Prozesse nicht mehr zur Verfügung stehen.

Belastungen werden von Erzieherinnen und Erziehern als Bedrohungen und Irritationen als Störungen empfunden. Diese können auch in Gestalt von vagen Ergebniserwartungen auftreten, z. B. in Form von Zielsetzungen eines Bildungsplans oder Leitbildes. Die einzelne Erzieherin ist gefordert, damit umzugehen. Die Organisation gibt ihr keine Anhaltspunkte, wie zu verfahren ist. Ohne diese Orientierung versuchen die Erziehenden möglichst gut damit umzugehen. Dieser Umgang ist aber nicht mit den Organisationsstrukturen koordiniert oder im Team kontrovers diskutiert worden. Es erfolgte keine systematische kollektive Auseinandersetzung darüber, was unter den gegebenen Bedingungen überhaupt realistisch zu leisten ist. Ohne diese Strukturierungen ist subjektiv nicht immer klar, in welchem Maße den Forderungen der Umwelt nachzukommen ist, und somit werden diese als grenzenlos angesehen. Die Art und Weise und der Umfang ihrer Bearbeitung sind nicht mit dem, was leistbar ist, abgestimmt.

---

18 Auch die intervenierenden Bedingungen ändern sich in gewissem Maße, da z. B. Strukturierungen der Organisation zu veränderten Handlungsweisen bei Eltern und Kindern führen, was mit einer Veränderung der intervenierenden Bedingungen gleichzusetzen ist.

„Dort ist das QM [Qualitätsmanagement, Einfügung: MK], dort sind die Klausuren, dort ist die vierte Klasse, die auch zu Ende gebracht werden muss. Es hängen 26 Kinder dran, die an einem rumzerren. (…) Und das ist jeden Tag dieses… [Geste]. Und wenn man sich so zerreißen muss, wenn man das eine da oben im Kopf hat, das andere da hinten hat, wenn es ständig dort rüber schwappt. Ich bin schon schnell, aber ich kann im Moment so schnell nicht denken, wie ich laufen muss" (Interview Erzieherin C).

Entscheidend für die Handlungsfähigkeit in einzelnen Situationen sind, wie aus dem Zitat deutlich hervorgeht, auch die Rahmenbedingungen. Abgesehen von organisationalen Vorgaben wie etwa dem Zeitbudget, der Personalsituation und der Anzahl der Kinder pro Gruppe, sind hier Materialien und technische Ausstattung zu nennen[19]. Handlungsfähigkeit und Qualität im pädagogischen Handeln resultieren bei diffuser Kopplung jedoch überwiegend aus der individuellen pädagogischen Professionalität der Erzieherinnen und Erzieher und aus den jeweiligen subjektiven Aufmerksamkeitspunkten.

Personalisierung

Unter den Bedingungen einer diffusen Kopplung bezieht sich die Wahrnehmung von Erzieherinnen und Erziehern primär nicht auf eine abstrakte Organisation, sondern auf das, was für sie sinnlich unmittelbar und konkret erkennbar ist, nämlich die Menschen. Das sind zum einen sie selbst als verantwortlich handelnde Personen und zum anderen die Kinder mit ihren Aktivitäten und Bedürfnissen. Zum anderen sind dies Kolleginnen und Kollegen mit üblichen oder besonderen Verhaltensweisen und Eltern mit vielfältigen Ansprüchen. Regelungen in einer diffus geprägten Kopplung betreffen nicht das Verhältnis zwischen Organisation und Person, sondern Absprachen zwischen Individuen. Handlungen und Verfahren sind rein subjektive, persönliche Angelegenheiten.

Als wesentliche Konsequenz der diffus geprägten Kopplung kann daher in einer Personalisierung gesehen werden. Sind Subjekt und Organisation in diesem Muster gekoppelt, ist das Subjekt nicht in der Lage, die Organisation zu beobachten und ihr Phänomene ursächlich zuzuschreiben. Diese Stufe ist daher von einer Unmittelbarkeitsverhaftung geprägt. Das heißt, dass auf der Ebene einer diffusen Kopplung Ereignisse nur sehr schwer vor dem Hintergrund ihrer Determinierung durch die Organisation beobachtet werden können. Als Anhaltspunkt für Kausalattributionen verbleibt in der subjektiven Perspektive nur die

---

19 Für eine Auflistung der Einflüsse dieser Rahmenbedingungen auf die Umsetzung des Konzeptes der Bildungs- und Lerngeschichten vgl. DJI 2007, S. 43 f.

Zuschreibung zu Personen. Subjekte erleben Irritationen durch die subjektinterne Repräsentanten der Umwelt in Form von körperlichen und psychischen Belastungen, von Minderwertigkeitsgefühlen etc. Positiv und negativ erlebte Ereignisse werden den real sichtbaren Personen, also sich selbst oder den Kolleginnen und Kollegen, zugeschrieben. Es erfolgt eine Personalisierung auch strukturell bedingter Erlebnisse und Ereignisse, wie Teamkonflikte oder Auseinandersetzungen mit Eltern.

Es findet keine Selbstbeobachtung in der Form einer Person statt, die als soziale Adresse und Mitglied in die Organisation inkludiert ist. Demgemäß sind dann auch die subjektiven Anteile, als von der Personen-Seite unterschiedene Aspekte, nicht exkludiert. Es werden also keine Schemata der Organisation in die psychischen Operationen übernommen und zur Selbststeuerung bzw. auch zum abgrenzenden Selbstschutz genutzt. Da auf dieser Stufe der Zuschnitt der Personenform auch von Seiten der Organisation schwach ausgeprägt ist, können sich die Subjekte nicht daran orientieren. Sie beziehen die Erwartungen der Organisation an sie als Personen nicht in die eigenen Überlegungen ein, wodurch ihnen eine externe Richtschnur fehlt, die beschreibt, welche Aufgaben zu erfüllen sind und welche nicht. Diese Reflexionen spielen sich subjektintern ab.

Wenn die Durchführung von Handlungsweisen so eng an die individuellen Überlegungen und Handlungen von Individuen gebunden ist, wird auch die Unzufriedenheit mit den Resultaten dieser Überlegungen und Handlungen personalisierend auf die Subjekte bezogen und nicht auf sachliche Weise auf Verfahren. Vorhandene strukturierte Momente der Organisation werden nicht als solche erkannt und in der personalisierenden Logik ebenfalls Personen zugeschrieben.

Umgang mit Anforderungen an die pädagogische Professionalität und die Bildungsorganisation Kindertagesstätte

Fällt die Organisation in subjektiver Perspektive als ordnende Instanz weg, sehen sich die handelnden Subjekte unter den skizzierten Bedingungen bei der Bewältigung der Aufgaben auf sich allein gestellt. Die Handlungserweiterung von Subjekten als Personen der Organisation ist in diesem Fall durch die Abdunkelung der organisationalen Rahmenbedingungen des Handelns in subjektiver Perspektive geprägt. Innerhalb eines diffus-dominierten Kopplungsmusters werden die pädagogisch-fachlichen Inhalte außerhalb organisierten Strukturen thematisiert[20]. Fachliche Themen werden z. B. in den Mittagspausen oder in zufälligen Gesprächen zwischen Kolleginnen und Kollegen besprochen:

---

20 Eine, zu den hier formulierten Beobachtung passende, Beschreibung von Arbeitsbedingungen mit fehlenden offiziellen Absprachen zwischen Kolleginnen und Kollegen, Arbeit in der Freizeit, Einspa-

„Das Gespräch „Morgenkreis" war eigentlich schon länger so im ... im Gespräch. Also, viele Kollegen hatten einen Morgenkreis, andere Kollegen hatten wie wir die Teerunde oder eine Gesprächsführung, aber es war noch nicht so in dem Maße jetzt, dass wir alle das Gleiche hatten. (...)Wir hatten auch manchmal in der Mittagspause schon darüber gesprochen" (Interview Erzieherin A).

Dies erscheint aus subjektiver Perspektive sinnvoll, da keine organisierte Struktur beobachtbar ist, bzw. es keine Prämissen der Organisation gibt, in welcher Weise individuell entwickelte Verfahren kollektiv besprochen, bewertet und ggf. verändert werden. Sind der Erzieherin und dem Erzieher solche Strukturen nicht bekannt, ist die Anwesenheit von Kolleginnen und Kollegen die einzige Bedingung, die erfüllt sein muss, um über fachliche Inhalte zu sprechen.

Die Reflexion von Subjekten vollzieht sich isoliert, und Impulse und Informationen für neue Handlungsweisen können nur durch Selbstbeobachtung konstruiert werden. Dies wird an einer Episode bei der Umsetzung des Konzeptes der Lerngeschichten in Kindertagesstätte 3 deutlich:

„So richtig war es nicht ein Thema am Anfang. Und es war für mich auch kein Thema, weil mir andere Dinge wichtiger waren, zum Dazulernen und so. Im letzten Jahr 2006 ist es immer mehr zur Diskussion gekommen, aber es war irgendwie keine einheitliche Linie da, wie wir es machen. Ich habe dann wirklich für mich entschieden: Ich mache es so! Weil wir sonst auf keinen gemeinsamen Nenner kommen. Und ich brauch aber für mich selber, damit ich aussagekräftig bin, damit ich das Kind gezielter fördern kann, brauch ich diese Anhaltspunkte" (Interview Erzieherin B).

Hier wird deutlich, dass Subjekte das Bedürfnis nach Strukturen haben, die eine Handlungssicherheit bieten. Das angeführte Beispiel zeigt aber auch, dass der strukturierte Moment im subjektiven Handeln nicht durch einen korrespondierenden Moment auf Seiten der Organisation beantwortet wird. Es ist und bleibt eine Einzellösung. Die subjektive Reflexion bezieht sich dabei auf individuelles Handeln ohne Berücksichtigung der Organisation. Dies betrifft sowohl pädagogisch-fachliche Aspekte, als auch deren operative Umsetzung unter den gegebenen Bedingungen. Diese Rahmenbedingungen können in der subjektiven Reflexion und Handlungsweise nur sehr begrenzt als gestaltbare Größe einbezogen werden.

Beispielsweise gehört zur Umsetzung des Konzeptes der Lerngeschichten das Bearbeiten und Ausdrucken von Fotos. Für diese Tätigkeit ist in einem diffus-dominierten Kopplungsmuster keine Bearbeitungszeit in systematischer

---

rung der wöchentlichen Teamsitzung zur Vermeindung von Überstunden etc. findet sich auch bei: Nicolai/Schwarz 2008, S. 227.)

Weise vorgesehen und die Strukturen der Organisation sind nicht darauf eingerichtet. Stattdessen ist es der einzelnen Person überlassen, Möglichkeiten für die
Umsetzung zu finden:

„Es ist nicht so, dass ich das nicht kann, aber von der Zeit her, von der Technik
her...und dann finde ich schwierig, dass ich noch nicht weiß, wie ich das anlegen
will, dass da eine Ordnung da ist. (...) Was bei uns sehr gut ist, wir haben in der
Mittagszeit, wenn die Kinder schlafen, da ist es relativ ruhig, da kann ich sehr gut
arbeiten in der Zeit und die nutze ich auch" (Interview Erzieherin B).

Die Erzieherin muss eine zeitliche Nische finden, um eine zentrale Arbeit im
Rahmen der aktuellen Frühpädagogik durchzuführen[21]. Störungen und Hemm-
nisse könnten durch organisierte Rahmenbedingungen verhindert werden. Dazu
müsste sich die Zielsetzung zur Durchführung komplexer pädagogischer Konzepte auch in den Strukturen der Organisation widerspiegeln. Es wären z. B.
Nutzungszeiten für den Computer, eine gruppenfreie Zeit für Erzieherinnen und
Erzieher, der Austausch über den Stellenwert dieser Arbeit im Team usw. notwendig. Im Rahmen eines diffus-dominierten Kopplungsmusters stehen diese
strukturierenden Optionen, wie aufgezeigt, jedoch nicht in institutionalisierter
Weise zur Verfügung. Rahmenbedingungen, so sie durch subjektive Reflexion
und individuelle Handlung einer einzelnen Erzieherin bzw. eines einzelnen Erziehers nicht beeinflusst werden können, müssen dann als gegeben und unverän-
derlich angesehen werden. Wie im vorherigen Zitat zu sehen, bezieht sich die
Reflexion eher auf ein Zurechtkommen mit den Bedingungen der Arbeit, als auf
deren aufgabenadäquater Umgestaltung. Gemäß der holzkampschen Definition
können solche Lernprozesse nur bedingt expansiv sein, da eine Handlungserweiterung immer auch die aktive Gestaltung von Lebensbedingungen enthalten
muss. Im Prozess der Sozialisation des Subjektes im Rahmen einer Organisation
sieht sich das Subjekt mit objektiven Verhältnissen und den damit vorgezeichne-
ten allgemeinen gesellschaftlichen Möglichkeiten konfrontiert. Innerhalb dieses
Rahmens findet das Subjekt für sich je individuelle Formen der Umsetzung seiner Handlungsmöglichkeiten.

Ohne Organisationsstruktur ist die Dynamik der Personalisierung grenzenlos. Berufliche Aspekte werden auch noch nach dem Feierabend gedanklich

---

21 Eine Studie des Deutschen Jugendinstituts (DJI) gibt Grund davon auszugehen, dass es sich
hierbei um eine für Kindertagesstätten typische Situation handelt. „Das Verfahren erfordert, dass
nicht die ganze Arbeitszeit der Fachkräfte im Kontakt mit den Kindern aufgebracht wird, sondern
dass auch Zeit für die Auswertung der Beobachtungen, für Reflexion, Planung und präsentationswür-
dige Aufzeichnungen übrig bleibt. (...) Dennoch hatten alle Teams Mühe, im Rahmen ihrer Arbeitszeit genügend Raum zu finden, um regelmäßig zu kollegialem Austausch zu kommen, Lerngeschichten zu schreiben und Portfolios zu gestalten." (DJI 2007, S. 43)

weiterbearbeitet. Organisationale Defizite wie der Mangel an Zeit für Reflexion und kollegiale Diskussion, werden durch die Subjekte aufgefangen und privatisiert.

> „Und wenn ich auf der Couch zehn Minuten bei meinem Mann sitze zum Filmgucken, dann sagt der zu mir: Wann springst Du eigentlich hoch, wann hast Du die nächste Idee, wann holst Du Stift und Zettel und wann schreibst Du eigentlich auf, über was Du jetzt nachdenkst" (Interview Erzieherin C)?

Die Grenzziehung zwischen der Person einer Organisation und den davon unterschiedenen Anteilen des Menschen außerhalb seiner Funktion als Organisationsmitglied wird von den direkt betroffenen Personen demnach nicht wahrgenommen und ist nur von einem Beobachter zweiter Ordnung, der eine solche Unterscheidung nutzt, als Grenzüberschreitung zu deuten.

Ist in einem diffus dominierten Kopplungsmuster ein Rückbezug auf Strukturen nicht möglich, werden Handlungen personalisierend zugeschrieben. Da somit Handlungs- und Verfahrensweisen auf persönlicher Ebene beobachtet werden, geht jede Person auch das persönliche Risiko ein, dass das individuelle Handeln von anderen im Team nicht akzeptiert wird und eine vom Subjekt sachlich intendierte Handlung zur Ablehnung auf persönlicher Ebene führen. Eine Interviewte schildert, dass Neuerungen daher heimlich ausprobiert und sehr behutsam vorgestellt werden. Das folgende Zitat belegt die schwierige Schnittstelle zwischen individueller, subjektiver Handlungserweiterung und deren kommunikativen Darstellung gegenüber der Umwelt:

> „Da habe ich das in der Praxis probiert im Stillen. Und habe weiter gespeichert und habe dann ab und an, wenn ich wusste für mich - ja, das war gut, das kannst Du so verkaufen -, dann bin ich damit hier hoch an den Tisch gegangen. Und habe geduldig gewartet auf den Moment, wann es dann gefragt war. Ich übte mich also ständig in Geduld. (…) Also habe ich den Vorsprung gewagt und wenn er nicht gefragt war, dann habe ich es wieder so gemacht: Gut, es war ein Versuch, es ist nicht gewollt. Pack ich es wieder weg" (Interview Erzieherin C).

Neben den individuellen Reflexionen über fachlich-pädagogische Inhalte und deren operativer Umsetzung muss in einem diffus dominierten Kopplungsmuster demnach noch eine weitere Ebene berücksichtigt und hierfür eine Reflexionsleistung erbracht werden. Dies betrifft die Entwicklung und Anwendung individueller Strategien, um im Rahmen der Mikropolitik des Teams neue Handlungsweisen durchzusetzen. Überlegungen und Handlungen werden vor dem Hintergrund der personalisierenden Dynamik entsprechend gestaltet. Wie das Zitat illustriert, ist der Austausch über subjektive Lernerfolge organisatorisch nicht abgesichert, sondern vom „guten Willen", dem richtigen Zeitpunkt und der geschickten Thematisierung abhängig.

Anreize und Informationen für Lernprozesse außerhalb der eigenen, individuellen Routinen gewinnen Erzieherinnen und Erzieher aus einer unsystematischen Beobachtung von Kolleginnen und Kollegen:

> „Mich unterstützt sehr mein junger Kollege, mit dem ich arbeite. Und ich muss sagen, ich habe sehr viel von ihm gelernt. Ich hab ihm aber auch gesagt: „Du kannst von mir auch noch viel lernen, von der Erfahrung!" Also, wir ergänzen uns sehr gut" (Interview Erzieherin A).

Wie an späterer Stelle noch dargestellt wird, ist eine geteilte Erfahrung wichtige Voraussetzung für subjektives und organisationales Lernen. Werden solche Erfahrungen und Reflexionen personenbezogen und bilateral verhandelt, bleiben sie der Logik einer diffus-dominierten Kopplung verhaftet und können nicht durch Verfahren und allgemeine Regelungen in einem struktur-dominierten Kopplungsmoment integriert werden. Ein Ausweg aus diesem reflexiven Einzelkämpfertum ist in subjektiver Perspektive wiederum an andere Subjekte gebunden und damit personalisiert.

> „Ich weiß, dass ich für meine Kolleginnen Maßstäbe setze. Wenn sie Bereitschaft signalisieren und sagen: „[Name], es ist klasse, was Du kannst. Ich möchte das auch können. Dann bin ich sofort da und sage: „O.k., dann lass uns losmachen. Und ich verspreche Dir, in drei Tagen hast Du das Ergebnis erreicht, das ich erreicht habe." (…) So, jetzt wissen die Mädels: „Du kannst auf die [Name] zurückgreifen, bau drauf – die weiß wie es geht" (Interview Erzieherin C).

Das neue Bild vom Kind und das Problem des Kontrollverlustes

Erzieherinnen und Erzieher müssen ihren Alltag demnach durch einen starken Zugriff auf individuelle Reflexionen heraus bewältigen. Sie müssen Lösungen finden, deren Erarbeitung sie einerseits psychische Ressourcen kostet und deren Resultate ihnen andererseits persönlich als zu verantwortende Effekte zugerechnet werden. Diese Verantwortung, mit der Erzieherinnen und Erzieher allein dastehen, birgt eine nicht unerhebliche Quelle an Unklarheit und Unsicherheit. Die folgende Aussage einer Erzieherin macht den Zusammenhang zwischen subjektiv-willkürlichem Handeln und der Unsicherheit bzw. der Belastung deutlich:

„Ich erleb das auch jetzt, da ich sehr viel im Kontakt mit dem Team bin, dass da auch sehr, sehr viele Kollegen wirklich sehr unzufrieden damit sind, auch wirklich zunehmend unsicher werden: Wann kann ich jetzt ein Elterngespräch eintakten? Wann kann ich nun endlich mal meine Dokumentation machen? (...) Wo man sich dann während des Tagesablaufes ständig Gedanken machen muss: Kann ich jetzt meine Kinder aufteilen? Hat jemand Zeit für mich, meine Gruppe zu übernehmen? Ja, an diesen Sachen scheitert es einfach" (Interview Erzieherin D).

Die Bildungspläne der Länder und die aktuelle Diskussion um „das neue Bild vom Kind" fordern von Erzieherinnen und Erziehern in Kindertagesstätten und Horten, sich in pädagogischen Situationen zurück zu nehmen, um die Kinder an ihren selbst gewählten Themen arbeiten zu lassen und es ihnen zu ermöglichen, ihren Bildungsprozess eigenaktiv zu meistern. Statt strukturierend und steuernd mit den Kindern zu arbeiten, sollen sie sich auf eine Beobachterperspektive zurückziehen, begleiten und fördern und nur punktuell ihren Wissensvorsprung nutzen und einbringen, um kindlichen Lernprozessen Impulse zu geben.

Damit ist jedoch von ihnen gefordert, die einzige Struktur, die in diesen offenen Situationen für sie sichtbar vorhanden ist, aufzugeben. Damit entsteht eine noch offenere Situation mit noch mehr Unsicherheiten, als dies in pädagogischen Settings der Kindertagesstätte ohnehin der Fall ist. Es ist verständlich, dass Erzieherinnen und Erzieher davor zurückschrecken. Denn niemandem fällt es leicht, die letzten orientierenden Eckpunkte aufzugeben und sich einem Verlust von Kontrolle auszusetzen, zumal Erzieherinnen und Erzieher von anderen Instanzen wie den Eltern der Kinder und dem Träger der Einrichtung als Verantwortliche für die Resultate dieser offenen Situationen angesehen werden.

Der Forderung nach einer ungerichteten Aufmerksamkeit und Offenheit für Überraschungen (Schäfer 2004, S. 149) in der Beobachtung von Kindern kann nur nachgekommen werden, wenn an anderer Stelle eine Gerichtetheit und Zuverlässigkeit für das pädagogische Handeln hinzukommt. Es kann nicht die einzige Struktur aufgegeben werden, ohne ein Äquivalent zu erhalten. Erzieherinnen und Erziehern wird es nur gelingen, auf strukturierende Handlungen zu verzichten, wenn für sie an anderer Stelle eine neue Struktur in Form von Organisation erkennbar wird, die strukturiert, wie unstrukturierte Situationen in die Kindertagesstätte als Organisation eingebettet sind. Im folgenden Interviewausschnitt wird diese Problematik deutlich geschildert.

Erzieherin:
„Das ist für mich sehr schwierig und zwar aus dem Grund, weil man immer bemüht ist, einzugreifen. Seien es ganz einfache Konflikte, wo man dann denkt: „Oh Gott, jetzt müsstest Du eigentlich was machen." Aber die Kinder sind durchaus in der Lage, die Konflikte zu lösen. Wenn es jetzt wirklich so ist, wissen sie, dass sie jemanden da haben, der ihnen hilft, aber dieses Nicht-Eingreifen, das ist für mich das Allerschwerste, muss ich sagen."

Interviewer (MK):
„Können Sie sagen, worin diese Schwierigkeit liegt?"

Erzieherin:
„Erstens mal, ich hab das anders gelernt bekommen. Du bist für die Kinder verantwortlich. Bin ich zwar trotzdem, ne. Aber du musst das regeln und das steckt noch zu sehr drin, also dieses „Ich muss jetzt gehen." und „Ich muss das machen.". Auch teilweise Ängste, jetzt passiert den Kindern was, du bist verantwortlich und so. Dieses Loslassen. Das ist für mich ganz schwer" (Interview Erzieherin A).

Eine weitere Schwierigkeit bei der Umsetzung komplexer pädagogischer Konzepte liegt in der diffusen Kopplung zur Organisation selbst begründet. Eine Erzieherin oder ein Erzieher kann persönlich sehr wohl auf Höhe der aktuellen Diskussion sein und auch eine neue Haltung verinnerlicht haben. Professionelle und anspruchsvolle pädagogische Konzepte, wie etwa die Beobachtung und Dokumentation von Bildungsprozessen, können in ihrer ganzen Breite jedoch nicht auf einem diffusen Kopplungsniveau umgesetzt werden, da sie ein abgestimmtes Handeln im gesamten Team voraussetzen. Schon in der Anlage und dem Design dieser Modelle wird immer wieder ein, mit allen am Bildungsprozess beteiligten Personen geführter, Dialog gefordert. Ist dies nicht gegeben, haben individuelle Reflexionen und Veränderungsbemühungen enge Grenzen.

„Wenn du alleine stehst, kriegst Du das nicht hin. Du läufst Dich tot." (Interview Erzieherin C)

Im Rahmen der beratenden Praxisforschung wurden die Teams aufgefordert, ein Handlungsproblem zu beschreiben. Dies sollte einerseits Informationen für den Forschungsprozess liefern und andererseits durch dessen Deutung Lösungsmöglichkeiten für die Teams anbieten. In diesem Rahmen wurde ein Praxisproblem beschrieben, das das diffuse Kopplungsniveau illustrieren konnte. Es wird hier in der Form der abstrakten Beschreibung durch den Forscher vorgestellt, das so auch dem Team übermittelt wurde.

Durch die fachliche Weiterentwicklung der Erzieherinnen und Erzieher des Teams durch das Qualitätsentwicklungsprojekt hat sich der Anspruch an die Arbeit erhöht, vor allem in Bezug auf die Förderung von Kindern und die Elternarbeit. Dieser gesteigerte Qualitätsanspruch wird als Belastung empfunden. Vor allem in schwierigen Situationen führt dies zu einer Überforderung. In solchen Fällen informieren die Erzieherinnen die Leitung der Kita und im Team wird das mögliche weitere Vorgehen erörtert. So wird z. B. die Lösung gefunden, eine kollegiale Teamberatung durchzuführen. Bei der Lösungsfindung berücksichtigt das Team verschiedene Faktoren: Rechtliche Vorgaben, den hohen Anspruch des Teams an eine Problemlösung und vor allem auch die im Allgemeinen fehlenden angemessenen Rahmenbedingungen, die verhindern, dass eine Arbeit geleistet werden kann, die dem eigenen Qualitätsanspruch gerecht wird. Das Resultat ist ein Gefühl der Überforderung, weshalb das Team den Bedarf formuliert, die Rahmenbedingungen zu überprüfen und möglichst adäquat zu verändern. Die Einschätzung des Teams ist aber, dass die Möglichkeiten hierzu bereits ausgeschöpft sind.

Der beschriebene Fall stellt einen typischen Fall struktureller Untersteuerung dar, bei dem Mitarbeitende mit einem Anspruch konfrontiert sind, ohne über handlungsstrukturierende Konzepte zu verfügen. Überforderungsgefühle stellen sich ein, wenn das Personal weiß, was gute Lösungen wären, aber keine Kenntnisse und Möglichkeiten hat, wie diese zu erreichen sind.

Das Team orientiert sich in der Arbeit am eigenen Qualitätsanspruch, der nach eigener Auskunft bezüglich der pädagogischen Qualität noch gestiegen ist. Dieser Qualitätsanspruch beinhaltet eine ideale Situation und ein perfektes Handeln, um auf alltägliche und auch besondere Anforderungen zu reagieren. Zeitliche und personelle Ressourcen der Organisation sind real jedoch so bemessen, dass sie keine idealen Voraussetzungen für die Arbeit bieten. Die einzelne Fachkraft sieht sich daraus resultierend mit Situationen wie der obigen konfrontiert und verfügt nicht über die Kenntnisse, um unter den gegebenen Bedingungen handlungsfähig zu sein. Sie kann sich nicht an Konzepten orientieren, die ihr Handeln in solchen Fällen strukturieren könnten. Es bleibt als Orientierungspunkt nur der vage „Qualitätsanspruch", die Idealvorstellung als Vision perfekten Handelns. Im Vergleich zu diesem Qualitätsanspruch, der Vorstellungen darüber, was man eigentlich alles machen könnte beinhaltet, kann das tatsächliche Handeln der Erzieherin bzw. des Erziehers nur als defizitär erlebt werden. Dennoch versucht das Personal, die organisationsstrukturell bedingte Diskrepanzen zwischen Ressourcen und Anforderungen auszugleichen, was jedoch unter den gegebenen Bedingungen misslingt und zu einem Überforderungsgefühl des gesamten Teams führt.

Handlungsanforderungen und Organisationsstrukturen müssen, soll diese Situation befriedigend gelöst werden, in Einklang gebracht werden. Ein Qualitätsanspruch als Orientierungspunkt der Arbeit ist sinnvoll. Konkrete Handlungen orientieren sich aber an den realen, als unzureichend beschriebenen Strukturen der Kita und müssen auch so geplant und für alle transparent beschrieben werden. Das Team kann dann zukünftig eigenes Handeln mit solchen Standards abgleichen und hat eine Chance, gemessen an diesem Maßstab, korrekt zu handeln. Eine Prioritätensetzung reicht nicht aus, weil sie Handeln immer noch vor dem Hintergrund der Ideallösung sieht, die vielleicht doch erreicht werden könnte, wenn man sich nur genügend anstrengt.

Es kann hilfreich sein, die Diskussion im Team auf Grenzen zu beziehen, die die Kompetenz und auch Zuständigkeit der Erzieherinnen und Erzieher betreffen. Aus professioneller Sicht sollte klar sein, was machbar ist und was nicht. Dies ist die Voraussetzung für die Gewissheit, das Möglichste getan zu haben, ohne überfordert zu sein.

6.1.4 Allgemeines Muster

Zusammenfassend soll an dieser Stelle nochmals das allgemeine Muster der in diesem Teilkapitel beschriebenen diffus dominierten Kopplung skizziert werden. Dadurch wird die zu Beginn dieses Teilkapitels vorangestellte Begriffsdefinition vor dem Hintergrund der dann erfolgten Ausführungen präzisiert.

Dazu möchte ich im Folgenden die wesentlichen Merkmale anhand einer abstrakten Matrix (Tabelle 6: Matrix zur diffusen Kopplung) zusammenfassen. Die Tabellenspalte „Kategorie" benennt jeweils eine zentrale, aus dem Codierungsprozess hervorgegangene Kategorie. Die Spalten zu „Eigenschaften" und „Dimensionale Ausprägung" differenzieren diese Kategorie in ihrer in der Empirie vorfindbaren Erscheinungsformen. Das jeweils farblich hervorgehobene Eigenschaftsmerkmal markiert die für dieses Kopplungsmoment charakteristische dimensionale Ausprägung. Als „Muster" benenne ich schließlich eine Bezeichnung, die die spezifische Kombinationsform von dimensionalen Ausprägungen einer Kategorie begrifflich zusammenfasst.

Die in dieser Matrix aufgeführten Kategorien bildeten den Kern der Analyse. Die Beobachtung der Veränderungen im dimensionalen Muster wurde nachgezeichnet und führen zur Benennung der vier unterschiedlichen Kopplungsmomente.

Kategorie	Eigenschaften	dimensionale Ausprägung	Muster
Entscheidungen	Komplexitätsreduktion/ Unsicherheitsabsorption Differenzierungsgrad Verbindlichkeit Geltungsbereich	**niedrig**-----------hoch **vage**--------------genau **niedrig**-----------hoch **individuell**-kollektiv	**Offene Situation**
Kontrolle	Häufigkeit Intensität Fehlertoleranz Ausmaß Dauer	oft--------------------**nie** hoch-----------**niedrig** niedrig-----------**hoch** **vereinzelt**--verbreitet **kurz**---------------lang	**Indifferenzzone**
Inklusion	Umfang Intensität Dauer Atmosphäre	begrenzt--**umfassend** niedrig-----------**hoch** begrenzt-**andauernd** sachlich---**emotional**	**Mensch**
Handeln	Entscheidungsbezug Erfahrungsgewinnung Leistungserwartung	**ignorant**----souverän **individuell**-kollektiv **vage**-----------konkret	**willkürliches Handeln / Ritual**
Verantwortung	Grad Umfang Träger	niedrig-----------**hoch** begrenzt--**umfassend** **Person**---------Team	**Einzelkämpfer**
Anforderung (Umwelt)	Intensität Ausmaß	niedrig-----------**hoch** punktuell-**umfassend**	**Belastung**

Tabelle 6: Matrix zur diffusen Kopplung

In einem diffus-dominierten Kopplungsmuster sind organisationale Strukturen nur rudimentär vorhanden und als handlungsleitende Prämisse für die Subjekte oft nicht erkennbar. Entscheidungen über Handlungsprämissen sind in ihrem Differenzierungsgrad vage, mit niedriger Verbindlichkeit ausgestattet und weisen einen individuellen Geltungsbereich auf. Kontrollen erfolgen selten bis nie, besitzen niedrige Intensität, werden vereinzelt und kurz durchgeführt und zeichnen sich durch eine hohe Fehlertoleranz aus. Die notwendigen Prozesse der Komplexitätsreduktion, Handlungsfähigkeitsgewinnung und Verfahrensentwicklung werden auf die Subjekte ausgelagert.

Dadurch ist der Personenbezug in diesem Moment stark ausgeprägt. Der Zugriff auf die Personen hat eine hohe Intensität, ist umfassend, andauernd und erfolgt in einer emotionalen Atmosphäre. Leistungserwartungen sind mit einem niedrigen Anspruch versehen und nur vage konkretisiert mit einer Tendenz zur Gleichgültigkeit gegenüber individuellem Handeln. Dennoch trägt jede Person einen hohen Grad an Verantwortung für ihr Handeln, der nahezu alle Tätigkeiten umfasst. Das kennzeichnende Merkmal dieses Musters ist daher in starken Personalisierungsmechanismen zu sehen.

6.1.5 Die Kopplung der Kopplung

Die Kopplung der Kopplung, d. h. die Synchronisation der diffusen Momente auf Seiten der Organisation und des Subjektes als dominierendes Muster, wird durch die Formlosigkeit und Blindheit der Organisation bezüglich pädagogischer Prozesse gewährleistet, auf die Subjekte mit willkürlichem und nicht abgestimmten Handlungsweisen reagieren. Da von Seiten der Organisation keine Handlungsprämissen in Form von Entscheidungen vorliegen, können sich Personen nicht darauf einrichten, bzw. kann ihr Handeln nicht vor dem Hintergrund solcher Prämissen beobachtet und bewertet werden. Ohne die Möglichkeit eines solchen kontrollierenden Abgleichs steht die Organisation den Handlungen der Subjekte indifferent gegenüber. Eine konkrete Kopplung zwischen Subjekt und Organisation kann weder aus der einen noch der anderen Systemperspektive beobachtet werden. Zusammengefasst können in erster Linie entkoppelte Reflexionen beobachtet werden. Hierbei lassen sich für das einzelne Subjekt große Freiheitsgrade feststellen, es führt aber auch dazu, dass die Reflexion über die gesamte Bandbreite der Arbeit allein beim Subjekt verbleibt. Organisation und Subjekt existieren gleichsam nebeneinander.

Stabilisierend wirken auf diese Kopplung alle Faktoren, die seine dargestellte Charakteristik ausmachen. In einem durch diffuse Momente dominierten Kopplungsmuster können zwar auch strukturierende Momente vorhanden sein, diese werden dann aber ggf. von den Subjekten personalisierend umgedeutet, also der Logik der diffusen Kopplung mit ihren personalisierenden Tendenzen angepasst. Andererseits werdenstrukturierte Momente im Handeln der Subjekte ggf. von der Organisation nicht aufgegriffen und beantwortet.

Dies sind konservative Momente im Bewusstsein der Subjekte und Strukturen der Organisation, die einem Wechsel des dominierenden Momentes von diffus auf strukturierend entgegenstehen können.

Dort, wo Organisation auftritt, wird sie in personalisierender Weise auf subjektives Handeln zurückgeführt. Dort, wo willkürliches Handeln herrscht, werden bilaterale Absprachen mit Organisation verwechselt:

> „Dass auch dieses Stück Gelassenheit zwischen den Mitarbeitern auch möglich ist, das hat mit dieser flachen Hierarchie zu tun. Dass jeder weiß, ich kann mich auf den anderen verlassen, der ist da, wenn ich ihn brauche. Und das ist übergreifend. (...) Weil jetzt bekomme ich das von den Mädels zurück. Jetzt ist das so eine Vernetzung" (Interview Erzieherin C).

Das Modell verschiedener Momente in der strukturellen Kopplung und deren jeweilige Dominanz als prägender Moment in der strukturellen Kopplung ist dynamisch, d. h. ein Wechsel des dominierenden Kopplungsmomentes ist unter bestimmten Bedingungen möglich. Das Wechselspiel zwischen strukturierendem und offenem Moment wird im Rahmen der Ausführungen zur offenen Kopplung noch als typische Dynamik bei Organisationsentwicklungsprozessen erläutert.

Aus dem empirischen Material wurde ersichtlich, dass es nicht nur Faktoren gibt, die zur Stabilisierung der Kopplungsmuster beitragen, sondern auch andere Faktoren, die den Wechsel zur Dominanz eines anderen Kopplungsmomentes begünstigen, also ein bestehendes Muster der Kopplung stören können.

Das Beispiel der Strukturierung der Morgenkreise durch ein Ritual in einem diffus-dominierten Kopplungsmuster zeigt, wie auch andere Momente als die der diffusen Form auftreten können. Anhand der Weiterentwicklung und Veränderung des Ablaufs der Teerunde zeigt sich, dass sich subjektive Wahrnehmung und Handeln an diesem Ritual orientieren.

In anderen Fällen experimentieren Erzieherinnen und Erzieher mit Vorgehensweisen zur Erstellung und Dokumentation von Lerngeschichten und entwickeln dabei ihre Vorgehensweise weiter. Auch qualitative Lernsprünge lassen sich beobachten, etwa die Umstrukturierung der Teerunde zum Gesprächskreis. Diese strukturierten, offenen und kreativen Momente bleiben subjektiv-individuelle Erfahrungen und folgenlos für die Organisation. Sie bleiben bezogen auf das Kommunikationssystem Kindertagesstätte latent, weil sie lediglich individuell ablaufen und nur den Sinnhorizont der subjektiven Perspektive bilden. In der Kopplung von Organisation und Subjekt bleiben sie randständig, da keine Synchronität in der Perspektive beider Systeme erreicht wird. Das Ritual der Erzieherin ist der Organisation unbekannt und kann daher nicht als offizielles Verfahren behandelt werden. Das Beispiel der Erzieherin, die individuelle Erfahrungen und Lernprozesse bezüglich eines von ihr entwickelten Vorgehens gemacht hat und vergeblich versucht, dies in den Organisationszusammenhang einzuspeisen, zeigt, dass kein Anschluss zwischen beiden Seiten hergestellt werden kann, wenn die Organisation nicht über Anschlussfähigkeiten für solche Informationen verfügt.

Die Kopplung zwischen Organisation und Subjekt im diffusen Moment kann in seiner Unverbindlichkeit nur noch durch den Austritt des Subjektes aus der Organisation, der Exklusion der Person, gesteigert werden.

Sind Organisation und Subjekt diffus gekoppelt, kann auch kein gekoppeltes Lernen stattfinden. Diese Lernprozesse bleiben dann einem System und einer Systemlogik verhaftet und isoliert, vor allem auch, was ihre Wirkungen anbelangt. Die jeweilige Lernstrategie besteht in einem Ausprobieren, was sie auf Dauer als nicht geeignet für professionelle Zusammenhänge darstellt.

Um die Dominanz des diffusen Momentes im Muster der strukturellen Kopplung zugunsten eines strukturierenden Momentes zu wenden, bedarf es eines Unterschiedes, der die Wendung zu einer struktur-dominierten Kopplung möglich macht. Dieser Unterschied kann in Regeln, Anordnungen, Verfahren und Zielsetzungen bestehen oder kurz und systemtheoretisch formuliert in Form von Entscheidungen auftreten, die die Subjekte als außerhalb ihrer selbst wahrnehmen. Die Organisation tritt auf den Plan, wodurch der strukturierende Moment in der Kopplung zwischen Subjekt und Organisation betont wird. Solche kommunikativen Strukturen determinieren nicht das subjektive Handeln und Denken, sind aber eine Bedingung der Möglichkeit, bestimmte Lernprozesse des Subjektes anzuregen. Sie führen nicht zwingend zu diesen Entwicklungsprozessen, aber ohne sie sind diese ausgeschlossen. Das Produzieren eines solchen Unterschiedes wurde in den untersuchten Fällen durch die Teilnahme am Organisationsentwicklungsprozess und der Praxisforschung provoziert, die auf (fehlende) Verfahren aufmerksam machte.

Der Übergang vom diffusen zum strukturdominierten Kopplungsmuster lässt sich u. a. deutlich anhand der Diskussionsformen im Team beobachten. Im diffusen Moment werden Diskussionen pädagogisch-fachlicher Themen außerhalb der organisierten Strukturen durchgeführt, z. B. in den Mittagspausen oder zufälligen Gesprächen zwischen Kolleginnen und Kollegen. Was sich im Übergang zum Moment der strukturierten Kopplung zunächst als wesentliche Veränderung abzeichnet, ist der Umstand, dass Erzieherinnen und Erzieher zunehmend einen Unterschied zwischen den zufälligen Gesprächen und den Gesprächen in den Teamberatungen wahrnehmen. Zunächst wird zwischen diesen beiden

Kommunikationsformen kein relevanter Unterschied wahrgenommen: In beiden Fällen spricht man mit den Kolleginnen und Kollegen. Um einen Wechsel zum strukturierten Moment zu realisieren, muss hinzukommen, dass die Personen sich über den verbindlicheren Charakter der Teambesprechungen im Klaren sind und darüber, dass hier ein Gremium zusammentritt, das, anders als die Tür-und-Angel-Gespräche, mit verbindlichen Entscheidungsbefugnissen ausgestattet ist. Bei den Thematisierungen in Teambesprechungen sitzt die Organisation sozusagen mit am Tisch. Das Fällen von Entscheidungen über Verfahren und Regeln zeigt den Subjekten diesen entscheidenden Unterschied eindeutig an. Die Organisation wird in subjektiver Perspektive sichtbar.

Das Leitungsteam einer Kindertagesstätte beschreibt bei einem Treffen des erweiterten Projektteams, wie dieser Übergang in der Praxis durch ein Verfahren befördert werden kann: Um den (teils) wertvollen Inhalt von informellen Gesprächen im Pausenraum für die Organisation zugänglich zu machen, wurde in der Kindertagesstätte eine Flipchart aufgestellt. Auf dieser können Gedankengänge zu möglichen Veränderungen festgehalten werden, um dann ggf. auf der nächsten Dienstbesprechung über Vorschläge zu diskutiert und zu entschieden. Auf diese Weise kann ein Wechsel vom diffusen zum strukturierten Moment befördert werden. Die Merkmale einer strukturierten Kopplung werden im folgenden Kapitel dargestellt.

6.2 Strukturierte Kopplung

Die strukturierte Kopplung ist durch eine starke Betonung organisierter Strukturen geprägt. Es werden verbindliche Entscheidungen über kollektive Verfahren und damit auch über Prämissen für subjektives Handeln getroffen. Die Organisation nimmt dabei Bezug auf die sichtbaren und kontrollierbaren Handlungen der Personen, die zum Teil einen Rückschluss auf psychische Prozesse der Subjekte zulassen. Der subjektive Faktor wird im strukturierten Moment minimiert und durch die Organisation nahezu eine Trivialisierung der Personen angestrebt.

Für die Subjekte wird die Organisation im strukturdominierten Kopplungsmuster in Form von verbindlichen Entscheidungen, Regeln und Verfahren beobachtbar. Sie tritt als Struktur in Erscheinung, die durch formulierte Prämissen einen Einfluss auf mögliche und unmögliche Handlungsweisen der Subjekte hat. Die Subjekte beginnen, die Organisation zu berücksichtigen. Subjektive Reflexions-Prozesse werden zum Teil durch Reflexionen der Organisation ergänzt.

Dieser Moment in der Beziehung von Organisation und Subjekt wird in dieser Arbeit als „strukturierter Moment" bezeichnet und das Muster des Verhältnisses zwischen Organisation und Subjekt als eine „strukturdominierte Kopplung".

6.2.1 Organisation

Im strukturierten Moment lässt sich die Kindertagesstätte in der Empirie durch systemtheoretische Unterscheidungen als Organisation identifizieren. Es werden Entscheidungen getroffen, und Erzieherinnen und Erzieher werden als Personen und Mitglieder der Organisation beobachtet, für die Weisungsgebundenheit besteht, was beispielsweise in Zielvereinbarungen zum Ausdruck kommt. Des Weiteren werden verwaltungstechnische Vorgänge bearbeitet: Formale Betreuungs- und Bildungsverträge mit Eltern werden geschlossen oder Dienstpläne erstellt, die regeln, wer wann zur Arbeit kommt. Es gibt demnach grundlegende Strukturen, die Entscheidungen präjudizieren. Dies alles wird als alltäglicher Rahmen mitgeführt und spannt letztlich das Feld auf, den die Fachkräfte mit professionellem pädagogischem Handeln füllen (sollen).

Die Strukturierung der Organisation geht aber auch über diese grundlegenden Prämissen hinaus und bezieht sich auf das alltägliche pädagogische und berufsbezogene Handeln der Erzieherinnen und Erzieher. Die Organisation lässt sich in diesem Kopplungsmoment auch als Entscheidungssystem beobachten, das im Gefüge von Organisation und Subjekt einen Anteil der Komplexitätsreduktion in Bezug auf die Alternativformen pädagogischen Handelns leistet. Es werden Entscheidungen getroffen und kommuniziert, die ihren Referenzpunkt im Handeln der Subjekte oder in den zeitlichen, räumlichen und personellen Rahmenbedingungen dieses Handelns haben. Die Organisation versieht solche handlungsstrukturierenden Prämissen den Personen gegenüber auch mit Verbindlichkeiten.

Dies wird im Folgenden am Beispiel der Entwicklung eines Verfahrens zur Durchführung der Morgenkreise veranschaulicht werden. Der Sachverhalt der, im Teilkapitel zum diffusdominierten Kopplungsmuster dargestellten, Indifferenz der Organisation hinsichtlich subjektiven Handelns wurde dem Team der Kindertagesstätte 1 im Rahmen eines Workshops deutlich. Bei der moderierten Diskussion zum Qualitätsbereich „Evaluation der Entwicklungs- und Lernprozesse" und bei der Arbeit an den Formulierungen für den Selbstreport wurde intensiv die aktuelle Qualität der Gesprächskreise (Morgenkreise) behandelt. Dem Team wurde klar, dass es noch keine gemeinsame, an der Definition gelingenden Lernens orientierte, Vorstellung über das Verfahren der Gesprächskreise gab. Das Ritual gemeinsamer Gesprächsrunden mit den Kindern wurde zwar einhellig als wichtig eingestuft, es gab aber kaum Absprachen über den Ablauf und die Verfahrensweisen zu diesen Gesprächskreisen. Es existierten keine handlungsstrukturierenden Prämissen der Organisation, die sich darauf beziehen:

> „Die Gesprächskreise fanden bis zur Einführung eines Verfahrens unregelmäßig statt und wurden individuell gestaltet. (...) Ein Austausch über die Formen, Methoden und Inhalte der Gesprächsrunden mit den Kindern fand nicht statt" (Selbstreport Kindertagesstätte 1).

Dies wurde vom Team als problematischer Mangel eingestuft und die Entwicklung kollektiv verbindlicher Regelungen als Entwicklungsziel der Gesamtorganisation angesehen.

Diese Team-Diskussion stellte den Start einer Reflexion des Organisationssystems dar. Im Rahmen des Workshops wurde noch keine Entscheidung über ein Verfahren getroffen, es wurden zunächst lediglich die nächsten Schritte im Organisationsentwicklungsprozess vereinbart. Die anschließende Erarbeitung von Verfahren zur Durchführung der Morgenkreise in Verbindung mit dem Qualitätsbereich „Evaluation der Entwicklungs- und Lernprozesse" durch das Team vollzog sich über einen Zeitraum von insgesamt drei Monaten. Es wurde im Rahmen der wöchentlichen Teambesprechungen ausführlich diskutiert, in welcher Form die Morgenkreise ablaufen sollen, welche Gesprächkultur verbindlich in allen Morgenkreisen entwickelt werden soll, in welchem Zeitrahmen er stattfindet usw.

> „Das hatte sich an und für sich so ergeben, wir hatten schon immer in Richtung Sprachentwicklung unseren Blickwinkel. Und das war dann für uns auch eine Möglichkeit, die Sprachentwicklung zu fördern und auch gerade Dialogfähigkeit bei den Kindern zu entwickeln und dann wurde das von allen Kollegen mal besprochen in einer Teamberatung und wir haben das so nach und nach entwickelt, was dazu eigentlich alles gehört im Gesprächskreis. Sei es jetzt die Regeln, dass wir uns in einer Kreisform zusammen finden, damit wir uns dann im Augenkontakt wieder finden können. So dass die Kollegen eben auch mit in Augenhöhe der Kinder sitzen. Das war natürlich auch so ein Faktor, wenn man so von oben herunter guckt – man schafft mehr Vertrauen, wenn man sitzt und man sieht sich dann. Dann haben wir überlegt, was machen wir, dass wir nicht gestört werden? Und da hatten wir dann ein Piktogramm entwickelt, das wird an die Tür angebracht von den Kindern selber und das wurde dann den Eltern auch übermittelt, dass sie wussten: aha, jetzt stören wir wirklich absolut nicht." (Interview Erzieherin A)

Im Rahmen einer Zielvereinbarung werden Aussagen zur Durchführung von Morgenkreisen getroffen. Das Gesamtziel lautet: Gezielte Gesprächsrunden werden zum Ritual und tragen zur Bereicherung im Kita-Alltag, zur Gruppenöffnung um zum Ausbau der Dialogfähigkeit bei. Diese Zielvereinbarung stellt als Dokument eine verbindliche Entscheidungsprämisse der Organisation dar und zwar sowohl für Handlungen der Personen als auch zur Ableitung von Konsequenzen aus der Beobachtung der Personen durch die Organisation. Diese Zielvereinbarung definiert Unterscheidungen, anhand derer die Organisation das Personal beobachten kann. Die Zielvereinbarung enthält dazu genau definierte und evaluierbare Kriterien zur Durchführung der Morgenkreise.

Die konkreten Maßnahmen zur Umsetzung des Ziels werden mit drei prozentualen Zielerreichungsstufen (60%, 80 %, 100%) in Beziehung gesetzt: Zielerreichungsstufe 1 (60%) nennt konkrete Handlungen und Rahmenbedingungen zur Durchführung der Morgenkreise: Finden eines Namens und einer geeigneten Zeit, Anfangs- und Schlussritual durchführen, Sitzkreis wird auf Augenhöhe der Kinder durchgeführt etc. Zielerreichungsstufe 2 (80 %) beinhaltet konkrete Vorgaben wie bspw. ein „Redesymbol" ist eingeführt. Diese Vorgaben werden aber um anspruchsvollere Handlungen ergänzt, deren konkrete Ausdeutung der Erzieherin und dem Erzieher in der konkreten Situation überlassen ist, z. B.: Erzieher/in fungiert als Moderator/in. Zielerreichungsstufe 3 (100 %) beinhaltet konkrete Vorgaben, anspruchsvollere Handlungen mit selbstständiger Ausformung durch Erzieherinnen und Erzieher und als besonderes Merkmal dieser Zielerreichungsstufe eine Reflexion eigenen Handelns: Erzieherinnen und Erzieher sollen die Umsetzung der Gesprächsrunden in einer Teamberatung bezüglich der Erfolge, Misserfolge und Veränderungsmöglichkeiten reflektieren, sowie entsprechende Schlussfolgerungen ableiten.

Insgesamt lässt sich eine qualitative Abstufung in diesen drei Zielerreichungsstufen feststellen. In zunehmendem Maße sollen eigeninitiativ vollzogene Handlungssequenzen adäquat ausgeführt werden. Die Organisation beschreibt in diesem Programm Bereiche, auf den sie nicht zugreifen kann, sondern nur noch als undefinierbar kennzeichnet und der Eigenverantwortlichkeit der Personen übergibt. Beispielsweise werden für die Moderation der Morgenkreise keine konkretisierenden Prämissen zur Ausgestaltung dieser Tätigkeit angeboten.

Zur Kontrolle der Umsetzung der Zielvorgaben erfolgt in der Kindertagesstätte eine sehr direkte und dichte Beobachtung der Personen in ihren optisch wahrnehmbaren, handelnden Vollzügen. Dazu werden Videoaufnahmen erstellt, und beim Morgenkreis hospitieren Kolleginnen, die die Durchführung protokollieren.

Am Beispiel dieser Zielvereinbarungen und der Kontrolle ihrer Einhaltung wird deutlich, dass die Organisation an dieser Stelle beginnt, die vagen Formulierungen des Leitbildes, z. B. in den Aussagen über die Sprachförderung von Kindern, mit konkreten Handlungsstrukturen zu unterlegen. Der Morgenkreis wird als strukturierter Ort der Sprachentwicklung in der gesamten Kindertagesstätte, einschließlich Krippe und Hort, institutionalisiert.

Die Strukturierungen beziehen sich nicht ausschließlich auf die Handlungsweisen einzelner Personen, sondern auch auf die interne Kommunikation. Beispielsweise wird in Kindertagesstätte 2 im Rahmen des Workshops „Handlungserweiterung durch Organisationsentwicklung" über Regeln zur Durchführung der Dienstberatungen diskutiert. Die Resultate des Workshops bestehen in recht einfachen Maßnahmen, wie dem Einsatz von Moderationsmethoden, der Einhaltung strikte Zeitvorgaben, der Vergabe von Zuständigkeiten und dem Erstellen eines Ergebnisprotokolls (Gruppendiskussion Kindertagesstätte 2, Oktober 2007), die jedoch einen Unterschied zur vorherigen diffusen Vorgehensweise darstellen und vom Team anschließend als effektiv bewertet werden.

In ihren Strukturen berücksichtigt die Organisation immer auch den Umgang mit Subjekten in ihrer Umwelt. Im strukturierten Moment werden diese als Personen mit kontrollierbarem Handeln abgebildet. Anhand der Abstufungen in den Zielerreichungen versucht die Organisation eine Lösung für den Umstand zu finden, dass sie nur mit Ergebnissen, also tatsächlich durchgeführten und sichtbaren Handlungen der Personen, umgehen kann. Subjektive Lern- und Entwicklungsprozesse finden weiterhin für die Organisation unbeobachtbar statt. Für diese psychischen Vorgänge ist die Organisation blind. Aus diesem Grund findet sie hier die Lösung, die Ergebnisschritte kleiner zu schneiden, um die internen Entwicklungsprozesse der Personen anhand von Meilensteinen abzuprüfen zu können. Sie erhält zwar auch dadurch keinen Zugang zu subjektinternen Prozessen, ist aber in der Lage, öfter Indikatoren für subjektive Entwicklungsprozesse beobachten zu können, um entsprechende Entscheidungen daraus abzuleiten.

Organisationsentwicklung wird hier im Wesentlichen als Reflexion der alltäglichen Praxis und daraus abgeleiteten Systematisierungen verstanden. Das Ziel ist es, die alltägliche Praxis zu professionalisieren, d. h. von Zufällen zu befreien und auf festgelegte Verfahren zu verdichten. Auf diesem Wege soll sukzessiv die Qualität erhöht werden. Entscheidend ist hierbei der Umgang mit Regeln.

Regeln

Die Organisation versucht sich in erster Linie über die Arbeit an Programmen, die als Entscheidungsprämissen fungieren, zu strukturieren und Einfluss auf das subjektive Handeln der Subjekte zu nehmen. Dazu werden Regeln erstellt, die als verbindliche Struktur die Prämissen des Organisationsprogramms in konkrete Handlungssequenzen übersetzen. Durch diese Regeln soll ein Qualitätsstandard garantieren werden. Die Auswertung des empirischen Materials machte in diesem Kontext deutlich, dass zwei Arten von Organisationsregeln unterschieden werden müssen, die im Folgenden charakterisiert werden:

1) Verbote: Hierbei handelt es sich um fehlerintolerante Vorgaben, die sich auf eindeutige Handlungsgrenzen beziehen und nahezu keinen Interpretationsspielraum zulassen. Inhalte von Verboten waren im konkreten Fall der beobachteten Kindertagesstätten in der Regel Sicherheitsaspekte.

2) Verfahrensregeln: Hiermit sind definierte Vorgehensweisen gemeint, die den Personen als stützende Strukturen zur Umsetzung komplexer Handlungsweisen dienen und dazu gewisse Rahmendaten vorgeben. Hierzu werden beispielsweise Standards zur Erstellung von Bildungsdokumentationen in der Kindertagesstätte 1 erstellt. Solche Verfahrensregeln bestehen dabei oftmals in schriftlich dokumentierter Form. „Organisationale Verfahren resisieren nicht nur als Handlungsprogramme in den Köpfen der Akteure, sie sind materialisiert in Formularen, Agendas, Anweisungen, Prüflisten, Tabellen (…) etc." (Neuberger 2000, S. 499). Solche Formen finden sich im Zuge einer zunehmenden Etablierung strukturierter Momente in vielfältiger Ausprägung. Regeln der hier dargestellten Art unterscheiden sich durch ihren kollektiven Geltungsbereich vom Ritual, wie es im Abschnitt zur diffusen Kopplung (Kapitel 6.1) für den Rahmen dieser Arbeit definiert wurde. Regeln sind per se „gesellschaftlich". Subjekte können für sich allein keine Regeln haben. „Denn eine Regel muss intersubjektiv gelten" (Habermas 1971, S. 189 f., zitiert nach: Oevermann 2001, S. 7).

Der größte Teil subjektiver Handlungen und Erfahrungen kann aber nicht durch die Organisationsstruktur angesteuert werden. Es bleibt der Organisation nur die Möglichkeit, ein Feld aufzuspannen, innerhalb dessen das Subjekt seine internen Lernprozesse eigenständig bewältigen muss. Die Organisation kann dann nur recht allgemeine und unpräzise Eckwerte abfragen, wie etwa: Wurde die Lerngeschichte in DIN A 4 angefertigt? Sind die Fotos in schwarz-weißer Bildqualität ausgedruckt worden? Die mit der Anfertigung der Lerngeschichte zusammenhängende Lern-Arbeit am Verständnis und der Haltung gegenüber dem Kind bleibt im Hoheitsbereich der Subjekte, den die Organisation mit ihrer Ausrichtung auf die Personen nicht erreichen kann. Denn hierbei handelt es sich um psychische Prozesse autonomer Subjekte. Hier stößt die Organisation bei der Beobachtung von Erzieherinnen und Erziehern auf die Grenze zwischen Person und Subjekt. Auf subjektive Lernprozesse kann sie nicht zugreifen und wäre überfordert, dies im Rahmen von Entscheidungen zu tun. Sie kann bestimmte Prozesse, z. B. das Lernen, nur der Zuständigkeit der Subjekte überlassen. Die Organisation versucht dann aber rückwirkend, diesen subjektinternen Prozess durch die Kontrolle des Outputs zu überprüfen, in kommunizierbaren Elementen abzubilden und in den eigenen Kommunikationszusammenhang einzufügen.

In diesem Sinne bleiben diffuse Momente in der Kopplung von Organisation und Subjekt immer bestehen. Der strukturierte Moment bildet jedoch gewissermaßen eine Rahmung diffuser Momente und nimmt indirekt Bezug auf dort ablaufende Prozesse.

Regeln sind für die Organisation nur dann sinnvoll, wenn dadurch eine Strukturierung der Handlungen ihrer Mitglieder erreicht wird. Um dies zu gewährleisten, bedarf es eines Mechanismus, der es ermöglicht, Handlungen zu beobachten und ggf. Personen zu sanktioniert, die ihr Handeln nicht an den Organisationsregeln ausrichten. Ein solcher Mechanismus besteht in der Durchführung von Kontrollen.

Kontrolle

Durch Kontrollen versucht die Organisation die Einhaltung ihrer Regeln zu gewährleisten und eng zu führen. Kontrollen sind in diesem Sinne die Spiegelung der Regeln und ihr logisches Gegenstück. Wie bereits ausgeführt wurde, definiert die Organisation durch Regeln ihre Bezugnahme zu ihren Mitgliedern als Personen. In einer anschließenden Kontrolle dient ihr die Regel dann als Beobachtungsschema. Für Kontrollen sind Regeln demnach eine logische Voraussetzung, denn sie können nicht ohne vorher entsprechend definierte Unterscheidungen durchgeführt werden.

Regeln selbst können jedoch formuliert werden, ohne dass eine anschließende Kontrolle notwendig wäre. Sie bleiben dann entweder folgenlos oder ihre Einhaltung wird durch die Personen selbst vorgenommen, indem sie als Prämisse des Handelns genutzt wird. Das folgende Zitat aus einer Gruppendiskussion zum Thema Regeln verdeutlicht, dass es sinnvoll sein kann, die Umsetzung von Regeln nicht allein den Personen zu überlassen, sondern auch durch die Organisation abzusichern.

„Aber wir haben ja auch gesagt, bei allen Dingen, wenn jetzt fünf dafür sind und einer nicht, muss der sich diesen Regeln auch anpassen. Und das muss auch Teamprinzip bleiben. Einer hat gesagt, bei dem „Barfussgehen" zum Beispiel, „Ich mach das nicht so", da haben wir gesagt „Du hör mal her, alle anderen haben gesagt, für sie ist es handelbar, also musst du dich auch daran halten. Du kannst das jetzt deinen Kindern nicht verbieten." Und da setzt dann die Kontrollfunktion ein und auch die Funktion der anderen Kollegen, denn das wissen alle noch, was wir da ausgehandelt haben. Dass wir das erlaubt haben, dass die Kinder barfuss über die Wiese gehen. Bloß einer wollte das nicht, dass man dem dann sagt: „Du weißte du, erinnere dich mal daran!" Aber ich denke, das ist auch so was, wo die Kollegen untereinander sich auch mal ansprechen sollten, um Regeleinhaltung zu kämpfen, wenn du das jetzt so willst. Wenn aber jeder wegguckt, weil er sich mit den anderen nicht anlegen will, weil er dann ja einen Konflikt mit dem hätte, dann ist es logisch, kann sich der Eine immer wieder drüber hinwegsetzen. Oder drei meinetwegen, bei uns sind zwanzig Leute" (Leiterin Kindertagesstätte 1, Gruppendiskussion).

Implizit wird hier auf den diffusen Moment struktureller Kopplung Bezug genommen, wenn beschrieben wird, dass Personen sich abweichend gegenüber einer Regel verhalten. Die Personalisierungstendenz des diffusen Momentes wird als Mechanismus beschrieben, der Kontrollen kontraproduktiv entgegensteht. Es wird vor einem persönlichen und nicht vor einem sachlichen Hintergrund gehandelt, wenn „jeder wegguckt, weil er sich mit dem anderen nicht anlegen will, weil er dann ja einen Konflikt mit dem hätte" (ebd.).

Im Rahmen von Kontrollen kann die Organisation Handlungsweisen identifizieren, die von vereinbarten Regeln abweichen. Je nach Organisationskultur resultieren aus solchen Beobachtungen dann Sanktionen für das Subjekt bzw. ein entsprechendes Feedback in Form von Kritik oder Lob. Eine interviewte Erzieherin beschreibt eine Episode, bei der die Einhaltung der Standards zur Durchführung von Morgenkreisen anhand von Videoaufnahmen kontrolliert wurde und eine anschließende Auswertung als Lernanlass genutzt wurde.

„Und zwar unsere Leiterin, die ist rumgegangen und hat mal Videoaufnahmen von uns gemacht. Und das sieht man sich natürlich auch ganz anders. Und da haben wir das aber zusammen in der Teamberatung besprochen und da haben wir natürlich gemerkt, da hängt es noch" (Interview Erzieherin A).

Rein funktional betrachtet, unterstützen demnach organisierte Kontrollen das Subjekt bei seiner Selbsteinschätzung und Bewertung eigener Leistungen. Wie sich der strukturierte Moment in subjektiver Perspektive darstellt, wird im folgenden Abschnitt dargestellt.

6.2.2 Subjekt

Aus der Perspektive der Erzieherinnen und Erzieher wird in der strukturierten Kopplung eine Sozialstruktur erkennbar, an der sich subjektive psychische Prozesse orientieren und Handlungsweisen ausrichten können. Die Organisation tritt als handlungsleitende Struktur in Erscheinung. Im Projektzusammenhang stellte dieser Moment struktureller Kopplung einen Aspekt dar, mit dem Erzieherinnen und Erzieher bis zu diesem Zeitpunkt nicht in einem ausgeprägten Maße umgegangen waren und der kaum Teil des beruflichen Alltags war. An die Stelle vager Vorgaben und undefinierter Freiräume treten konkretere Verfahren.

„Das ist immer jetzt, wenn wir uns unterhalten im Team, wenn Probleme sind: Guckt noch mal in das Handbuch LQK, guckt noch mal ins Leitbild. Es hat immer einen Bezugspunkt" (Interview Erzieherin D).

Wie schon in den Ausführungen zur Organisation an klang, stellten im Projekt die Praxisforschung und Beratung bzw. eine Bestandsaufnahme im Rahmen der Organisationsentwicklung wesentliche Anlässe für diese Strukturierung dar. Zur Illustration dienen das Beispiel des Morgenkreises bzw. der Teerunde, die näher betrachtet werden: Im Rahmen der Praxisforschung und der internen Bestandsaufnahme wurde erkannt, dass es keine einheitliche Vorgehensweise zur Durchführung von Morgenkreisen gibt, die für alle Gruppen der Kindertagesstätte gilt. Daraufhin wurde ein verbindlicher Standard erarbeitet. Die gesamte pädagogische Situation und das Verhalten der Erzieherinnen und Erzieher bezüglich des Morgenkreises wurden nun neben der subjektiven Bearbeitung auch organisatorisch abgebildet und strukturiert. Die Organisation wurde über diese pädagogische Situation informiert und in die Bearbeitung einbezogen.

Sachverhalte, die bisher individuell bearbeitet wurden, wurden nun gemeinsam im Team analysiert und allgemeingültige und kollektive Lösungen wurden entwickelt. Der Ansatz, die Gesprächskreise zur Sprachförderung zu nutzen, musste sich nicht mehr allein aus der individuellen und isolierten Reflexion einzelner Subjekte speisen. Durch Absprachen im Team über Verfahren und Regelungen erfolgte eine kollektive Reflexion mit dem Ziel, Eckpunkte zu entwickeln, die das Handeln strukturieren, kanalisieren und lenken können. Die Erwartungen der Organisation bezüglich der Durchführung der Morgenkreise traten dem Subjekt nun z. B. in der Form der beschriebenen Zielvereinbarungen gegenüber. Die Verbindlichkeit dieser Entscheidungen machte hier den Unterschied zu Absprachen und zur informellen Diskussionskultur im Team auf Ebene eines, durch den diffusen Moment dominierten, Kopplungsmusters aus. Erzieherinnen und Erzieher begannen, sich in Teilen als Personen der Organisation zu verstehen und reflektierten, dass die Organisation für einen Teil ihrer Handlungen eine Aufmerksamkeit hat und genau beobachtet.

Neben die üblichen konstanten Rahmenbedingungen der handelnden Erzieherinnen und Erzieher, wie kindliche Lernprozesse, zeitliche und materielle Ressourcen, etc. treten in diesem Kopplungsmoment noch die Zielvereinbarungen einschließlich einer Berücksichtigung adäquater Rahmenbedingungen. Diese Rahmenbedingungen des Handelns zur Umsetzung pädagogischer Konzepte wurden im Team thematisiert. Durch diese Bearbeitung in einem entscheidungsmächtigen Forum erlebten Erzieherinnen und Erzieher Bedingungen, mit denen sie sich bisher arrangieren mussten, als gestaltbar und veränderbar. Durch die gemeinsame Reflexion im Team konnten Aspekte angesprochen werden, die

Handlungsweisen blockierten, die eine einzelne Person aber aus ihrer vereinzelten Verfügungsmacht über relevante Bedingungen der Arbeit nicht verändern konnte. Pädagogische Konzepte wurden konkretisiert und es wurde auf angemessene Bedingungen zu ihrer Durchführung geachtet:

> „In allen Teamtreffen ist Selbstreport schreiben Thema. Über das Schreiben werden immer wieder Themen zur Bearbeitung entdeckt. [Leiterin Kindertagesstätte 3] sieht ihre Aufgabe darin, darauf zu achten, dass die Ideen auch umsetzbar sind" (Forschungstagebuch).

Der Bezugsrahmen der Reflexion wird überdies erweitert, bzw. verlagert sich. Mussten von Subjekten in einer diffus geprägtem Kopplung zur Organisation noch die operativ-strukturierende Ebene, die fachliche Ebene und die personalisierend-politische Ebene bedacht und integriert werden, setzt sich an die Stelle der letzteren die Reflexion über gestaltbare Rahmenbedingungen. Es lässt sich allgemein eine Verlagerung der Diskussion von einer personalisierenden Ebene auf eine Sachebene beobachten. Durch gemeinsame Reflexionen und koordinierte Teamhandlungen werden Subjekte autonom von äußeren Bedingungen, bzw. sie erleben eine Handlungserweiterung in dem Sinne, dass sie die Verfügung über relevante Lebensbedingungen erfahren. Am Beispiel der Morgenkreise wird dies dadurch deutlich, dass gemeinsam Piktogramme entwickelt wurden, die den Raum des Morgenkreises gegen Störungen schützte.

> „Ja! Störungen waren z. B. wenn Eltern in die Morgenkreise kamen." (Erzieherin A)

Später dann:
> „Wir haben jetzt Piktogramme und Eltern warten vor der Tür." (Erzieherin A).

Die Subjekte können sich auf diesem Niveau durch drei Formen des Handelns zur Organisation und kommunizierten Regeln in Beziehung setzen. Die drei Varianten habe ich hierbei als informiertes, uninformiertes und ignorantes Handeln benannt.

Bei der ersten Form, dem informierten Handeln, aktualisiert das Subjekt den strukturierten Moment in der Konstruktion der Kopplung zur Organisation und wird in informierter Weise handeln. Informiert soll dabei ein Handeln heißen, wenn und insofern das Subjekt die Organisation auf Prämissen bezüglich seines Handelns hin beobachtet. Wo dies möglich ist, orientieren sich die subjektive Reflexion und Handlung strikt an Vorgaben durch Regeln und Verfahren, wie sie die Organisation entwickelt und entschieden hat.

Bei der zweiten Form, dem uninformierten Handeln, lässt sich teilweise feststellen, dass diese Strukturen der Organisation und ihre Konstruktion der

Personen als weisungsgebunden Handelnde keine entsprechende Abbildung im Subjekt finden und Kopplungsmomente nicht synchron aktualisiert werden. In diesem Fall, in dem der strukturierende Moment der Organisation im Subjekt keine Entsprechung findet und in subjektiver Perspektive stattdessen ein diffuser Moment aktualisiert wird, soll von uninformiertem Handeln gesprochen werden. Organisationsprämissen, wie beispielsweise Dienstzeiten, werden dann nicht beachtet und durch bilaterale Absprachen zwischen einzelnen Kolleginnen und Kollegen ersetzt:

> „Die Kollegin gibt mir diesen Spielraum. (…) Bei ihr weiß ich, sie ist viertel acht da, aber wann ich komme, dass weiß sie nie so genau. Sie weiß aber: Die [Name] ist da, die weiß genau, wann es wichtig ist. Und wenn da eine halbe Stunde dazwischen liegt, dann ist das für sie zum Beispiel überhaupt kein Problem. Ob ich da zehn nach acht da bin oder zehn vor acht oder zehn vor halb neun – das ist für sie zum Beispiel überhaupt kein Thema. Sie weiß: Die [Name] ist auf den Punkt da, wenn es wichtig ist. Und das ist das, was mir ganz viel Entspannung macht. (…) Es ist nun mal variabel und sie gibt mir diesen Spielraum" (Interview Erzieherin C).

Hier ist zu erkennen, dass das Problem der doppelten Kontingenz und die Abstimmung aufeinander bezogenen Handelns innerhalb der Organisation in der Interaktion zwischen Subjekten bearbeitet wird und die Befolgung von Organisationsprämissen wie den Dienstzeiten erfolgt in individualisierter Auslegung. Im aufgeführten Beispiel ist die Organisation in der subjektiven Perspektive der Erzieherin nicht relevant und die Kopplung zur Organisation ist als diffus zu bezeichnen. Funktionen der Entscheidung sind der Kollegin als Subjekt übertragen. Die Kollegin wird als Instanz angesehen, deren Einschätzung einer Handlung als problematisch oder nicht problematisch relevant ist und die damit auch für die Rahmenbedingungen beruflichen Handelns zuständig ist.

Dies ist ein diffuser Moment, der eine synchrone, strukturierte Kopplung zwischen Organisation und Subjekt unterwandert. Die personalisierende Perspektive des diffusen Momentes wird subjektiv noch mitgeführt und verhindert den Anschluss an die strukturiert konstruierte Kopplung der Organisation.

Ignorantes Handeln

Eine dritte Form subjektiven Handelns soll, im Hinblick auf den strukturierten Moment in der Kopplung von Subjekt und Organisation, als ignorantes Handeln bezeichnet werden.

Ignorant soll ein Handeln insofern heißen, als dass das Subjekt um Handlungsprämissen seitens der Organisation weiß und sich in einer konkreten Situation auch an diese erinnert, sich aber nicht daran orientiert und diese Vorgaben nicht einlöst. Dies wird im Folgenden belegt mit dem Beispiel individueller Auslegungen von Vorgaben bezogen auf die Kommunikation mit Eltern:

„Wir dürfen Kindern keine Medikamente geben ohne ärztliche Attests. Heute hat dann eine Mutter mit mir diskutiert, ich soll dem Kind mittags die Medikamente geben. Und da habe ich gesagt, dass ich das nicht kann, weil wir das nicht dürfen ohne ärztliches Attest. Und da hat sie eben gesagt, dass die eine Kollegin das eben auch schon mal gemacht hätte. Das sind Dinge eben, da haben wir schon hundertmal drüber gesprochen im Team. Und – es wird eben trotzdem gemacht, ne. (…) Man denkt vielleicht, na ja, das kann ich vielleicht einmal machen. Da passiert schon nichts, wenn ich das Medikament gebe. Und es ist ja auch nicht auffällig, also das sieht ja das Team nicht, ne. Also, das kriegt es ja eigentlich nicht mit" (Erzieher F, Gruppendiskussion).

„Diese Absprachen mit Eltern sind auf zwischenmenschlicher Basis. Da bestehen vielleicht eher Unsicherheiten" (Erzieherin D, in derselben Gruppendiskussion).

Ignorantes Handeln unterscheidet sich zum uninformierten Handeln eines diffusen Kopplungsmomentes durch eine bewusste subjektive Entscheidung gegen Regeln. Im Rahmen eine Gruppendiskussion wird dieses subjektinterne Abwägen zu Ungunsten der Regeleinhaltung von einem Erzieher geschildert:

„Also, man gleicht ja jede Regel mit seinen eigenen Werten ab – jeder. Und gewisse Regeln halte ich ein, weil ich damit leben kann und wenn ich eine Regel habe, die mir absolut widerspricht, dann ist es einfach menschlich, versucht man sie zu umgehen." (Erzieher E, Gruppendiskussion)

Als in einem vorherigen Abschnitt dieses Kapitels zur strukturierten Kopplung auf die Funktion von Kontrollen eingegangen wurde, wurde deutlich, dass Regeln und Verfahren eine Folie bieten, anhand derer subjektive Handlungsweisen beobachtet werden können. Diese Beobachtungen bzw. ein darauf folgendes Feedback können u. a. als Anlass für einen anschließenden Lernprozess dienen. Dieser Aspekt soll im Folgenden noch genauer betrachtet werden.

Subjektive Handlungserweiterungen gemäß vereinbarter Verfahren

In einem struktur-dominierten Kopplungsmuster des Subjektes zur Organisation lässt sich beobachten, dass eine erste Form der Handlungserweiterung möglich ist. Diese Handlungserweiterung bezieht sich auf Handlungsweisen gemäß der vereinbarten Verfahren. Gemeint ist hiermit, dass es Erzieherinnen und Erzie-

hern möglich wird, anhand der Abarbeitung bestimmter formalisierter und strukturierter Handlungssequenzen ein komplexes pädagogisches Vorgehen zu realisieren, etwa in der Umsetzung der teamintern vereinbarten Standards zur Erstellung von Lerngeschichten[22]. Dieses Handeln, das in seiner Logik der Befolgung
eines Kochrezeptes gleicht, setzt noch nicht voraus, dass in der subjektiven Perspektive nachvollzogen wurde, welchen Sinn bestimmte Vorgaben und Hand-
lungsschritte haben. Eine Lerngeschichte kann dann in ausreichender Qualität
erstellt werden, ohne den theoretischen Überbau durchdrungen zu haben. Durch
die schrittweise Bewältigung von Handlungssequenzen wird der Prozess hinreichend strukturiert, sodass er annähernd das gewünschte Ergebnis zeitigt.

Weil dieses informierte Handeln in der Befolgung von Verfahren auch vor
dem Hintergrund von erwartbaren Kontrollen ausgeführt wird, also die Handlungserweiterungen auch in dem Sinne erfolgen, dass negative Konsequenzen
vermieden werden sollen, muss hier von defensiven Lernprozessen gesprochen
werden (vgl. Holzkamp 1995, S. 193).

Im Rahmen der Analyse des empirischen Materials wurde deutlich, dass in
den Interviews über Phänomene, die mit den Kategorien „Verfahren" und „informiertes Handeln" kodiert wurden, oft gemeinsam berichtet wurde. Gemäß der
Aussagen der Interviewten musste demnach davon ausgegangen werden, dass
Verfahren in der Regel tatsächlich informiertes Handeln nach sich ziehen. Argyris weist jedoch darauf hin, dass eine Differenz zwischen vertretender und hand-
lungsleitender Theorie (espoused theories / theories in use) bestehen kann (Argyris 1997, S. 58 f.). D. h. es kann ein Unterschied zwischen der subjektiven Aussage über eine Handlungsweise und der tatsächlichen Handlung bestehen. Im
Zuge der Datenauswertung war deshalb von Interesse, ob in der Empirie ein
Unterschied zwischen offiziellen Verfahren und ihrer praktischen Umsetzung
bestand. Um diese Frage zu klären, wurde eine Beobachtung während eines
Morgenkreises durchgeführt und dabei eine Filmaufnahme angefertigt. Dieser
Film wurde anschließend in Zusammenarbeit mit einem Forschungskolleg biele-
felder Promotionsstudenten ausgewertet. Die Analyse ergab, dass sich die beo-
bachtete Erzieherin strikt an die Vorgaben des Verfahrens gehalten und somit in
diesem speziellen Falle keine relevante Differenz zwischen vertretender Theorie
(Verfahren) und praktischem Handeln festzustellen war.

Jenseits der Befolgung verbindlicher Verfahren, unterscheiden sich diffuse
und strukturierte Kopplung bezüglich der beobachtbaren Reflexionsprozesse.
Diese werden im Folgenden als Konsequenzen der strukturierten Kopplung dargelegt.

---

22 Gekürztes Beispiel eines solchen Standards aus einer der Kindertagesstätten: DIN A 4-Blätter
verwenden, schwarz-weiß-Fotos anfertigen, maximal zehn Fotos auswählen, maximal zwei kommen-
tierende Sätze zu jedem Foto schreiben, keine Wertungen bezügl. Kindlichen Handelns, etc.

6.2.3 Einflussfaktoren und Konsequenzen

Die Reflexionsleistungen im diffusen Moment erfolgen schwerpunktmäßig subjektintern und entkoppelt vom Organisationssystem. Auch nach einer Transformation in kommunikative Formen z. B. als „Zwischen-Tür-und-Angel-Gespräch" zwischen Kolleginnen und Kollegen bleiben sie für die Organisation diffus, da sich diese kommunikationsförmigen Reflexionen in Interaktionen ohne Entscheidungsmacht für kollektiv-verbindliche Verfahren abspielen.

Durch den strukturierten Moment treten neben diese Reflexionsleistung des Subjekts Reflexionsprozesse des Organisationssystems. Die Resultate in Form von Entscheidungen wirken komplexitäts- und unsicherheitsreduzierend bezüglich der Vorgehensweisen in pädagogischen Handlungsfeldern. Des Weiteren ergänzen sie nicht nur die subjektinternen Reflexionen der Erzieherinnen und Erzieher, sondern determinieren diese auch, indem sie mit einer Einschränkung denkbarer Möglichkeiten einhergehen. Doch anders als bei individuellen Reflexionen des Subjekts im diffusen Kopplungsmoment, müssen jetzt bei subjektiven Überlegungen auch die, z. B. in Teamsitzungen erläuterten, Reflexionen anderer Teammitglieder berücksichtigt werden. Die Entscheidung über Handlungsweisen geht also zum Teil vom Subjekt auf die Organisation über.

Inhaltlich beziehen sich die Reflexionen in diesem Kopplungsmoment auf Regeln und Verfahren. Sie haben einen normativen Charakter, der auf die Art und Weise der Ausführung von Handlungen bezogen ist. Subjektiv-emotionale Komponenten, die im diffusen Moment auch unreflektiert handlungsleitend wirken können, werden in diesem Moment indirekt in Verfahren aufgehoben. In diesem Kopplungsmuster stellt die Organisation eine Vielzahl von Komplexitätsreduktionen zur Verfügung, anhand derer im Idealfall Personen Handlungen reproduzieren, die die Organisation durch ihre kommunikativ entschiedenen Prämissen in dieser Weise vorgegeben hat. Subjekte handeln dann so, wie es die Organisation erwartet und antizipiert hat. Gemäß den Intentionen einer funktionierenden strukturierten Kopplung lassen sich im Handeln der Personen Redundanzen feststellen. Handlungen können nur anhand des Schemas konform vs. abweichend beobachtet werden. Legitime Abweichungen sind in dieser Beobachtungsform nicht möglich. Es werden für die Organisation dabei keine Informationen produziert, da es keine überraschenden Unterschiede gibt. Ohne Informationen kann die Organisation dann aber auch nicht aus der Beobachtung der handelnden Personen lernen.

Der Wechsel vom diffusen zum strukturierten Moment hat nicht allein Auswirkungen auf subjektive und organisationale Prozesse, sondern auch auf andere Systeme. Dies wird an dieser Stelle erwähnt, weil es eine relevante Veränderung in den Bedingungen, unter denen Erzieherinnen und Erzieher bzw. die Organisation Kindertagesstätte operieren, mit sich bringt.

Nicht nur die im Fokus dieser Arbeit stehenden Erzieherinnen und Erzieher verändern ihr Handeln und Denken. Auch Kinder und Eltern sind mit der sich neu strukturierenden Kindertagesstätte konfrontiert und entwickeln in Auseinandersetzung mit ihr neue Handlungsweisen. Die Wechselwirkung mit dem Sprachverhalten der Kinder wurde bereits im Kapitel Nr. 6.1 zum diffusen Moment und zur Erläuterung des Rituals beschrieben. Von der Erzieherin A wird darüber hinaus berichtet, dass Eltern vor der Tür warten und Kinder sind selbst um die Rahmenbedingungen der Morgenkreise kümmern, Gesprächskreise einfordern und selbsttätig deren Ablauf an jüngere Kinder vermitteln. Dies alles stellt in nicht unerheblichem Maße veränderte Bedingungen für die Handlungsweisen der Erzieherinnen und Erzieher dar.

Umgang mit Anforderungen an pädagogische Professionalität und die Bildungsorganisation Kindertagesstätte

Im strukturierten Kopplungsmoment von Subjekt und Organisation werden Lernschleifen aus der konkreten Situation ausgelagert, in den Kommunikationszusammenhang der Organisation übertragen, dort in einer Art Laborsituation komplexitäts- und unsicherheitsreduzierend bearbeitet und als Regeln oder Verfahren an die Subjekte zurückgegeben. In dieser Situation organisierter Reflexion können komplexere Reflexionen vollzogen werden, als dies in der zeitlich angespannten Situation in der Kindergruppe von einzelnen Erzieherinnen und Erziehern zu leisten ist.

> „Und dann zu sagen: Na ja, wie kann man bestimmte Sachen anders machen? Wie kommt man aus dieser Unstrukturiertheit heraus? Um dann zu sagen: Ja, so und so und so. Die und die Ziele haben wir und an den und den Sachen müssen wir arbeiten in dem und dem Zeitraum" (Interview Erzieherin D).

Die Lernstrategie besteht hier, im Gegensatz zur individualisierten Strategie der entkoppelten Reflexionen im diffusen Moment, darin, die Komplexität alltäglicher Situationen in der Kindertagesstätte bzw. kindlicher Bildungsprozesse und darauf ausgerichteter pädagogischer Handlung im Team zu diskutieren und rational im Detail zu verstehen. Auch die Resultate bestehen nicht mehr in zufälligen und aus dem Gefühl heraus entwickelten Ritualen. An die kollektive Reflexion schließt eine verbindliche Komplexitätsreduktion an, die sich in Regeln, Verfahren und Strukturen äußert. Die einzelne Erzieherin oder der einzelne Erzieher muss dann nicht mehr die gesamte Komplexität von Situation und Handlung verstehen, sondern eine einfache Regelbefolgung ist ausreichend.

Auf diese Weise werden die diversen Erfahrungen der Subjekte und mitunter auch ihre Antizipationen der Organisation als Information zur Verfügung gestellt und somit subjektive Lerntätigkeit um die kollektive Reflexion ergänzt. Die Organisation wird von den Subjekten als ausgelagerte Reflexionsinstanz genutzt.

Erzieherinnen und Erzieher erhalten einen externen Input, auf das sich ihr Handeln stützen kann. Subjektive Lernprozesse werden um den Faktor der Organisation erweitert. Es erfolgt daher auf dieser Kopplungsstufe zunächst eine subjektive Handlungserweiterung gemäß organisierter Strukturierungen. Organisierte Reflexionsprozesse gehen mit einer Einschränkung der je subjektiven Freiheitsgrade der Reflexion einher. Im Organisationszusammenhang muss die individuelle Reflexion diejenige der anderen Teammitglieder berücksichtigen. Für die Subjekte ist hier wichtig, dass sie durch allgemeine kollektive Regeln von einem Teil ihrer inneren psychischen Prozesse, wie dem Erfinden und Weiterentwickeln von Vorgehensweisen und dem Umgang mit dem Zweifel an diesen Vorgehensweisen, befreit werden. Die noch im diffus geprägten Muster bezeichneten Belastungen im Berufsalltag werden durch ihre Konkretisierung in überschaubaren Verfahren zu Herausforderungen, die gegebenenfalls eine große Leistung erfordern, die aber als machbar und vor allem begrenzt angesehen werden.

„Das macht auch das Stück Entspannung dann für mich zum Beispiel aus, indem ich sage, dass ich jetzt wieder in der Lage bin zu trennen: Ist es meine Baustelle oder ist es nicht meine Baustelle" (Interview Erzieherin C)?

Dies liegt darin begründet, dass Anforderungen an die Realität des Arbeitsalltags und den von der Organisation zur Verfügung gestellten Ressourcen angepasst wurden. Im Team wurde dann beispielsweise besprochen, wie viele Lerngeschichten realistisch leistbar sind.

Durch die Strukturierung in Form von verbindlich entschiedenen Verfahren erlangen die Subjekte Sicherheit für ihr Handeln. Mehrfach wurde in Gesprächen das so gesteigerte Selbstbewusstsein der Erzieherinnen und Erzieher angesprochen und betont:

„Regeln geben ja erstmal Sicherheit in der Handlung. Wenn ich draußen im Garten mich Kindern gegenüber verhalten muss: Wo muss ich einschreiten, wo nicht. Macht mich das sicherer in meinem Handeln. Das wiederum gibt auch wieder Sicherheit, Eltern gegenüber zu treten. Wenn die fragen: Warum machen Sie denn da jetzt nichts? Oder so was kann ja mal kommen. Wir haben da Regeln, haben für uns beschlossen, das gehört zur Freiheit der Kinder dazu, zu unserem Leitbild, das ist für uns o. k. (...) Also Regeln allgemein geben für den, der sie anwendet, wenn die Regel Sinn macht, Sicherheit im Handeln. Das wiederum ist immer eine Qualität. Egal, ob es um die Gartenregel geht oder um die Lerngeschichte. Und das wiederum hat immer eine Auswirkung auf die Eltern, wie ich ihnen gegenübertrete. Weil ich einfach im Rücken hab: Wir machen das alle so. Das ist unser Ding und so komm ich auch nicht in die Rechtfertigungsposition" (Erzieher E, Gruppendiskussion).

Die Fähigkeit, sich auf offene Situationen und die nicht steuerbaren Bildungsprozesse der Kinder einzustellen, kann durch Strukturierung befördert werden. Der Ansatzpunkt hierfür ist dann nicht die Weiterbildung und Entwicklung der Professionalität von Erzieherinnen und Erziehern. Das Einlassen auf komplexe, chaotische und offene Situationen gelingt umso besser, je mehr Organisationsstrukturen stabil und verlässlich sind und der Erzieherin und dem Erzieher vorgeben und anzeigen, in welche Strukturen die jeweilige offene Situation eingebunden ist, also wie die offene pädagogische Situation organisatorisch gerahmt ist. Subjektiv ist dann klar, wo und wie die Offenheit in Verlässlichkeit der Organisation überführt und angedockt werden kann. Wenn komplexe und offene Situationen gehandhabt werden müssen, muss es auf der anderen Seite eine verbindliche Struktur der Organisation geben, z. B. Teambesprechungen, durch die Komplexität reduziert wird und verbindliche Entscheidungen über den Umgang mit offenen Situation gefällt werden. Die Komplexität der pädagogischen Situation wird, durch die Organisation bearbeitet, in ihrer Komplexität reduziert und bereitet somit für subjektive Vollzüge eine handhabbare komplexitätsreduzierte Situation vor.

Durch diese Entlastungsfunktion der verbindlichen Verfahren werden subjektive Kapazitäten frei, die dann anders genutzt werden können. So kann es dazu kommen, dass sich die Aufmerksamkeitspunkte der Erzieherinnen und Erzieher verändern und differenzieren. In der Kindertagesstätte 1 spielt Sprachförderung eine prominente Rolle. Dies steht im Leitbild und ist den einzelnen Erzieherinnen und Erziehern auch bewusst. Durch die Einführung und Befolgung eines verbindlichen Verfahrens zur Durchführung von Morgenkreisen fällt ihnen auf, dass es den Kindern schwer fällt, sich an die vergangene Woche zu erinnern. Dies ist eine professionelle pädagogische Beobachtung, die wahrscheinlich ohne die Struktur der Morgenkreise weniger leicht und präzise gemacht worden wäre. Es erfolgt hier eine Handlungserweiterung im Sinne der

Differenzierung subjektiver Reflexionen. Zum einen differenzieren sich die Gesprächskreise nach innen, indem weitere, den Lernprozess der Kinder fördernde Faktoren eingebunden werden. Zum anderen entwickeln sich die Erzieherinnen und Erzieher fachlich weiter, indem sie in konkreten Situationen Erkenntnisse über Kinder und deren Lernprozesse gewinnen. Eine solche Erkenntnis kann nun im strukturierten Moment auch an andere Erzieherinnen und Erzieher außerhalb der eigenen Gruppe weitergegeben werden.

Neben die individuelle Erfahrung der Erziehenden, die in einem diffus-dominierten Kopplungsmoment auf die Handlungsweisen einwirkten, tritt nun eine kollektiv geteilte Erfahrung. Durch die verbindlichen und einheitlichen Verfahren, an denen sich im strukturierten Moment Erzieherinnen und Erzieher im Handeln und Reflektieren orientieren, machen sie nahezu einheitliche Erfahrungen und gewinnen auf diesem Wege eine gemeinsame Basis für sachliche Diskussionen über Verfahren, die allen Erzieherinnen und Erziehern bekannt sind.

„Wir haben das mehrfach besprochen und haben dann auch alles so zusammen getragen und jeder hatte eine andere gute Idee. Und dann haben wir aber gesagt, wir müssten alle das Gleiche machen. Es passiert ja doch mal, dass eine andere Erzieherin in der Gruppe ist oder Kinder in der anderen Gruppe. Also für uns war das dann wichtig, dass wir alle das Gleiche dann machen" (Erzieherin A).

Personalisierende Zuschreibungen und ein potentielles Unverständnis für Handlungsweisen von Kolleginnen und Kollegen aufgrund einer Unkenntnis der zugrunde liegenden Beweggründe, werden reduziert.

An dieser Stelle sei schon vorgemerkt: Professionalisierung kann sich heute nicht mehr nur auf dieser Ebene einer strukturierenden Kopplung vollziehen, bei dem das pädagogische Handeln gemäß Verfahren gelernt wird. Vielmehr ist es notwendig, dass diese Verfahren und der Umgang mit ihnen ab einem gewissen Punkt selbstverständlich werden, sodass sich die Aufmerksamkeit der Praktikerinnen und Praktiker auf andere Dinge richten kann. Die Organisation schafft in dem Moment, indem sie die psychischen Systeme in ihrer Umwelt mit Komplexitätsreduktion versorgt, eine wichtige Voraussetzung für ihr eigenes Lernen.

Der strukturierte Moment als dominierendes Kopplungsmuster ist durch eine Reduktion des subjektiven Faktors und durch Personalisierungen geprägt. Struktur- und Sachbezüge bilden den zentralen Bezugspunkt. Jedoch darf der subjektive Faktor als Ressource nicht verloren gehen. Gerade im Bereich der Frühpädagogik müssen Erzieherinnen und Erzieher als Menschen mit Begeisterung, Empathie, Charisma, Affekten usw. anwesend sein, um eine gute Beziehung zu den Kindern aufzubauen und um ein Gespür für die Themen der Kinder zu haben und diese dann ggf. auch für längere Projekte zu begeistern. In Elterngesprächen kann nur ein einfühlsamer Mensch kompetenter und angenehmer Gesprächspartner sein. Diese Fähigkeit und diese Handlungen lassen sich nicht in Programmen der Organisation abbilden. Hier muss die Kopplung von Organisation und Subjekt diffus bleiben. Um die Beziehungsqualität zu realisieren, ist der gesamte Mensch gefordert. Beziehung in der pädagogischen Interaktion lässt sich nicht schematisieren.

6.2.4 Allgemeines Muster

Im Gegensatz zum diffus-dominierten Kopplungsmuster zeigt sich in der strukturierten Kopplung ein gänzlich anderes Bild in Hinsicht auf den Organisations- und Personenbezug. Die Organisation ist eine verbindliche und sehr präsente Struktur, die von den Subjekten wahrgenommen wird und ihrerseits in ihren Strukturen auf die Subjekte Bezug nimmt.

Entscheidungen sind in ihrem Differenzierungsgrad genau gefasst, mit hoher Verbindlichkeit versehen und beanspruchen einen kollektiven Geltungsbereich. Die Einhaltung von Regeln und Verfahrensabläufen wird oft und intensiv kontrolliert. Die Fehlertoleranz ist niedrig – eine exakte Einhaltung von Absprachen wird erwartet. Kontrollen finden lang anhaltend und verbreitet in der gesamten Organisation statt. Die Intensität des Zugriffs auf die Personen ist genau wie im diffusen Kopplungsmoment hoch. Allerdings ist er in Bezug auf Umfang und Dauer begrenzt, da er sich allein auf im Vorfeld klar definierte, sachliche Bereiche bezieht. So herrscht dann insgesamt eine sachliche Atmosphäre vor. Die Leistungserwartung in Bezug auf fachliche Dinge ist vom Anspruch her hoch, im Gegensatz zum diffusen Niveau jedoch konkret formuliert. Die Verantwortung der Personen für ihr Handeln ist hoch, allerdings vom Umfang begrenzt, da auf die eben erwähnten Sachverhalte bezogen.

Kategorie	Eigenschaften	dimensionale Ausprägung	Muster
Entscheidungen	Komplexitätsreduktion/ Unsicherheitsabsorption Differenzierungsgrad Verbindlichkeit Geltungsbereich	niedrig-----------**hoch** vage-------------**genau** niedrig-----------**hoch** Individuell--**kollektiv**	Verfahren
Kontrolle	Häufigkeit Intensität Fehlertoleranz Ausmaß Dauer	**oft**-------------------nie **hoch**-----------niedrig **niedrig**------------hoch vereinzelt---**verbreitet** kurz---------------**lang**	Kontrolle von Handeln
Inklusion	Umfang Intensität Dauer Atmosphäre	**begrenzt**---umfassend niedrig------------**hoch** **begrenzt**---andauernd **sachlich**----emotional	Person
Handeln	Entscheidungsbezug Erfahrungsgewinnung Leistungserwartung	---------**folgsam**-------- individuell---**kollektiv** vage-----------**konkret**	informiertes Handeln
Verantwortung	Grad Umfang Träger	niedrig-----------**hoch** **begrenzt**---umfassend Person-----------**Team**	kollektiver Zusammen halt
Anforderung (Umwelt)	Intensität Ausmaß	niedrig-----------**hoch** **punktuell**--umfassend	Herausforderung

Tabelle 7: Matrix zur strukturierten Kopplung

179

6.2.5 Die Kopplung der Kopplung

Subjekt und Organisation sind für sich genommen autonome Einheiten. Dennoch lässt sich feststellen, dass von einer Veränderung des internen Zuschnitts der strukturellen Kopplung zum jeweils Anderen eine ausreichend große Irritation ausgeht, sodass in diesem dann ebenfalls eine Veränderung in der Konstruktion der Kopplung angestoßen werden kann. Es geht an den Subjekten nicht spurlos vorbei, wenn die Organisation anhand der Form „Person" ihren Zugriff auf sie verändert.

Durch Regeln bietet die Organisation den Personen Prämissen zur Komplexitätsreduktion und somit zur handelnden Bewältigung der pädagogischen Aufgabe an. Durch Kontrollen zur Einhaltung dieser Regeln wird aus dem Angebot ein Gebot – Kontrollen führen zu einer synchronisierten und strukturierten Kopplung zwischen Organisation und Subjekt und machen letztlich den Unterschied zwischen einem diffus-dominierten und einem struktur-dominierten Kopplungsmuster aus. Durch das Befolgen einer Regel wird das Subjekt für die Organisation erst als Person konstruiert.

> „Du brauchst die Regel gar nicht aufstellen, wenn Du sie nicht kontrollierst." (Leiterin Kindertagesstätte 1, Gruppendiskussion)

Die Tatsache, dass die Organisation ihren Zuschnitt der Subjekte als kontrollierbar handelnde Personen vollzieht, führt dazu, dass auch das subjekt-interne Bild der Organisation den Moment der Strukturierung in den Vordergrund rücken muss. Die Einlösung organisierter Vorgaben verbleibt nicht in der Abwägung der einzelnen Person, sondern wird durch die Leitung oder Kolleginnen und Kollegen kontrolliert. Auf diese Weise wird abweichendes Verhalten minimiert bzw. ggf. sanktioniert.

Ein weiterer Faktor, der neben Kontrollen diesen strukturierenden Moment in der strukturellen Kopplung stabilisiert, ist das subjektive Sicherheitsgefühl. Dieser Faktor resultiert aus der Erfahrung im Umgang mit bestimmten handlungsleitenden Prämissen und deren positiver Bewertung. Es gibt bestimmte Regelungen, deren Befolgung stets zu befriedigenden Ergebnissen führte. Aus dieser subjektiven Sichtweise heraus gibt es dann keinen Grund, Handlungen zu verändern.

Es ist möglich, Regeln und Standards zu befolgen, ohne die dahinter liegende pädagogische Theorie und den Paradigmenwechsel des Diskurses subjektiv nachvollzogen zu haben. In diesem Falle wird es aber in der Ausübung immer wieder zu Konflikten kommen, da die externen Organisationsregeln und das subjekt-interne Wertegefüge in Widerspruch zueinander treten können. In den meisten Fällen wird dieser Konflikt dann zugunsten des eigenen Wertegefüges entschieden, zumal ein solch informiertes Abweichen in der pädagogischen Professionalität ohnehin legitim ist und belastende Situationen, wie Konflikte mit Eltern, wenig Zeit, mangelndes Personal, etc. eine Regression in alte Handlungsmuster begünstigen. In diesen Fällen wird dann nicht mehr gemäß einer vereinbarten Vorgehensweise sondern subjektiv-willkürlich gehandelt. Ein solches Abweichen von vereinbarten Regeln wurde des Öfteren geschildert.

„Es wird eingehalten am Anfang und dann gerät das wieder in den Hintergrund" (Erzieher F, Gruppendiskussion).

Gerade in der Auseinandersetzung mit Eltern kann pädagogisches Handeln nur schwerlich legitimiert und fundiert begründet werden, wenn es lediglich das Resultat einer Pflichterfüllung ist, ohne dass eine eigene Reflexion den intellektuellen Unterbau dazu liefert. Kommt dann hinzu, dass Eltern offensiv ein anderes Bildungsverständnis vertreten, welches in Grundzügen eventuell sogar mit dem „eigentlichen" Handeln-Wollen der Erzieherinnen und Erzieher übereinstimmt, werden Regeln der Organisation nicht mehr beachtet. Subjektiv kann dann durch ignorantes oder uninformiertes Handeln von einer Synchronität zum strukturierten Moment der Organisation abgewichen und ein diffuser Moment aktualisiert werden.

Das Leitungsteam einer Kindertagesstätte (Gruppendiskussion Kindertagesstätte 2, Mai 2008) schildert den entgegen gesetzten Fall, bei dem der strukturierte Moment informierten Handelns der Personen nicht mit einem entsprechenden strukturierten Moment in der Organisation beantwortet wird. Dieser Fall trat ein, weil der Träger der Kindertagesstätten als oberste organisatorische Instanz in Konfliktsituationen, vor allem mit Eltern, nicht immer zu Konzepten und Regelungen der einzelnen Kindertagesstätte stand. Aus der Erfahrung der Kindertagesstätte, die im Nachhinein von den anderen Kindertagesstätten bestätigt wurde, wenden sich Eltern an den Träger, wenn sie mit Regelungen in einer Kindertagesstätte nicht einverstanden sind. Im Regelfall wird den Eltern dann Recht gegeben, was darauf zurückzuführen ist, dass der Träger nicht die Regelungen und Verfahren in den Kindertagesstätten verteidigt[23].

Aus einer solchen fehlenden Rückendeckung entstehen Ängste der Erzieherinnen und Erzieher, dass Unannehmlichkeiten und eventuelle Rügen des Trägers folgen, wenn sie sich an Verfahren halten, sich nicht kompromissbereit gegenüber Eltern verhalten und sich diese beim Träger beschweren. Die fehlende Rückendeckung bei Entscheidungen macht es Erzieherinnen und Erziehern

---

23 Die Beschreibung dieses Praxisproblems wurde ebenfalls mit Vertretern des Trägers diskutiert und bestätigt.

schwer, ihr Handeln konsequent an Verfahren auszurichten. Dies führt dazu, dass diffuse Momente provoziert werden.

Generell steht der Stabilisierung des strukturierten Moments die Tendenz zur Personalisierung entgegen. Alltagsweltlich werden Handlungen Individuen zugerechnet, obwohl die Handlung in erheblichem Maße auch von situatiationsspezifischen und sozialen Faktoren beeinflusst ist (vgl.: Luhmann 1984, S. 229). Ein realer Mensch ist offensichtlich stets konkreter als ein abstraktes Sozialsystem. Die jeweiligen Personen, der eigene Körper mit seinen Gefühlen und die anderen Menschen als sichtbare Körper sind faktisch-sinnlich beeindruckend und viel stärker präsent als die unsichtbare kommunikative Sozialstruktur „Organisation". Deshalb ist die Tendenz zur Personalisierung immer vorhanden und dann in Stresssituationen oftmals nahe liegender als der Bezug zu einem abstrakten Konzept.

Dies kann zu einer (Re-)Stabilisierung auf Ebene des diffusen Momentes führen. Begünstigt wird dies durch die zwei Faktoren „Unzufriedenheit mit Personen" in Verbindung mit „mangelndem Organisationsverständnis". Sie sind überall dort zu finden, wo Handlungsweisen nicht mit allgemeinen Regeln in Verbindung gebracht werden können und auf Dissens stoßen.

Aber nicht nur Dissens sondern auch Konsens kann Personalisierungstendenzen fördern, wie in der empirischen Erhebung deutlich zum Ausdruck kam. Vielfach wurde in Gruppendiskussionen, Interviews und Beratungsgesprächen betont, dass Verfahren durch den Konsens aller Mitarbeitenden unterstützt werden. Gemäß den Ergebnissen dieser Studie erscheint es sicherlich hilfreich, wenn Verfahren befürwortet werden. Aber in einer starken Betonung von Konsens liegt eine personalisierende Tendenz, da sie intersubjektive Prozesse und Entscheidungen wieder mit intrasubjektiven Prozessen in Verbindung bringt und damit nahe legt, dass diese je nach Zustimmung oder Ablehnung nochmals individuell entschieden werden.

Wichtig für den Prozess der Handlungserweiterung gemäß neuer Regelungen ist die Art des Feedbacks, das Personen daraufhin erhalten. Aus der Lernpsychologie weiß man, dass positives Feedback auf Handlungsweisen deren Stabilisierung befördert. In Interviews und Gruppendiskussionen wurde jedoch deutlich, dass die Realität von Erzieherinnen und Erziehern durch negatives Feedback geprägt ist. Oftmals sind sie mit Eltern konfrontiert, die anderer Meinung sind und gerade neue Handlungsweisen kritisieren, deren Ausführung bei den Erzieherinnen und Erziehern noch nicht fest etabliert ist.

Auch wenn organisationsintern und für Erzieherinnen und Erzieher subjektiv diffuse Momente abgebaut und durch eine strukturierte Kopplungsebene ersetzt wurden, kann es sein, dass personalisierende Impulse aus der Umwelt an das System Kindertagesstätte herangetragen werden. Eltern interessieren sich gemäß Berichten aus der Praxis nicht für interne und organisierte Abläufe der Kindertagesstätte. In der Regel äußern sie Unmut über Handlungsweisen von Erzieherinnen und Erziehern in personalisierender Weise im Vier-Augen-Gespräch. Es kann sein, dass Personen unter diesem Druck das personalisierende Muster übernehmen und die strukturierten Momente nicht aufrechterhalten. Obwohl Handlungsweisen, die den Unmut der Eltern provozierten, auf Verfahren beruhen, wird die Kritik an der eigenen Person dann auch als solche verstanden. Dem entgegen wirken kann nur ein subjektives Wissen um Organisationsstrukturen, die es ermöglichen, personalisierende Tendenzen aus der Umwelt aufzufangen und z. B. Kritik an die Organisation als Adressaten weiterzuleiten. Zum einen ist das Subjekt dadurch von subjektiv bedrückenden Gefühlen befreit, zum anderen kann die kritisierte Handlungsweise im Rahmen organisierter Strukturen bearbeitet und ggf. angepasst werden.

Wie schnell der strukturierte Momente in der Kopplung von Subjekt und Organisation in subjektiver Perspektive zugunsten eines diffusen Momentes aufgegeben wird, zeigte sich im Rahmen eines Workshops, der im Folgenden als Exkurs beschrieben wird.

Exkurs: Weiterbildungsreflex

Gegenstand eines Workshops in einer der Kindertagesstätten waren die konkreten Handlungsblockaden, über die die Teilnehmenden im Kontext der Einführung und Umsetzung des Konzeptes der Lerngeschichten berichteten. Ausgehend von einem speziell entwickelten Planspiel wurden Merkmale einer guten Organisation erarbeitet. Die Mitarbeitenden hatten zuvor in ihren Rollen erlebt, dass die Strukturen einer Organisation ausschlaggebend dafür sind, ob es möglich ist, bestimmte Arbeitsanforderungen zu leisten oder nicht.

Nach dem Planspiel und der darauf folgenden Reflexion waren die Erzieherinnen und Erzieher in der Lage, intersubjektive Ansatzpunkte zu benennen, die einen Einfluss auf Handlungsmöglichkeiten haben. Das Team benannte Ansatzpunkte im Bereich der Organisation, wie eine strukturierte Aufgabenstellung, angemessene Kommunikationswege, klare Zuständigkeiten, gemeinsame Absprachen, eine Erfolgskontrolle usw. Methodisch angeleitet durch die Beratung, trafen sie differenzierte Aussagen über ihre Situation, Rahmenbedingungen und Handlungsstrategien. Anschließend wurde die geschilderte inhärente Logik in Form eines Bedingungsschemas visuell sichtbar gemacht.

Bei der Erarbeitung von Lösungen zur Umsetzung des Konzepts der Lerngeschichten[24], griff im Workshop eine Art „Fortbildungs-Reflex" nach dem Motto: „Wir können das Gelernte nicht umsetzen, wir brauchen noch eine weitere Fortbildung zum Thema" (Notiz Forschungstagebuch).

Auch alle seitens der Teilnehmenden genannten Lösungsansätze zur Behebung der Schwierigkeiten bezogen sich ausschließlich auf die Erzieherinnen und Erzieher und deren persönliche Kompetenz: Computerschulung, vertiefende Weiterbildung zu Beobachtungsmodellen, eigenverantwortliches Zeitmanagement, Dialogbereitschaft. Die Organisation als Ansatzpunkt für Veränderung blieb dagegen ausgeblendet. Hieraus ist zu schlussfolgern, dass die Problemlage in personalisierender Weise bearbeitet wurde, was als Hinweis auf einen aktualisierten diffusen Moment in der subjektiven Perspektive der Erzieherinnen und Erzieher gedeutet werden kann.

An einer Studie der GEW in Kindertagesstätten (GEW 2007) kann ebenfalls die Tendenz der Personalisierung und Abdunkelung der organisationalen Rahmenbedingungen in der subjektiven Perspektive von Erzieherinnen und Erziehern abgelesen werden. In der Studie wird festgestellt, dass Erzieherinnen bei sich persönlich einen hohen Fort- und Weiterbildungsbedarf sehen und bereits rund 30 Prozent der Befragten eine Zusatzausbildung abgeschlossen haben (GEW 2007, S. 1).

Widerstand gegen Systematisierungen

Im Projektzusammenhang konnte im Rahmen der Anwendung des Qualitätsmanagementsystems in einigen Fällen ein Widerstand gegen Systematisierungenen festgestellt werden. Beispielsweise wurde der Anregung des Beraterteams im Rahmen des bereits erwähnten Workshops zur Strukturierung der Morgenkreise der Einwand entgegengestellt, dass es in der Praxis zu verschiedenen unvorhersehbaren Ereignissen komme, denen eine systematische Regelung nicht gerecht werde.

Im Handlungsspektrum der einzelnen Erzieherinnen bzw. der einzelnen Erzieher scheint es jedoch ein jeweils individuelles Schema zu geben, anhand dessen sie mit diesen komplexen Situationen zurechtkommen. Die Abwehr der Erziehenden richtete sich auf den Versuch der Berater, unterschiedliche individualisierte Regelungen durch eine einheitliche, die ganze Kita betreffende, Formel zu ersetzen.

---

24 Zu diesem Thema wurden im Vorfeld bereits zwei Fortbildungen durchgeführt.

Die Strukturierung gemäß organisierter Strukturen schränkt Freiheitsgrade im Handeln der Subjekte ein. Die Frage ist, ob die Unterbindung der freien, nicht durch organisierte Strukturen determinierten, subjektiven Handlungsweisen der Ausübung des Berufes der Erzieherin bzw. des Erziehers gerecht wird.

Es können bestimmte Einflüsse auf den strukturierten Moment einwirken und zu einer Abweichung führen. Im untersuchten Projekt spielten vor allem die Faktoren Professionalität, Unzufriedenheit mit Regelungen und Fehlertoleranz eine Rolle.

Wie bereits dargestellt, beinhaltet die Professionalität von Erzieherinnen und Erziehern einen Freiheitsgrad, der per se dazu führt, von standardisierten Handlungsweisen in speziellen Situationen abzuweichen. In diesem Sinne wird der strukturierte Moment entschieden gestört. Ebenso kann die Unzufriedenheit der Erzieherinnen und Erzieher mit Regelungen dazu führen, dass diese im Rahmen der Anwendung eines Qualitätsmanagementsystems einer kritischen Reflexion unterzogen werden, um dann zu veränderten Regelungen zu führen.

Kreative Momente, also Geistesblitze der Subjekte wirken auf eine Organisation, die strikte Strukturierung betont, als diffus. Neue Ideen und Lernanlässe können einer Organisation nur übermittelt werden, wenn diese für Informationen aus abweichendem Verhalten empfänglich ist.

Um Kopplungsmomente möglich zu machen, aus denen die Organisation lernen kann, erfordert es eine Bildungsorganisation, die ihre Regeln und Strukturen als verbesserbar versteht, die also das Selbstverständnis einer lernenden Organisation hat. Dieser „offene" Moment in der Kopplung von Subjekt und Organisation wird im nächsten Teilkapitel beschrieben.

6.3 Offene Kopplung

An dieser Stelle wird ein dritter Moment, der als Element in der strukturellen Kopplung zwischen Subjekt und Organisationssystem beschreibbar ist, als „offener Moment" bezeichnet und beschrieben. Der offene Moment einer Kopplung von Organisation und Subjekt weist in Teilen Ähnlichkeiten zu den beiden bisher genannten diffusen und strukturierten Kopplungsmomenten auf und integriert gewissermaßen Anteile in einen neuen Moment.

Die Organisation bildet ihre Mitarbeitenden als komplex agierende Personen mit subjektivem, nicht kontrollierbarem Anteil ab, d. h. als professionelle Pädagogen mit Freiheitsgraden im Handeln und Denken. Aus deren pädagogisch begründeter Abweichung von Verfahren und Regelungen können Lernanlässe für die Organisation entstehen, wenn die Organisation entsprechende Verfahren zur Verfahrensänderung in ihren Strukturen etabliert hat.

In der subjektiven Perspektive werden vor dem Hintergrund einer lernenden Organisation Freiheitsgrade für Handlungserweiterungen wahrgenommen und genutzt. Die Informationen aus neuen Handlungsweisen bilden auch die Grundlage zur Veränderung von Organisationsstrukturen. Sowohl Organisation als auch Subjekt können auf entwickelten prozessleitenden Prämissen aufbauen und informiert davon abweichen.

6.3.1 Organisation

Auch im Moment offener Kopplung konstituiert sich die Organisation als entscheidungsbasiertes, komplexitätsreduzierendes Kommunikationssystem, wie es in den Ausführungen zum strukturierten Moment bereits dargelegt wurde. Im offenen Kopplungsmoment wird jedoch ein bestimmter Aspekt besonders relevant, nämlich die Alternativform von Entscheidung.

Psychische und soziale Systeme haben gemeinsam, dass sie ihre Operationen im Medium „Sinn" realisieren. Dieses Medium stellt die Basis für alle möglichen Unterscheidungen und damit Formbildungen zur Verfügung. Organisationen bearbeiten dies in der für sie typischen Form von Entscheidungen, bei denen auch die abgelehnten Alternativen mitgeführt werden (vgl. die Ausführungen zu „Entscheidung" im Kap. Nr. 4.2.1 in dieser Arbeit).

Auch die Selektionsleistung der Organisation zur Komplexitätsreduktion pädagogischer Handlungsmöglichkeiten kann als eine Strukturierung mit Alternativen bezeichnet werden. Alle im strukturierten Moment beschriebenen Regelungen und Verfahren sind in dieser Form verfasst. Der binäre Code der Sprache in der Zwei-Seiten-Form Ja/Nein ermöglicht Akzeptanz und Ablehnung (Luhmann 1997, S. 113). Gerade die besondere Struktur von Entscheidungen mit der sichtbaren, negierten Alternativenseite provoziert ein solches Abweichen in verstärktem Maße.

In der Regel wird die ausgeblendete Seite der Entscheidung in der Beschreibung von Verfahrensabläufen und Regelungen nicht kommuniziert. Alternativen, gegen die man sich entschieden hat, bleiben latent. Dennoch besteht ein Horizont an Möglichkeiten, die potentiell realisierbar sind. Dieser Umstand, durch den selbst bei strikten Regeln und Verfahren ein Verweis auf ausgeschlossene Varianten enthalten ist, betrifft vor allem auch das Verhältnis der Organisation zum Subjekt. Organisierte Kommunikation kann subjektives Handeln nicht in jedem Falle determinieren und die Beziehung zwischen Organisation und Subjekt kann in Kindertagesstätten nicht ausschließlich über die Synchronität strukturierter Momente in beiden Systemen gestaltet werden.

Neben erwartetem und erwartbarem Handeln findet sich trotz definierter Handlungsprämissen der Organisation immer auch Varietät im Handeln der Subjekte:

> „Und dann kommt noch die persönliche Ebene dazu, dass jeder dann anders wertet, jeder die Regel anders sieht und mit seinen eigenen Werten abgleicht und sagt: "Ich finde das jetzt nicht so schlimm, dass der barfuß über die Wiese geht." Und der nächste sagt eben: „Ich find das schlimm" (Erzieher E, Gruppendiskussion).

An dieser Stelle wird die Negationsmöglichkeit von Entscheidungen angesprochen und der Umstand, dass in konkreten Situationen von Personen neu über Entscheidungen entschieden wird. Durch die Strukturierung und die Ausgabe von Prämissen strebt die Organisation jedoch Redundanz in multioptionalen Situationen an. Von Subjekten, die als Personen vom Organisationssystem beobachtet werden, wird erwartet, dass sie sich diesen Selektionsleistungen der Organisation anschließen und sie zu Prämissen eigener Handlungsweisen machen. Die Person soll in ihren Handlungen erwartbar sein und sich gewissermaßen dem Operationsmodus einer trivialen Maschine annähern. Tatsächlich aber zeigt der Umgang mit den Regeln im Alltag ein wechselndes Maß an Varietät. Verfahren sind „interpretationsbedürftig und –fähig, wählbar und gestaltbar. Sie sind damit Medien sowohl für Zwang wie für Freiheit" (Neuberger 2000, S. 490). Eine strikte Strukturierung steht der eingangs beschriebenen Professionalität der Erzieherinnen und Erzieher entgegen.

Auch im Forschungs- und Beratungsprojekt wurde die paradoxe Situation deutlich, dass subjektiv frei wählbares Handeln für die Organisation einerseits ein Problem darstellt, auf das sie mit Systematisierungen, Regeln und Verfahren zu reagieren versucht, um es in strukturierenden Momenten zu minimieren und in seinen Freiheitsgraden einzuschränken. Andererseits sind es gerade diese Freiheitsgrade der von der Person unterschiedenen subjektiven Anteile, die für die Organisation ein enorm wichtiges und notwendiges Irritationspotenzial darstellt, auf das sie nicht verzichten kann.

> „Also die Frage ist, wie viel hältst du aus, dass die Regeln nicht eingehalten werden ohne dich dadurch unglaubwürdig zu machen. Also, das ist ja auch eine Frage der Leitung. (…) Wo es halt unabdingbar ist, wo es das Miteinander angeht und die Sicherheit. Dort gibt es überhaupt keine Diskussion, das sind Sachen, die gehen das eigene Wohl an, das Wohl der Kinder an und da geht's auch um Belehrung und Absicherung. Aber gerade im Klein-klein, was den täglichen Ablauf so reguliert, da bin ich mir manchmal nicht sicher, ob das manchmal nicht sogar kontraproduktiv ist. Wobei man es wiederum, das ist der Widerspruch, in so einem großen Team, auch wieder braucht, denn sonst funktioniert es gar nicht. Aber man kann halt auch nicht jede Sache verregeln" (Erzieher E, Gruppendiskussion).

Die Organisation muss Strukturen entwickeln, um mit der paradoxen Aufgabe fertig zu werden, einerseits freies Handeln einzugrenzen, es andererseits aber zu ermöglichen und dann über Aufmerksamkeitspunkte zu verfügen, um diese freien Handlungen auf Lernchancen hin zu beobachten.

Die Nichtsteuerbarkeit und das nicht antizipierbare Handeln in komplexen Situationen werden als Teile pädagogischer Professionalität verstanden. Die Organisation muss die Personen als professionelle Pädagoginnen und Pädagogen mit Freiheitsgraden im Handeln abbilden.

Durch Organisationsentwicklung sollen Organisationen informierte Entscheidungen treffen können und diese Aktivität systematisieren. Organisationsentwicklung kann darüber hinaus ein Abweichen und kritisches Hinterfragen provozieren und institutionalisieren. Im Projektrahmen erfolgte dies anhand der beratenden Praxisforschung, im Rahmen der dafür eingerichteten Arbeitsgruppen und Qualitätszirkel in den Kindertagesstätten und durch das Qualitätsmanagementsystem. Die Organisation etablierte dabei Verfahren zur Veränderung von Regeln. Diese Regeln befinden sich dabei auf einer Metaebene, da sie den Umgang mit Regeln betreffen.

Einerseits bestehen Regeln und Verfahren, die sich auf pädagogisches Handeln beziehen. Diese sind gewissermaßen als vorläufig gültig anzusehen. Im gegebenen Fall kann davon abgewichen werden. Diese Abweichung ist allerdings nicht willkürlich und ohne Kontakt zur Organisation, wie es im diffusen Moment der Kopplung der Fall ist, sondern sie ist in Regelungen eingebettet, die das Wiedereinspeisen der, aus der Abweichung resultierenden, Informationen regeln. Es erfolgt eine Kontrolle über die Abweichung. Diese Meta-Regelungen beziehen sich dabei nicht auf den Umgang mit chaotischen Situationen. Da sie sich auf ein per se organisiertes Feld, die Organisation, beziehen, sind sie nicht in dem Maße wie etwa Regeln zu pädagogischem Handeln Ausnahmezustände und damit einem spontanen Veränderungsdruck ausgesetzt. Sie dulden vielmehr eine organisierte Diskussion, die der eigentlichen Realisierung der Veränderung vorausgeht und nicht nachgelagert ist. Diese Regeln zur Veränderung von Regeln werden nicht spontan interpretiert und verändert.

Für das Lernen der Organisation ist demzufolge eine geregelte Beobachtung der Handlungen inkludierter Personen ausschlaggebend. Im Selbstreport der Kindertagesstätte 1 findet sich die Beschreibung eines solchen Prozesses am Beispiel der Regelung über ein Redesymbol im Rahmen der Gesprächskreise. Auf ein solches Redesymbol hatte man sich im Team gemeinsam geeinigt, um die Gespräche der Kinder zu strukturieren. Nur wer das Redesymbol hat, darf sprechen. Im Hort erwies sich diese Regelung als nicht dienlich. Die Organisationsregel wurde mit Hinblick auf die Interaktionsprozesse der Kinder hin überprüft und aufgrund des Alters der Kinder und der damit verbunden Struktur und

Organisation von Gesprächen wurde bemerkt, dass das Redesymbol hier nicht förderlich wirkt.

Diese Beobachtung der Erzieherinnen und Erzieher führte dann in den konkreten Gesprächssituationen zu einem Abweichen von vereinbarten Regeln der Gesprächskreise. Dies wurde im Rahmen einer Teamsitzung thematisiert und eine veränderte Entscheidung getroffen, die im Selbstreport als neue Verfahrensvorgabe festgehalten wurde.

> „Das Team passte die Regel an die Gegebenheiten an, da der Hort das Symbol als störend für den Kommunikationsfluss empfand. Der Hortbereich kann als Ergebnis der Diskussion das Redesymbol weglassen, während es Krippe und Kindergarten weiter nutzen" (Selbstreport Kindertagesstätte 1).

In diesem Kopplungsmoment strukturiert noch die Organisation, was gelernt werden kann. Subjektives Lernen vollzieht sich immer noch im Rahmen von durch die Organisation als Verfahren vorgegebenen Bedeutungszusammenhängen und Lerngegenständen. Die Organisation beobachtet die Subjekte vor dem Hintergrund von Regeln und anhand von Kontrollen auf für sie nutzbare Informationen hin. Durch die Kontrolle der Einhaltungen von Regeln versucht die Organisation Informationswerte aus eben solchen Situationen zu ziehen, in denen die Person Entscheidungen nicht als Prämissen nutzt. Entscheidend ist, mit welcher Intention die Organisation diese Kontrollen durchführt. Diese kann in der Verhinderung abweichenden Verhaltens liegen oder aber auf Informationsgewinnung gerichtet sein.

6.3.2 Subjekt

Der offene Moment in der Kopplung zur Organisation hat für die Subjekte eine widersprüchliche Struktur. Einerseits erfolgt durch die Orientierung an Entscheidungen und Programmen eine Steigerung der Wahrnehmung und des verbindlichen Umgangs mit der Organisation. Andererseits birgt diese offene Kopplung die Möglichkeit der Abweichung. Abweichendes Verhalten wird durch Strukturen erst möglich gemacht.

> „Es hat immer was Festes, was festgeschrieben ist, wo man sich noch mal drauf zurück besinnen kann und auch auf dieses Festgeschriebene, was da steht, auch da noch mal drüber nachzudenken" (Interview Erzieherin D).

Aus subjektiver Perspektive besteht im strukturierten Moment der Kopplung ein verbindliches Entscheidungsnetzwerk. Im Moment der offenen Kopplung kommt hinzu, dass die Subjekte dieses Netzwerk samt seiner Strukturen als weniger strikt, stattdessen als wandelbar erleben und verstehen. Die Organisation beschreibt sich als lernende Organisation mit Fehlertoleranz, deren Strukturen verbesserbar sind.

Im Projekt nahm eine mehrere Monate andauernde Diskussion zum Thema „Scheitern" in einer der Kindertagesstätten einen hohen Stellenwert ein. Zu Beginn des Qualitätsentwicklungsprozesses wurde im Rahmen der Definition gelungenen Lernens beschrieben, dass zu Lernprozessen bei Kindern auch Erlebnisse von Misserfolg und Scheitern gehören. Diese Erkenntnis wurde auf die Organisation Kindertagesstätte und die in ihr handelnden Personen übertragen. Scheitern in individuellen Handlungsvollzügen wurde nicht mehr problematisiert, sondern als Informationsquelle erkannt. Individuelle und persönlich zugerechnete Fehler wurden vor dem Hintergrund eines positiv gewendeten Begriffs des Scheiterns und einer Logik des kollektiven Lernens aus individuellen Fehlern völlig anders wahrgenommen. Es entstand ein geschärftes Verständnis für den Umstand, dass sich auch Regeln in der Anwendung als nicht angemessen herausstellen können und dann verändert werden sollten.

Es erfolgte im Team eine Diskussion über die Veränderung von Regeln, die als nicht sinnvoll erlebt wurden. Diese Diskussion wurde, anders als im diffusen Moment und ähnlich wie im strukturierten Moment, weitestgehend von personalisierenden Aspekten befreit geführt. Da die Handlungsgründe der Kolleginnen und Kollegen aufgrund des vereinbarten Verfahrens bekannt waren, bestand Transparenz. Vor allem konnte in Kenntnis der entsprechenden Absprachen zwischen Person und Verfahren unterschieden werden.

Die Personen zeigen sich in diesem Kopplungsmoment als souverän im Umgang mit Organisationsstrukturen. Durch den Umgang mit Handlungsprämissen im strukturierten Moment haben sie ein Verständnis für das soziale System entwickelt und gehen nun reflektiert mit diesem Gebilde um. Das Arbeiten mit der Organisation als Möglichkeit zur überindividuellen Reflexion und Strukturierung wird verstärkt zum Bestandteil der Berufspraxis, die Etablierung und Veränderung von Organisationsstrukturen zunehmend selbstverständlich.

Die Subjekte haben verstärkt ein Selbstbild entwickelt, das sie als professionell-pädagogisch handelnde Personen abbildet. Sie nehmen Verfahren wahr, wissen aber darum, dass damit nicht alle Fragen geklärt sind und sie im Zweifelsfall individuell anders entscheiden können und müssen. Subjekte beziehen die Gestaltung der Organisation als Gestaltung der sie betreffenden Rahmenbedingungen des Handelns in ihre Überlegungen und Arbeit mit ein. Die Umsetzung pädagogischer Konzepte muss nicht länger individualisiert bearbeitet und ermöglicht werden, sondern kann auf eine wandelbare Organisation als Ermöglichungsstruktur zurückgreifen und aufbauen.

Wie im Kapitel 6.1 dargestellt wurde, ist selbstredend auch in einer durch den diffusen Moment geprägten Kopplung zwischen Subjekt und Organisation professionelles pädagogisches Handeln möglich. Es ist gerade in die nicht determinierbaren Freiheitsgrade in den Handlungsmöglichkeiten des Subjektes eingebettet. Im offenen Kopplungsmoment vollzieht sich dieses freie Handeln nun gleichsam in einer organisatorisch gefassten Variante. Es wird als solches verstanden, respektiert, durch organisational-strukturelle Rahmenbedingungen gefördert und schließt die Arbeit mit und an der Organisation in die pädagogische Reflexion mit ein. Während selbstbestimmtes individuelles Handeln im diffusen Moment eher eine Strategie des „Zurechtkommens" darstellte, mit der jede Person allein war, hat dieser Freiheitsgrad im offenen Moment einen Bezugspunkt zur Organisation.

Informiertes Abweichen

Für den offenen Moment der Kopplung ist entscheidend, dass Erzieherinnen und Erzieher im Rahmen ihrer Handlungen gemäß eines kollektiven Verfahrens auch von diesem einheitlichen Verfahren informiert abweichen. Als informiertes Abweichen soll ein Handeln dann bezeichnet werden, wenn Subjekte Organisationsstrukturen in diesem Moment auf die ausgeschlossene Seite der Entscheidungsform und entsprechender Handlungsformen hin beobachten. Eine kollektive Regel kann dann subjektintern mit Fachwissen und Erfahrung abgeglichen und kritisch hinterfragt werden. Aufgrund neuer subjektiver Wissensformen und Handlungsmöglichkeiten kann es dann sein, dass Regeln in ihrer bestehenden Form als nicht mehr passend bewertet werden. Die Erzieherin bzw. der Erzieher weicht davon ab und macht individuelle subjektive Erfahrungen mit diesen Abweichungen. Die Handlungen weisen Varietät auf. Hierbei handelt es sich dann um ein Subjekt, das nicht nur „behavioristischer Reaktionsautomat ist, sondern im Rahmen von vorgegebenen (...) Routinen seinen Handlungsspielraum (...) erhält" (Neuberger 2000, S. 489).

Von professionell Handelnden wird erwartet, mit Überraschungen und Unerwartetem im Alltag umgehen zu können und handlungsfähig zu bleiben. Dies erfordert eine Situationsbeobachtung, die in der notwendigen Flexibilität in keinem handhabbaren Verfahren abgebildet werden kann. Im Handeln der Personen ist neben jeder verbindlichen Bindung an Organisationsstrukturen im strukturierten Moment auch immer das Wechseln zur anderen Seite der Unterscheidung und damit die Aktualisierung des offenen Momentes in der Kopplung zur Organisation angelegt. Wann und in welcher Form dann die Organisation noch als Prämisse für das Handeln der Personen dient, ist abhängig von der subjektiven

Einschätzung. Entscheidend ist, ob die Person, die sich nicht an die Regel hält, bewusst davon abweicht oder aber die Regel überhaupt nicht als Referenz heranzieht. Wenn Personen eine teaminterne Absprache, die Entscheidung über eine Regel, bekannt ist und sie im Rahmen professionellen Handelns in konkreten Situationen bewusst, begründet und informiert davon abweicht, wird die Entscheidung als Handlungsprämisse dennoch berücksichtigt.

In diesem Moment ist, im Gegensatz zu Handlungsweisen im strukturierten Moment, durch diesen Freiheitsgrad die Möglichkeit zu expansiven Lernprozessen und echter subjektiver Handlungserweiterung angelegt (vgl. Holzkamp 1995, S. 187 f.). Es erfolgt eine versuchsweise und auf ein einzelnes Subjekt bezogene Handlungserweiterung, indem zunächst nur in einzelnen konkreten Handlungsvollzügen die organisatorischen Regelungen außer Kraft gesetzt werden. Entscheidend ist hierbei, dass durch die Negation der Entscheidung ein beobachtbarer Unterschied produziert wird und dadurch ein Lernprozess an die vollzogene Abweichung anschließen kann. Abweichendes Verhalten kann als Reflexionsanlass genutzt werden und zur Generierung neuer Handlungsweisen führen. Der Unterschied zum „ignoranten Handeln" auf der Stufe einer strukturierenden Kopplung, welches ebenfalls durch abweichendes Verhalten gekennzeichnet ist, besteht demnach in der Intention der Subjekte und ihrer anschließenden Handlungen. Für das informierte Abweichen ist entscheidend, dass die Organisation über diese Abweichungen informiert wird. Dann kann über das Einspeisen dieser Information in den Organisationszusammenhang eine kollektive Veränderung der Rahmenbedingungen erarbeitet werden.

Informiertes Abweichen setzt jedoch voraus, dass Erzieherinnen und Erzieher subjektiv den Sinn und Zweck bestimmter Vorgaben und Handlungssequenzen nachvollzogen und möglichst fachlich fundiert durchdrungen haben. Erst dann ist es ihnen möglich zu antizipieren, welche anderen Wege auf angemessenere oder effizientere Weise zu ähnlichen wie den angestrebten Effekten führen.

Die Beobachtung der Einhaltung von Regeln wird im offenen Moment nicht mehr durch die Organisation, sondern durch die Subjekte selbst geleistet, die diese Kontrolle eigenen Verhaltens sehr viel genauer vornehmen können. Sie können dann auch Auskunft über abweichende psychische Prozesse, z. B. über Differenzen zwischen Regeln und eigener Auffassung, geben, die die Organisation niemals erreicht hätte. Vor allem ist diese Kontrolle als mitlaufende Selbstbeobachtung dauerhaft und von hoher Intensität.

6.3.3 Einflussfaktoren und Konsequenzen

Reflexionen beziehen sich im offenen Moment auf Regeln und Verfahren, jedoch im Unterschied zum strukturierten Moment nicht auf deren Einhaltung, sondern deren Überarbeitung. Subjektive Reflexionen erhalten einen größeren Freiheitsgrad, aber auch hier werden diese Freiheitsgrade eingeschränkt. Durch die Strukturierung der Abweichung sind subjektive Reflexionen an bestehende Entscheidungen und somit den dazu vorausgegangenen Reflexionen gebunden und zwar auch dann, wenn jetzt eine negative Abgrenzung erfolgen kann.

Zur operativen Ebene der Organisation von Abläufen kommt hier verstärkt die fachliche Ebene hinzu. Aus der Berücksichtigung fachlicher, pädagogischer Implikationen resultiert eine kritische Überprüfung der Regeln und Verfahren. Auf Seiten der Organisation können pädagogische Situationen nur über Programme berücksichtigt werden. Doch komplexe pädagogische Konzepte und Handlungsweisen können nicht trivialisiert und reduziert werden, ohne sie ihrer Qualität zu berauben. Zu ihrer Umsetzung müssen organisierte Strukturen und eine subjektive Intuition zusammen gebracht werden. An dieser Stelle ist es den Subjekten als Reflexionsleistung übertragen, sich an Programmen zu orientieren und die verbleibenden Freiräume spontan auszufüllen. Durch das Agieren in dem zu jeder Struktur gehörenden Freiraum ist der Bereich bezeichnet, in dem durch subjektiv sinnliches Erleben Informationen auch für die Lernprozesse der Struktur gewonnen werden können. Das Subjekt wird nun zur ausgelagerten Reflexionsinstanz für die Organisation. Sie kann Regeln und Verfahren in den Handlungsbereich der Personen übergeben, die diese dann im Alltag zur praktischen Anwendung bringen und auf ihre Effekte hin beobachten. Diese Beobachtungen sind sehr viel differenzierter als es die eines Kommunikationssystems sein könnten. Die Personen haben einen Kontakt zur, von der Organisation exkludierten, subjektiven Seite und somit Zugang zu Erfahrungen, die sie dann in Kommunikationsereignisse übersetzen und der Organisation zur Verfügung stellen. Die Organisation tritt somit nicht direkt mit der vollen Komplexität pädagogischer Situationen in Kontakt, sondern vermittelt über die, mit ihr in offener Kopplung stehenden, Subjekte.

In diesem Sinne ist auch die, in der Einleitung dieser Arbeit bereits zitierte, Aussage Senges zu verstehen, nach der Organisationen nur etwas lernen, wenn einzelne Menschen etwas lernen (vgl. Senge 2001, S. 111). Subjekte sind die „Leseköpfe" (Willke 2000, S.21) anhand derer Organisationen auf Daten zugreifen. Die Organisation macht sich die Leistungsfähigkeit der Subjekte zunutze und instrumentalisiert sie gewissermaßen als ihre Sinnesorgane.

Letztendlicher Ausgangspunkt für das Lernen von Subjekt und Organisation ist immer das subjektive Lernen. Hier ist Willke zuzustimmen, wenn er feststellt, dass nicht Organisationen, sondern einzelne Subjekte neue Gedanken und Ideen produzieren (Willke 2000, S. 21). Aber wie in den Ausführungen zum strukturierten Moment gezeigt wurde, können die Resultate je subjektiver Lernprozesse zusammengefasst und kondensiert in Regeln und Verfahren dem einzelnen Subjekt als soziale Struktur entgegentreten. Sie sind dann mehr als das aus der Idee eines einzelnen Menschen gewonnene neue Wissen, sondern das Resultat kollektiver Wissensgenerierung. In Form von Programmen der Organisation wird Wissen und Kompetenz gespeichert, die über die Reflexions- und Handlungsfähigkeit der einzelnen Subjekte hinausgehen können.

Auch für die Generierung neuen Wissens und Handlungsformen im offenen Moment der Kopplung ist die Organisation in Form von kollektiver Reflexion notwendigerweise einzubeziehen, um Organisation und Subjekte im offenen Moment ihrer Kopplung zu stabilisieren.

Handlungserweiterung und Organisationsentwicklung gemäß subjektiver Reflexion

Die bis hier dargelegten Prozesse zeigen, dass die Organisation durch ihre Strukturen Handlungsfelder bis zu einem gewissen Grade eingrenzen kann. Dennoch hat sie keinen Zugriff darauf, wie die durchgeführten Handlungssequenzen des Personals mit subjektiven psychischen Prozessen unterlegt sind. Für eine umfassende Organisationsentwicklung ist die Organisation aber auf eben solche subjektiven Prozesse angewiesen. Sie kann die Personen nicht nur als ausführende Organe nutzen, sondern ist für ihre eigene Weiterentwicklung immer auf eine Schleife mit Referenz auf subjektive Lernprozesse angewiesen, ohne diese steuern zu können. Ihr bleibt nur, günstige Voraussetzungen für eine Kooperation der Subjekte zu schaffen. Gerade diese Nicht-Steuerbarkeit ist eine wichtige Voraussetzung für Überraschungen und Informationen. Würde eine Organisation nur Personen beobachten, die exakt organisierte Rahmenbedingungen ausführten, erhielte sie keinerlei Informationen im systemischen Sinne. Die Organisation lernt aus der Konfrontation mit überraschenden Differenzen aus subjektiven Lern- und Erlebnisprozessen. Es treten Variationen auf, die die Organisation ggf. im Sinne einer Selektion auswählen und durch Restabilisierung bewahren kann. Durch eine Entscheidung der Organisation über Verfahren, die das abweichende Verhalten der Erzieherinnen und Erzieher zur Regel machen, erfolgt dann eine Strukturveränderung der Organisation und somit ein Lernen der Organisation.

Die Idee von Organisationsentwicklung als Professionalisierungsstrategie stützt sich darauf, dass durch eine Organisationsstruktur Resonanzen in den daran gekoppelten Subjekten entstehen. „Dauerirritationen eines bestimmten Typs

(...) lenken die Strukturentwicklung in bestimmte Richtung, weil diese Systeme sehr spezifischen Irritationsquellen ausgesetzt sind und sich daher dauernd mit ähnlichen Problemen beschäftigen" (Luhmann 1997, S. 119). Im strukturierten Moment kann hierbei eine Standardisierung vom sichtbaren Handeln festgestellt werden. In der Organisation werden Entscheidungen über bestimmte Handlungsprämissen getroffen und ihre Einhaltung wird kontrolliert. Auf dieser Ebene der subjektiven Handlungserweiterung ist die Veränderung von subjekt-internen Haltungen und Leitwerten noch nicht notwendig und zwingend gegeben, bzw. kann ein flaches subjektives Lernen auf dieser Ebene noch durch eine organisatorische Rahmung ausgeglichen werden. Diese basale Handlungserweiterung durch das Befolgen von Verfahren kann als erste Stufe der Professionalisierung angesehen werden.

Dadurch, dass den Personen Handlungsmuster an die Hand gegeben werden und sie diese rezeptartig befolgen, kann aber auch eine tiefergehende subjektive Umstrukturierung bei Erzieherinnen und Erziehern beobachtet werden.

„Durch meine Zielvereinbarung spitze ich immer gleich die Ohren, ob ich eine gute Idee mitnehmen kann. Oder was dazu lernen kann" (Erzieherin B).

„Dadurch, dass ich weiß, dass es meine Zielvereinbarung ist, beobachte ich natürlich ganz anders" (Erzieherin B).

Das Subjekt kann durch den Vollzug neuer Handlungen die sinnhaften Implikationen dieser Vorgehensweise für sich erschließen und die dahinter liegenden Leitwerte bzw. die darüber stehenden Meta-Werte verstehen. Denn in diesem Moment kann die Person an das eigene subjektive Erleben und Beobachten von Konsequenzen der eigenen Handlung anschließen, und es ist der Zugang zu tiefer gehenden Lernprozessen geöffnet. Strukturmerkmale dieser ästhetischen Erfahrungen sind beispielsweise das unmittelbare Erleben, die Neugier, das emotionale Involviertsein (Duncker 1999). Diese sind durch die Organisation nicht direkt anzusteuern, aber sie kann einen Rahmen schaffen und einen Lerngegenstand mit Verweis auf Bedeutungszusammenhänge (Holzkamp 1995, S. 222) definieren, innerhalb derer entsprechende Erfahrungen gemacht werden können. Subjektives Lernen vollzieht sich dann der Anwendung von Verfahren nachgelagert.

Diese Lerndimensionen fehlen in den üblichen, auf ein oder zwei Tage begrenzten, Workshops und Weiterbildungen, sodass es in diesen Settings nicht zu tiefem Lernen kommen kann. Denn das Auffinden der Zugangswege zu veränderten subjektiven Leitwerten und Haltungen erfordert längere Zeitabschnitte. Daher sind Konzepte aus der Organisationsentwicklung und deren Befolgung gleichsam das Sprungbrett zu veränderten subjektiven Haltungen. Durch Organisationsentwicklung kann eine veränderte soziale Umwelt geschaffen werden, die subjektive Lernprozesse rahmt und unterstützt.

Umgang mit Anforderungen an pädagogische Professionalität und Bildungsorganisation Kindertagesstätte

Professionelles pädagogisches Handeln erfordert eine lernende Organisation. Eine Organisation, die strikt auf Strukturierung abstellt, kann mit informiertem Abweichen nicht umgehen. Sie verfügt über keine Strukturen zur produktiven Verarbeitung von Abweichungen oder zur Strukturveränderung und kann nur mit Sanktionen reagieren, um die Subjekte dem erwarteten, strukturierten Handeln wieder anzugleichen. Damit ist die pädagogische Professionalität ihrer Grundlage beraubt.

Andererseits muss sich professionelles pädagogisches Handeln auch auf die Organisation beziehen und diesen Teil zum Selbstverständnis ihrer Tätigkeiten machen. Die Arbeit an Organisationsstrukturen darf dann nicht als uneigentliche Zusatzarbeit verstanden werden, sondern muss als wesentlicher Teil einer pädagogischen Professionalität anerkannt sein. Denn die Umsetzung komplexer pädagogischer Konzepte ist eine umfangreiche Gestaltungsaufgabe, die nur bewältigt werden kann, wenn Strukturen entsprechend organisiert werden, um Handeln zu unterstützen.

Diese Ausführungen können vor dem geschilderten Hintergrund als ein Plädoyer für das Zusammenspiel von Organisations- und Personalentwicklung verstanden werden. Denn: Nur durch Strukturveränderung auf beiden Seiten können fachliche Fortschritte gemacht werden. Und nur eine lernende Organisation und aufgeklärte Pädagoginnen und Pädagogen können sich wechselseitig so behandeln und ihre Kopplung zueinander so differenziert abbilden, dass sich Lerneffekte in ihrer Effektivität steigern können.

6.3.4 Allgemeines Muster

In der Darstellung des allgemeinen Musters der offenen Kopplung anhand der Matrix wird deutlich, dass es sich bei diesem Moment um eine Form handelt, in der sich Elemente sowohl der diffusen als auch der strukturierten Kopplung wiederfinden und zu einer neuen Charakteristik zusammengeführt werden.

Kategorie	Eigenschaften	dimensionale Ausprägung	Muster
Entscheidungen	Komplexitätsreduktion/ Unsicherheitsabsorption Differenzierungsgrad Verbindlichkeit Geltungsbereich	niedrig-----**X**-----hoch ----**interpretierbar**---- niedrig-----**X**-----hoch **individuell-kollektiv**	lernende Organisation
Kontrolle	Häufigkeit Intensität Fehlertoleranz Ausmaß Dauer	**oft**-----------------**nie** **hoch**-----------**niedrig** **niedrig**-----------**hoch** **vereinzelt--verbreitet** **kurz**--------------**lang**	Strukturierung der Abweichung
Inklusion	Umfang Intensität Dauer Atmosphäre	begrenzt-**X**--umfassend niedrig------**X** -----hoch begrenzt -**X**-andauernd sachlich--**X**--emotional	professionelle Pädagogen
Handeln	Entscheidungsbezug Erfahrungsgewinnung Leistungserwartung	--------**kritisch**-------- -------**diskursiv**------- **vage**-----------**konkret**	informiertes Abweichen
Verantwortung	Grad Umfang Träger	**niedrig**-----------**hoch** **begrenzt--umfassend** **Person**---------**Team**	kollektiver Zusammenhalt
Anforderung (Umwelt)	Intensität Ausmaß	**niedrig**-----------**hoch** **punktuell-umfassend**	Herausforderung / Lernanlass

Tabelle 8: Matrix zur offenen Kopplung

Im Bezug auf die Organisation stellen sich die Eigenschaften von Entscheidungen zum einen wie auf dem Niveau der strukturierten Kopplung dar: genau in ihrem Differenzierungsgrad und kollektiv im Geltungsbereich. Anders jedoch als beim vorangegangenen Niveau ist die Verbindlichkeit von Entscheidungen hier niedrig. Dies ist eine Merkmalsausprägung, die dem der diffusen Kopplung gleicht.

Dies ist ein Zusammenspiel von Elementen der diffusen und strukturierten Kopplung, das sich auch in der dimensionalen Ausprägung von Kontrollen zeigt: Häufigkeit, Intensität, Ausmaß und Dauer entsprechen den Ausprägungen des strukturierten Kopplungsniveaus. Die niedrige Verbindlichkeit von Entscheidungen, die wir auch im diffusen Kopplungsmoment finden, ist hier aber nicht als Ignoranz zu deuten, sondern als Fehlertoleranz.

Die Befolgung von Regeln und das Arbeiten anhand definierter Verfahren werden weiterhin erwartet, aber für diesen Kopplungsmoment ist ein loser Umgang mit Prämissen der Organisation durch die Personen notwendig. Die Befolgung von Regeln wird weiterhin auch kontrolliert, jedoch wird in diesem Kopplungsmoment die Ausübung der Kontrollfunktion in das Subjekt zurück delegiert und somit ein Element der Selbststeuerung wieder eingeführt.

Der Personenbezug, der im diffusen Moment stark ausgeprägt war und im strukturierten Moment weitestgehend eingedämmt wurde, wird hier wieder verstärkt eingeführt. Die Intensität ist hoch. Umfang und Dauer sind nicht mehr, wie im strukturierten Moment, als begrenzt zu bezeichnen, sondern rücken vom reinen Aufgaben- und Verfahrensbezug ab in Richtung subjektiver Anteile der Person, also ein Stück weit wieder in Richtung eines umfassenden und andauernden Zugriffs auf das Subjekt. Auch die Atmosphäre verlagert sich von der reinen Sachlichkeit hin zu emotionalen Aspekten.

6.3.5 Die Kopplung der Kopplung

Die Voraussetzung für eine Dominanz des offenen Momentes im Muster der strukturellen Kopplung ist paradox: Zum einen braucht es genaue Regeln, aber zum anderen auch eine Fehlertoleranz und das Selbstverständnis einer Kindertagesstätte als lernende Organisation, die das informierte Abweichen von Regelungen explizit nicht nur duldet, sondern als Ressource für Informationen und damit als Lernanlässe ansieht.

Eine Kopplung der offenen Momente in Organisation und Subjekt erfolgt demnach über die „Strukturierung der Abweichung". Subjekten wird im offenen Moment eine große Freiheit im Handeln zugestanden. In diesem Sinne sind sie nicht sonderlich eng an Prämissen der Organisation gebunden. Jedoch ist die

Abweichung selbst in eine strukturierte Vorgehensweise eingebunden. Der Umgang mit der offenen Kopplung ist an strukturierte Vorgaben der Organisation gebunden und damit eingebunden.

Innerhalb des hier betrachteten Projektes zeigte sich, dass ein Qualitätsentwicklungsprozess mit institutionalisierten Reflexionen einen geeigneten Rahmen bietet, um die lernende Organisation und das lernende Subjekt aneinander zu koppeln.

So, wie auf der einen Seite eine fehlertolerante Organisation notwendig ist, benötigen auf der anderen Seite die Personen ein Selbstverständnis als professionelle Pädagogin bzw. Pädagoge. Hierzu gehört zum einen das Wissen, dass sich Professionalität gerade im überlegten Handeln in komplexen Situationen anhand der reflektierten Anwendung von Verfahren äußert. Zum anderen äußert sie sich darin, dass pädagogische Fachkräfte immer auch eine Aufmerksamkeit für die Organisation Kindertagesstätte mitführen und die Berichterstattung über, im informierten Abweichen gemachte, Erfahrungen als Teil beruflichen Handelns verstehen.

Der offene Moment in der Kopplung von Subjekt und Organisation kann jederzeit in andere Momente umschlagen, beispielsweise wenn die offene Kopplung im Beobachtungsmuster der Organisation auf subjektiver Seite mit einem diffusen Moment korrespondiert. Dies ist der Fall, wenn die Entscheidung nicht als Prämisse für Handeln herangezogen wird, weil sie nicht bekannt ist oder vergessen wurde. Ohne die Referenz auf eine Entscheidung kann auch das konkrete Handeln nicht als Abweichung beobachtet werden. Für diese Beobachtung fehlt konstruktivistisch gesehen die Differenz, denn ohne diese Differenz kann kein Lernprozess anschließen. Somit kann die gesamte Situation nicht als Information weiterverarbeitet werden und zwar weder durch das Subjekt noch durch die Organisation. Die Abweichung bleibt an die konkrete Situation gebunden und vergeht als Ereignis mit ihr.

Im Forschungsprozess ließen sich Faktoren beobachten, die zur Aktualisierung des strukturierten Momentes führen: Erfolge und Erfahrung. Durch diese Faktoren wird das für dieses Niveau charakteristische Freiheitsmoment unterwandert und das bewusste Abweichen von Regelungen und Verfahren tritt hinter das auf Erfahrung fußende, rezeptartige Handeln zurück. Diese Faktoren des Erfolges und der Erfahrung gehören kategorial dann wiederum zu den stabilisierenden Faktoren des Momentes der Strukturierung. Beobachtet die Bildungsorganisation Kindertagesstätte ihre Mitarbeiterinnen und Mitarbeiter als pädagogisch-professionelle Fachkräfte, wird sie ein Handeln, das sich ausschließlich an Verfahren orientiert, als „Dienst nach Vorschrift" verstehen können.

Generell ist aber ein dynamischer Wechsel von strukturierten und offenen Momenten in der Kopplung von Subjekt und Organisation als ein funktionierender Prozess der Organisationsentwicklung anzusehen. Strukturierte und offene Momente bilden die Dynamik eines lernenden Wechselspiels von Subjekt und Organisation. Phasen des lernenden Abweichens von Regelungen werden durch strukturierte Momente anhand neuer verbindlicher Strukturen abgelöst, die wiederum den Ausgangspunkt für Abweichungen darstellen können. Dieser Wechsel wurde bereits in den theoretischen Grundlagen dieser Studie (Kap. 4.2.3) als evolutionärer Prozess beschrieben. In der hier dargestellten Beschreibung erhält dieser Prozess jedoch eine stärker auf Reflexion basierende Bedeutung.

Faktoren, die dazu führen, den Moment der offenen Kopplung abzulösen, bestehen in der subjektiven Fähigkeit, eine situationsüberschreitende Permanenz zu entwickeln und über transsituationales Wissen zu verfügen. Dies wird im nächsten Teilkapitel zum kreativen Moment in struktureller Kopplung dargestellt.

6.4 Kreative Kopplung

Der kreative Moment in der Kopplung zwischen Organisation und Subjekt lässt sich in zwei Varianten im Rahmen eines Organisationsentwicklungsprozesses denken: als Formung und Reorganisation der Organisation.

Formung der Organisation

Diese Variante prägt zunächst den Beginn der Reproduktionsgeschichte einer Organisation. Hierbei besteht ein abstraktes Medium, das für Formbildungen, d. h. für das Treffen von Entscheidungen und die Etablierung von Strukturen einer Organisation, aufnahmebereit ist. Kreative Subjekte ersinnen diverse Strukturen und Verfahren, die bislang noch nicht existierten. Der Begriff „kreativ" ist hier im Wortsinne von „Kreation" und „Erschaffen" zu verstehen. Im Qualitätsentwicklungsprojekt wurden Kreationen in großem Umfang realisiert. Angeleitet durch das Qualitätsmanagementsystem wurden Entscheidungen über Strukturen und Prozessdefinitionen getroffen, die entweder noch nicht systematisch vorhanden waren oder aber gar nicht existierten. Durch Entscheidungen wurde dort, wo ein diffuser Moment zwischen Subjekt und Organisation war, eine Struktur errichtet. In der Umwelt psychischer Systeme etablierte sich durch kommunizierte Entscheidungen ein Sozialsystem Organisation, das dann seine eigene Reproduktion realisiert und mittels autopoietischer Strukturbildung Komplexität aufbaut und reduziert. Zu dieser Organisation treten Subjekte dann in ein Wechselverhältnis, wie es in den Teilkapiteln zu diffusen, strukturierten und lernenden Momenten (Kap. Nr. 6.1, 6.2, 6.3) in der Kopplung dargestellt wurde. Der kreative Moment stellt in dieser Weise gewissermaßen den Übergang vom diffusen zum strukturierten Moment dar. Im Sinne der hier verwendeten Darstellungslogik wäre es daher auch sinnvoll gewesen, die Erläuterung des kreativen Moments zwischen diese beiden zu stellen.

Reorganisation der Organisation

Der kreative Moment bezeichnet darüber hinaus aber auch eine Art der Kopplung zwischen Subjekt und Organisation, die weitaus voraussetzungsvoller ist als der beschriebene Akt aus Verfahrensentwicklung und Entscheidungsprozedur. Dort nämlich, wo Verfahren und Regelungen nicht in einen unmarkierten Raum eingeführt werden, sondern es notwendig wird, bestehende Strukturen und Verfahrensweisen durch völlig neue Variationen zu ersetzen (Orthey 2003). Ausschlaggebend und charakteristisch ist hierfür die Haltung, mit der kreative Momente aktualisiert werden.

Die Organisation versteht sich hier als radikal wandelbar und etabliert eine entsprechende Kultur. Im Falle der am Projekt beteiligten Kindertagesstätten erfolgte dies nicht nur gegen innere Widerstände, sondern zum Teil auch im Widerspruch zu dem gesellschaftlichen Bild dessen, was eine Kindertagesstätte ist und zu leisten hat.

Subjekte können in kreativer Kopplung zu diesen wandelbaren Strukturen nicht nur Wissen, sondern auch ihre grundlegende Haltung verändern. Voraussetzung hierfür ist ein informierter und aufgeklärter Umgang mit den drei zuvor beschriebenen Momenten in struktureller Kopplung. Es handelt sich hierbei um einen äußerst anspruchsvollen Lernprozess. Doch nicht weniger fordert der derzeit diskutierte Paradigmenwechsel von Erzieherinnen, Erziehern und Kindertagesstätten.

Forschungsmethodischer Einschub

Die folgenden Ausführungen ergeben sich aus einer logisch-abstrakten Weiterführung der bislang dargestellten Ergebnisse der vorangegangenen Kapitel zu Strukturen und Prozessen im diffusen, strukturierten und offenen Moment der Kopplung.

Im Vergleich zu den Teilkapiteln dieser anderen Kopplungsmomente ließen sich weniger empirische Quellen zur Datengewinnung erschließen, anhand derer das Konzept der kreativen Kopplung entwickelt und illustriert werden kann. Eine Vermutung für diesen Umstand liegt darin, dass dieser Moment in der Kopplung von Subjekt und Organisation eine abstraktere Kategorie als die der anderen Momente bildet. Die charakteristischen Prozesse laufen in noch schwieriger zu beobachtender Weise ab.

Zum anderen ist zu vermuten, dass diese Form der Kopplung aufgrund ihrer anspruchsvollen Voraussetzungen vergleichsweise seltener realisiert wurde. Aus den offenen Feldbeobachtungen ergaben sich Anhaltspunkte, dass kreative Momente mit Haltungs- und Kulturveränderungen im letzten Teil des zweijährigen Projektes abliefen, also zu einer Zeit, als die Hauptphase der Erhebung empirischer Daten bereits abgeschlossen war. Die folgenden Darstellungen können in diesem Sinne auf eine weniger gehaltvolle Datenbasis zurückgreifen, was bei der Rezeption der folgenden Darstellung zu berücksichtigen ist.

6.4.1 Organisation

Einerseits können im kreativen Moment keine Strukturen der Organisation beobachtet werden, denn durch das Treffen von Entscheidungen wird ein entsprechender Zusammenhang erst etabliert.

Im Falle existierender Strukturen versteht sich die Organisation Kindertagesstätte als wandelbare Struktur und hat die Strukturveränderung institutionalisiert. Die Organisation strukturiert sich in diesem Moment gewissermaßen selbst als formbares Medium, das durch eingespielte Prozesse der Selbstbeobachtung und Veränderung fähig ist zur Aufnahme von radikal Neuem einschließlich der Veränderung ihrer grundlegenden Kultur. Dabei ist nicht relevant, ob vereinbarte Regeln korrekt ausgeführt werden, sondern ob die Regeln selbst angemessen sind.

Die Organisation billigt dem Subjekt in diesem Kopplungsmoment eine maximale Freiheit und ebensolche Handlungsmöglichkeiten zu. Beobachtet die Organisation Subjekte und ihre Handlungen im strukturierten Moment noch in Abgleich mit Verfahren, so fällt dieser Bezugspunkt in diesem Kopplungsmoment völlig weg. Subjektive Handlungen werden auch nicht wie im offenen Moment als von Organisationsprämissen abweichend beobachtet. Subjektive Prozesse laufen in einem Bereich ab, für den die Organisation über keine Referenzpunkte verfügt, auch nicht im negativen Sinne. Ohne diese Unterscheidungen wird das Subjekt für die Organisation unsichtbar, was dem Zustand im diffusen Moment ähnelt. Dennoch bleibt das Subjekt verlässlich, weil freies Handeln im kreativen Moment vor dem Hintergrund strukturierter und offener Momente ablaufen kann. Dieser Aspekt wird im Folgenden noch beschrieben.

6.4.2 Subjekt

Subjekte beobachten die Organisation im kreativen Moment als gestaltbare Struktur, die zur völligen Reorganisation in der Lage ist bzw. als einen Raum, in dem Strukturierungen provoziert werden können. Durch informiertes und informiert-abweichendes Handeln und die im Rahmen von strukturierten und offenen Momenten geführten Teamdiskussionen ist der reflexive Umgang mit der Organisation Kindertagesstätte bezüglich pädagogischen Handelns eingeübt. Wird dies immer mehr zur Selbstverständlichkeit, kann durch geschaffene Freiräume und trainierte Veränderungsarbeit Grundlegendes zum Gegenstand der Reflexion und Diskussion werden. Der Ausspruch einer Leiterin bringt dies gut zum Ausdruck:

„Wir kratzen nicht mehr nur an der Oberfläche" (Leiterin Kindertagesstätte 1 im Rahmen eines Workshops, Feldnotiz).

Im Bereich frei wählbarer Handlungsoptionen kann das Subjekt für sich bedeutsame Lerngegenstände identifizieren und bearbeiten, die über das hinausgehen, was von ihm als Person erwartet werden kann. Dies ist möglich, obwohl (und lange bevor) die Organisation für bestimmte Situationen einen Lernbedarf und Aufmerksamkeitspunkte entwickelt hat. Subjekte sind durch ihre sensible Wahrnehmungsfähigkeit und ihre handelnde Auseinandersetzung sehr viel direkter an Situationen beteiligt, als eine Organisation dies durch ihre generalisierenden Verfahren jemals sein kann. Durch die Identifizierung subjektiv-bedeutsamer Lerngegenstände spüren Subjekte auch Lernfelder für die Organisation auf.

Das Handeln der Subjekte im kreativen Moment unterscheidet sich, je nachdem vor welchem Hintergrund sich dieses realisiert. Zunächst besteht die einfache Form, in der das Subjekt als notwendige Bedingung für das Zustandekommen organisierter Kommunikation beteiligt ist. Das von den Subjekten dabei verwendete Wissen kann in Weiterbildungen erlernt sein oder aus Traditionen und Ritualen abgeleitet werden. Handlungsweisen werden zunächst in einem bislang nicht erschlossenen Bereich entwickelt und zwar ohne Anhaltspunkte durch organisierte Struktur. Die Subjekte sind in ihrer Lerntätigkeit allein dem subjektiven Verstehen und der sinnlich-ästhetischen Wahrnehmung verbunden. Anschließend wird dies individualisierte Handeln bzw. Wissen durch Entscheidungen der Organisation strukturiert. Beispielsweise werden Rituale, die im Rahmen einer einzelnen Gruppe ihre Tauglichkeit unter Beweis gestellt haben, institutionalisiert. Diese kreative Kopplung vollzieht sich demnach vor dem Hintergrund subjektiven Handelns in diffusen Kopplungsmomenten.

Ein anderer Fall besteht, wenn Strukturveränderung mit einer vorausgehenden subjektiven Haltungsveränderung einhergeht. Die Bedingung für die Entwicklung solcher Lernaktivitäten der Subjekte ist zunächst ein hinreichend komplexer Lerngegenstand (Holzkamp 1995, S. 222). Eine solche Komplexität ist mit den in dieser Studie beschriebenen Anforderungen an die Erzieherinnen und Erzieher gegeben. Mit Aufgaben- und Entwicklungsfeldern wie der Moderation von Morgenkreisen oder der Anfertigung von Bildungs- und Lerngeschichten sind Lerngegenstände angesprochen, die die gesamten Kompetenzen und Fertigkeiten der Erzieherinnen und Erzieher fordern und nahezu alle Grundhaltungen in den Tätigkeitsfeldern einer Kindertagesstätte berühren. Hier manifestiert sich die subjektive Haltung gegenüber dem Kind und dem Beruf der Erzieherin bzw. des Erziehers durch konkretes Handeln.

Neben dem Lerngegenstand ist die Struktur des subjektiven Lernprozesses von entscheidender Bedeutung. Im kreativen Moment sind Handlungen und Lernprozesse sehr frei. Sie können, wie eben benannt, aus einer diffusen Kopplung zur Organisation resultieren. Sie können ihren Ursprung aber auch im etablierten Wechselspiel von strukturiertem und offenem Moment haben und gewissermaßen darauf aufbauend ein völlig verändertes Niveau erreichen. Eine subjektive Handlung und Reflexion vollzieht sich dann nicht im Abgleich mit Entscheidungen der Organisation, setzt diese jedoch voraus, um sie dann in kreativer Kopplung überwinden zu können.

Schließt eine kreative Kopplung an strukturierte und offene Momente an, kann dies zu anderen Resultaten führen, als dies bei einer diffusen Kopplung der Fall ist.

6.4.3 Einflussfaktoren und Konsequenzen

Eine subjektive Haltung bzw. deren Veränderung kann von der Organisation nicht direkt angesteuert werden. Im Zentrum stehen die subjektiven Lern-, Erlebnis- und Handlungsprozesse, die sich unter dem Einfluss internalisierter Repräsentanten organisierter Strukturen vollziehen. Es ist möglich, Verfahren, Regeln usw. zur Handhabung pädagogischer Konzepte aufzustellen, die Subjekte bei der Durchführung zu kontrollieren und ihre Erfahrungen zur Verbesserung der Abläufe zu nutzen. Eine veränderte Haltung, die solchen pädagogischen Verfahren letztlich zugrunde liegt, obliegt einzig und allein subjektiven Prozessen. Von außen ist dies, anders als bei der Befolgung von Regeln, sehr schwer zu flankieren.

Die Organisation kann den Subjekten dazu in Momenten strukturierter Kopplung sichere, entlastende und daher Kapazitäten freigebende Verfahren an die Hand geben, damit diese sich auf subjektive Lernprozesse statt auf ein Chaos-Management einlassen können. Auf diesem Wege kann eine subjektive Differenzierung pädagogischen Handelns und damit Professionalisierung angestoßen werden, die auf Ebene der offenen Kopplung nicht mehr nur Pädagogik, sondern auch Organisationsentwicklung beinhaltet. Hat das Subjekt wiederholt die Chance, tiefgehende Lernprozesse zu vollziehen, ist zu vermuten, dass dies letztlich in einer qualitativen Haltungsänderung kulminieren wird. Diese Haltungsveränderung ist Voraussetzung dafür, dass Teams den komplexen Paradigmenwechsel für sich selbst nachvollziehen können, was dann dazu führen kann, dass die Organisation Kindertagesstätte die Form einer grundlegend lernenden Organisation annehmen kann. Die Organisation schafft so gesehen in strukturierten und offenen Momenten ihrer Kopplung zum Subjekt die Voraussetzung dafür, dass subjektive Reflexionen ein Lernniveau erreichen können, das eine wichtige Voraussetzung für die Etablierung einer neuen Kultur der Organisation darstellt.

Im kreativen Moment wird echte Handlungserweiterung möglich. Subjekte überdenken dann nicht mehr nur Bestehendes, sondern denken oder erleben Neues. Sie vollziehen einen qualitativen Wandel, bei dem Handlungsweisen inklusive der übergeordneten Sinnhorizonte, verändert werden (vgl. Marotzki 1990, S. 131). Ein solcher Lernsprung führt zu subjektiven Handlungserweiterungen der Erzieherinnen und Erzieher auch in anderen Bereichen als denen, in denen die Handlung als Bezugsproblem angesiedelt ist, z. B. der Elternarbeit. Das alleinige Abarbeiten eines Standards führt nur zur Gewährleistung bestimmter Eckpunkte einer Tätigkeit und ggf. auch zur Einhaltung bestimmter Qualitätsstandards der Organisation. Eine Ausweitung auf andere Bereiche, beispielsweise durch die Nutzung von Lerngeschichten für intensivere Elterngespräche, gelingt in dem Maße, in dem die Einübung der Durchführung von Lerngeschichten mit den beschriebenen Handlungserweiterungsprozessen unterlegt ist. Denn dann wird Professionalität grundlegend berührt und es wird eine Veränderung von grundlegenden Einstellungen vollzogen.

„Das hat auf jeden Fall einen Lerneffekt. Denn man hat dann ja das Aha-Erlebnis, also: Ich bin jetzt in der Lage ohne diese festgesetzten Standards eine Lerngeschichte herzustellen und kann es eben kreativ erweitern. Habe einen anderen Blickwinkel auf die Kinder, kann Entwicklung besser feststellen, kann Entwicklungsgespräche anders führen auch anhand der Lerndokumentation. Also, Entwicklungsgespräche mit Eltern. Also ich denke, das könnte man dann unendlich erweitern. Ich denke, da wird immer wieder ein neuer Bereich dazu kommen, wo man sagt: Aha, das hast du noch gar nicht so gesehen" (Leiterin Kindertagesstätte 1, Gruppendiskussion)!

In diesem Moment wird Reflexion auf einer Metaebene möglich. Gegenstand sind nicht Regeln und Verfahren, sondern die grundsätzliche Haltung der Subjekte, die den bisherigen, strukturierten oder offenen, Momenten zugrunde liegen.

Es wird nicht mehr nur in einem bestimmten Rahmen über Pädagogik und Organisation nachgedacht, sondern der Rahmen selbst wird zum Gegenstand von Reflexion und Veränderung. Durch dieses Lernen, von Argyris und Schön als „Deutero-Lernen" (Argyris/Schön 2002, S. 44 f.) bezeichnet, können grundlegend neue Perspektiven erlangt werden. Konstanten, mit denen noch innerhalb der anderen Momente gearbeitet wurde, werden selbst verändert. Ein Beispiel ist der Wandel der Auffassung, dass eine Kindertagesstätte zur Zufriedenheit von Eltern arbeiten muss, zu der Auffassung, dass die hauptsächliche Aufgabe einer Kindertagestätte in der Begleitung kindlicher Bildungsprozesse besteht.

Umgang mit Anforderungen an die pädagogische Professionalität und die Bildungsorganisation Kindertagesstätte

Das Niveau des Deutero-Lernen müsste erreicht werden, wenn die neue Haltung gegenüber dem Kind wirklich entstehen und jenseits von strukturierenden Verfahrensabläufen im Subjekt selbst verankert werden soll. Eine Erzieherin beschreibt die Schwierigkeit der Haltungsveränderung folgendermaßen:

„(…) ich hab ja gesagt, ich habe viele andere Erfahrungen gemacht, oder vieles andere gelernt bekommen und hab vieles Neue ausprobiert und wieder Neues ausprobiert. Ich weiß es nicht, ob das jetzt auch damit zusammenhängt, oder… Vielleicht auch eine Mentalitätsfrage. Ich bin jedenfalls sehr bemüht das zu verändern, aber das kann natürlich sein, dieses „Bemuttern", dass das noch so drin ist, ne" (Interview Erzieherin A).

Solche innovativen und expansiven Lernprozesse der Subjekte sind für die Organisation aber nur dann sinnvoll und für das Subjekt nur dann nachhaltig, wenn diese kreativen Impulse in einen funktionierenden Mechanismus des Wechsels von strukturierten und offenen Momenten in der Kopplung von Organisation und Subjekt eingebunden und somit bearbeitbar werden. Die Umsetzung von Innovationen wird im kreativen Moment der Kopplung möglich, wenn Informationsgewinnung mit einem informierten Umgang mit den unterschiedlichen Kopplungs-Momenten einhergeht.

Im Zuge des Durchlaufs der verschiedenen Kopplungsmomente und des gekoppeltem Lernens von Subjekt und Organisation kann eine synchrone Entwicklung innovativer Strukturen in Organisation und Subjekt stattfinden. Subjekte können durch die durchlaufenden subjektiven Lernprozesse und Austauschprozesse mit der Organisation über die exemplarische Veränderung von einzelnen

Handlungsweisen zu einem grundlegend veränderten Verständnis ihres Berufes gelangen und zu einer veränderten Haltung, in der er ausgeübt wird. Diese Haltung der Subjekte fließt in die Etablierung neuer Strukturen ein und kann zur Grundlage einer neuen Kultur der Organisation führen.

Veränderungen der Kultur der Organisation und der Haltung der Subjekte sedimentieren oberhalb von strukturierenden und offenen Momenten zu einem neuen Selbstverständnis und einer ebensolchen Selbstbeschreibung der Organisation. Dann kann sich in einer Organisation eine Kultur entwickeln und reproduzieren, die sich über die vereinbarten Regeln auf einer Metaebene einstellt.

Die einzelnen Momente bezeichnen gemäß ihrer Reihenfolge in der Darstellung einen Prozess zunehmender Emanzipation des Subjektes von Umwelteinflüssen, die im kreativen Moment ihren Höhepunkt erreicht. Erlebt ein Subjekt die Organisation diffus und nur anhand belastender Phänomene, kann es keinen Ansatzpunkt finden, um an dieser Situation etwas zu verändern. Es sieht die Organisation nicht und somit auch keine wandelbaren Strukturen. Die Organisation und damit die Bedingungen seiner Handlungserweiterung stehen ihm nicht zur Verfügung. Folglich ist es den Effekten einer uneffizienten Organisation hilflos ausgeliefert. Innerhalb der weiteren strukturierten und offenen Momente kann das Subjekt mit Organisationsstrukturen experimentieren und auf diese gestaltend Einfluss nehmen, was es in letzter Konsequenz auch als eigene Handlungserweiterung erlebt. Im kreativen Moment der Kopplung zur Organisation ist das kompetente Subjekt über die Einflüsse der Organisation auf seine Handlungsfähigkeit aufgeklärt und beherrscht die Mechanismen der Umgestaltung und Formung der organisierten Umwelt in seinem Sinne, sodass sie letztlich zur Förderung eigener Lerntätigkeit nutzen kann.

6.4.4 Allgemeines Muster

Die Formulierung eines allgemeinen Musters ist für den Fall der kreativen Kopplung komplexer als dies bei den anderen Kopplungsmomenten der Fall war, da es vor dem Hintergrund einer Formung oder Reorganisation sozialer Strukturen bzw. subjektiver Haltungen unterschiedliche Ausprägungen der Dimensionen beinhaltet.

Kategorie	Eigenschaften	dimensionale Ausprägung	Muster
Entscheidungen	Komplexitätsreduktion/ Unsicherheitsabsorption Differenzierungsgrad Verbindlichkeit Geltungsbereich	niedrig----------hoch vage------------genau niedrig-----------hoch Individuell--kollektiv	formbares Medium
Kontrolle	Häufigkeit Intensität Fehlertoleranz Ausmaß Dauer	oft-------------------nie hoch-----------niedrig niedrig-----------hoch vereinzelt--verbreitet kurz--------------lang	reflektierte Indifferenz
Inklusion	Umfang Intensität Dauer Atmosphäre	begrenzt--umfassend niedrig-----------hoch begrenzt-andauernd sachlich---emotional	lernende Subjekte
Handeln	Entscheidungsbezug Erfahrungsgewinnung Leistungserwartung	ignorant-----souverän Individuell--kollektiv vage-----------konkret	veränderte Grundstruktur
Verantwortung	Grad Umfang Träger	niedrig-----------hoch begrenzt--umfassend Person---------Team	kollektiver Zusammenhalt
Anforderung (Umwelt)	Intensität Ausmaß	niedrig-----------hoch punktuell-umfassend	Herausforderung / Lernanlass

Tabelle 9: Matrix zur kreativen Kopplung

Wie im strukturierten und offenen Kopplungsmoment ist auch hier der Differenzierungsgrad von Entscheidungen genau. Die dimensionale Ausprägung der Eigenschaften „Verbindlichkeit" und „Geltungsbereich" von Entscheidungen variiert jedoch über das gesamte Spektrum. Diese anspruchsvolle Architektur der Kopplung von Subjekt und Organisation spiegelt sich auch im Muster des Personenbezugs wieder: die Intensität ist hoch, der Umfang umfassend, die Dauer andauernd und die Atmosphäre changiert von sachlich bis emotional. Ähnlich ist die dimensionale Ausprägung der anderen Kategorien und deren Eigenschaften. Gemäß dieser Musterausprägung nähert sich dieser Kopplungs-Moment wieder den Merkmalen einer diffusen Kopplung an.

6.4.5 Die Kopplung der Kopplung

Der kreative Moment beinhaltet ein sehr freies Wechselspiel von Subjekt und Organisation. Organisation und Subjekt werden als stark wandelbar bzw. in ihren Strukturen und Prozessen als schwer zu beobachten erlebt. Bei gelingenden Qualitätsentwicklungsprozessen wird außerdem der Wandel zum Normalfall. Der Moment der kreativen Kopplung kann daher in gewisser Weise auch als retardierendes Moment bezeichnet werden. In dieser Kopplung zwischen Organisation und Subjekt treten vielerlei Aspekte auf, die bereits im Rahmen der Charakterisierung des diffusen Momentes in der Kopplung beschrieben wurden. Die organisatorische Strukturierung nimmt ab, die Fokussierung auf subjekt-interne Zustände nimmt zu.

Tiefgreifende Veränderungen gehen immer auch mit einer Zerstörung einher. „Daher sehen wir eine unvermeidliche Bewegung vom Chaos zur Ordnung nicht als notwendiges Merkmal des Wachstums von Organisationen an" (Weick 1985, S. 175; Hervorhebung: MK). Veränderungsprozesse führen demnach immer auch durch eine Phase der losen Verbindung zwischen Subjekt und Organisation. Entscheidend ist m. E. für diese Prozesse jedoch, dass in der kreativen Kopplung trotz aller Ungebundenheit nicht die kommunikative Verbindung zwischen Subjekt und Organisation aufgelöst wird.

Damit innovative und qualitative Lernsprünge des Subjekts nicht im diffusen Kopplungsmoment isoliert ablaufen, müssen sie durch strukturierte und offene Momente in einen bearbeitbaren Modus des Wechselspiels von Organisation und Subjekt eingefügt werden. Dies kann jedoch nur geschehen, wenn die Kopplungen der Kopplungen der ersten Momente beherrscht und reflektiert eingesetzt werden. Wenn Beobachtungen ins Leere laufen oder keine Strukturen mehr identifizieren können, können sich Organisation und Subjekt nicht mehr als Orientierungspunkte nutzen. Ein Kippen in ein diffuses Kopplungsmuster kann die Folge sein. Gleiches gilt für die Organisation, die ihre grundlegenden Strukturen nur in einem Rahmen verändern sollte, der für die Subjekte noch nachvollziehbar ist und somit die Organisation als Orientierungspunkt noch vorhanden bleibt und nicht durch allzu schnellen Wandel im diffusen Moment für subjektive Wahrnehmung unkenntlich wird.

Gerade wegen der großen Ähnlichkeit zum diffusen Moment muss gewährleistet werden, dass sich sowohl die Organisation als auch Subjekte über ihre jeweiligen Systemzustände austauschen und informieren. In der Kopplung muss die Information darüber, dass im kreativen Moment gelernt wird, mitgeführt werden.

Im Sinne einer kooperativen Beziehung zwischen Subjekt und Organisation erscheint es nicht sinnvoll, kreative Momente auf Dauer ohne die Rückbindung an strukturierte und offene Momente im Verhältnis beider Systemtypen zu stabilisieren. Der Wechsel zu strukturierten und offenen Momenten stellt den Normalfall in idealtypischen Organisationsentwicklungsprozessen dar. Die aus der kreativen Kopplung gewonnenen Innovationen müssen in die Abfolge von strukturierten und offenen Kopplungen integriert werden, um in praktikable Formen überführt werden zu können, die dazu geeignet sind, eine Strukturveränderung und Handlungserweiterungen von Organisationen und Subjekten zu unterstützen.

Hilfreich kann für diese Art der Gestaltung des Verhältnisses von Subjekt und Organisation ein herausforderndes Qualitätsmanagementprojekt sein, das alle Kopplungs-Zustände und die Reflexion darüber bedienen kann.

An diesem Punkt ist die Darstellung der im Forschungsprozess identifizierten vier Momente in der Kopplung von Subjekt und Organisation abgeschlossen. Im anschließenden Kapitel werden die ausgeführten Ergebnisse zusammenfassend dargestellt und einer abschließenden Reflexion unterzogen.

7 Zusammenfassung und Einordnung

"Das schönste Glück des denkenden Menschen ist,
das Erforschliche erforscht zu haben
und das Unerforschliche ruhig zu verehren"
(Goethe 1893, S. 159).

7.1 Die Ergebnisse

Der Ausgangspunkt dieser Arbeit war die Frage nach dem Verhältnis von Subjekt und Organisation. Oder, präziser formuliert, die Frage nach der Struktur und Dynamik ihrer Kopplung. Zur Beantwortung dieser Frage wurde versucht, in der Analyse und Darstellung komplexer Prozesse jene zu isolieren, anhand derer die Entwicklung einer Modellvorstellung zum Zusammenspiel von Organisation und Subjekt möglich ist.

Das wesentliche Ergebnis dieser Arbeit besteht in der Herausarbeitung und konzeptionellen Bestimmung diffuser, strukturierter, offener und kreativer Momente in der Kopplung zwischen Organisation und Subjekt. Die Art und Weise der Kopplung zwischen Organisation und Subjekt kann das Erreichen bestimmter Lernniveaus befördern, während einige Lernprozesse strukturell behindert werden.

Anders als in der klassischen Organisationssoziologie beginnt in dieser Studie die Analyse und theoretische Darstellung des Verhältnisses von Subjekt und Organisation nicht mit der Annahme einer Verbundenheit, sondern der relativen Unverbundenheit beider Systemtypen im Moment der diffusen Kopplung. An dieser Stelle erfolgt eine zusammenfassende Darstellung der einzelnen Momente, bei der die von Argyris und Schön formulierten Lerntypen (Argyris/Schön 2002, S. 45 f., Kapitel 2 in dieser Arbeit) als Richtschnur genutzt werden.

Im diffusen Moment lässt sich feststellen: Eingeschliffene individuelle Routinen laufen von der Organisation unbemerkt ab. Vom subjektiven Standpunkt aus gesehen erfolgen Handlungen unreflektiert oder aber auf einem Lernniveau 1, bei dem Handlungsvariationen in erster Linie zufällig erfolgen. Im herausfordernden Alltag ist es Erzieherinnen und Erziehern nur episodisch möglich, Situationen und Handlungsweisen eingehender zu untersuchen, um durch Mustererkennung gezielte Handlungsalternativen zu entwickeln. Bei der Realisierung eines solchen Lernniveaus 2 sind sie auf sich allein gestellt. Da die Subjekte in dieser Kopplung dem Sozialsystem Organisation keine Aufmerksamkeit schenken, ist die Organisationsentwicklung ausgeschlossen. Da Organisationsstrukturen nicht in den Lern- und Tätigkeitsbereich der Subjekte fallen, erfolgt kein single-loop-learning bezogen auf Organisationsstrukturen. Im diffusen Kopplungsmoment überwiegen demnach einfache subjektive Lernstrategien nach dem Prinzip von Versuch und Irrtum.

Im strukturieren Moment wird die Optimierungslogik der Lern-Niveaustufe 1 befördert, indem das Sammeln von Erfahrungen sowie das Bewerten und Abgleichen von Lösungen durch einzelne Individuen qua Organisationsentwicklung aus dem subjektiven Bereich in den kollektiven Bereich transferiert wird und somit eine Intensivierung erfährt. Im strukturierten Moment werden demnach Lernprozesse auf den Bereich der Organisation ausgeweitet.

Es werden Erfahrungen in einem Maße gemacht, wie es ein Individuum allein nicht könnte. Die Organisation und ihre Strukturen werden dabei für Subjekte zu handlungsleitenden Prämissen, die Orientierung und einen Pool an Handlungsmöglichkeiten bieten, was im vorliegenden Fall vor allem pädagogische Prozesse betrifft. Organisationsentwicklung vollzieht sich im Rahmen von Entscheidungen und Strukturierungen. Bislang unsystematisierte Abläufe werden zu offiziellen Handlungsprämissen. Die Organisation etabliert Strukturen, anhand derer im strukturierten Moment einfache Lernprozesse durch Verfahren institutionalisiert werden.

Im offenen Moment wird das Erreichen eines Lernniveaus 2 in subjektiven Lernprozessen strukturell befördert und durch die Organisation belohnt. Denn vor dem Hintergrund etablierter Verfahren und Handlungssicherheiten verfügen Subjekte über Kapazitäten, diese Verfahren nicht nur anzuwenden, sondern mit Abweichungen zu experimentieren.

Subjekte übernehmen sukzessiv die Strategien der Organisation zur Analyse und Entwicklung von Vorgehensweisen. Diese neu entwickelten Vorgehensweisen werden durch sie in das Kommunikationssystem Organisation eingespeist, was zu single-loog-lernen der Organisation führt. Durch je individuelle Lernprozesse der strukturell gekoppelten Subjekte wird organisationales Lernen dann gleichsam multipliziert.

Ein kreativer Moment konnte im Rahmen der Forschung nur ansatzweise nachgewiesen werden. Subjektives Lernen vollzieht sich in diesem Moment auf der Niveau-Stufe 3, wodurch es möglich wird, neue Theorierahmen zu entwerfen und einen Paradigmenwechsel zu vollziehen. Double-loop-learning und deutero-learning auf Ebene der Organisation würde das Niveau der inkrementellen Veränderung überwinden und neue Werte und eine veränderte Kultur etablierten.

Für den Fall von Kindertagesstätten wäre dies ein Selbstverständnis als Bildungsorganisation mit konsequent darauf ausgerichteten Strukturen.

Der Zusammenhang der Reflexionsniveaus ist nicht so strikt, wie es hier zusammenfassend dargestellt ist. Wie im Kapitel 6 zu den Kopplungsmomenten dargelegt wurde, können einzelne Reflexionsniveaus im Organisationssystem oder im psychischen System der Subjekte durchaus unabhängig voneinander bestehen. Aber zur vollen Entfaltung und wechselseitigen Potenzierung kommen sie in der beschriebenen Art und Weise erst durch die Synchronisation der Kopplungsmomente von Subjekt und Organisation. Gerade die Prozesse des Systematisierens und Abweichens als Lernstrategien sind durch die Verbindung von Organisations und Subjekt in ihrer Komplexität bedeutend zu steigern. In diesem Sinne kann Organisationsentwicklung einen Beitrag zur Professionalisierung leisten.

Die Ergebnisse dieser Arbeit widersprechen nicht der These operativ geschlossener Systeme. Kommunikationen haben keine direkten, kausalen Effekte in psychischen Systemen und umgekehrt verändern Gedanken allein noch keine Organisation. Was sich aber zeigen ließ, ist, in welcher Weise beide Systemtypen füreinander Irritationen bereitstellen und wie das jeweilige System auf eine Irritation mit systemeigenen Operationen anschließen kann. Die Kopplung zwischen Organisation und Subjekt führt nicht zu einem Abgleich auf der Ebene von Elementen. Es konnte aber gezeigt werden, wie es durch wechselseitige, dauerhafte Irritation zu einer Synchronisation auf struktureller Ebene gekommen ist.

Es ist die Dynamik und die Struktur von Lernprozessen, die in den beiden Systemtypen synchronisiert wurde. Lernen kann nur jedes System selbst. Aber es konnte gezeigt werden, wie Subjekt und Organisation die Lernstrategien in den eigenen Systemkontext hineinkopieren und wie es ihnen gelungen ist, Lernprozesse teilweise durch die ausgelagerte Bearbeitung im jeweils gekoppelten System, durch die Nutzung der Organisation bzw. des Subjekts als ausgelagerte Reflexionsinstanz, in ihrer Effizienz beträchtlich zu steigern.

Die These, dass jeweils ein Kopplungsmoment dominant das Muster der strukturellen Kopplung prägt, während auch andere Kopplungsmomente zu beobachten sind, ist kompatibel mit der etablierten Unterscheidung in strikte und lose Kopplungen (Luhmann 1997, S. 196 ff.; Weick 1985, S. 163 ff.) Es wurden in dieser Arbeit andere Begriffe gewählt, um einen Unterschied zu diesem etablierten Konzept zu markieren. Das vorgestellte Modell unterschiedlicher Kopplungsmomente soll die etablierte Unterscheidung in strikte und lose Kopplung nicht ersetzen, sondern in weitere Nuancen ausdifferenzieren. Es lassen sich dann strukturelle Kopplungsmuster beobachten, in denen strikte und lose Anteile gemäß der anteiligen Kopplungsmomente auftreten.

Das hier vorgestellte Modell soll dabei keine hierarchisch geordnete Abfolge von zu erreichenden Niveaus darstellen. In der charakterisierenden Beschreibung von strukturierten und offenen Momenten wurde beschrieben, dass hier nicht von einer hierarchischen Anordnung zu sprechen ist, sondern dass sich ein Lernprozess immer mindestens dieser zwei Stufen bedient. Als problematisch kann lediglich angesehen werden, wenn ein Kopplungsmoment überwiegt und somit beispielsweise nur diffuse Kopplung besteht oder zu stark auf Strukturierung abgehoben wird.

Die einzelnen Momente können als ein dynamisches Feld betrachtet werden, bei dem entscheidend ist, wie die einzelnen charakteristischen Strukturen und Dynamiken im Verhältnis zueinander stehen, oder, aus der Perspektive von Praxis und Beratung gesprochen: wie sie in ein produktives Verhältnis gesetzt werden können.

Die operative Geschlossenheit und Selbstorganisation von psychischen und sozialen Systemen setzt einer strikten Strukturierung im Sinne eines Kausalmodells enge Grenzen. Daher wird ein diffuser Moment in der Kopplung zwischen Subjekt und Organisation immer bestehen. Wie dargestellt ist pädagogische Professionalität aber auch in diesem Moment angelegt und wirksam.

Die vorgestellten idealtypischen Momente werden sich in der hier vorgenommenen konzeptionellen Grundform selten finden lassen. In diesem Sinne stellt das hier formulierte Modell Schattierungen vor, von denen die strukturelle Kopplung zwischen Subjekt und Organisation geprägt sein kann.

7.2 Kritik und Einordnung

Um eine allgemeine Gültigkeit beanspruchen zu können, muss begründet werden, inwiefern Forschungsergebnisse über den Bereich ihres Entstehungszusammenhangs hinausweisen. Eine Verallgemeinerung qualitativer Daten muss dabei hierbei anführen, unter welchen exakten Bedingungen eine solche Übertragung auf andere Sachverhalte sinnvoll erscheint.

Die Thesen und theoretischen Versatzstücke dieser Studie beruhen auf Einzelfallstudien aus dem begrenzten Feld des Projektes, in das drei Kindertagesstätten involviert waren. Die Forschungsergebnisse sind daher nur bedingt als repräsentativ einzustufen. Das entwickelte Theoriemodell wird sich so nicht immer auf Subjekte und Organisationen anwenden lassen. Dennoch beruhen die Ergebnisse auf einer Analyse dreier Kindertagesstätten, für die sie trotz der Unterschiede dieser drei Fälle einen hinreichend gültigen Erklärungswert aufwiesen. Bestimmte, dem theoretischen Modell wesentlich zugrunde liegende Merkmale, wie etwa die Tendenz zur Personalisierung und systematischen Ausblendung der Organisation, ließen sich in allen drei Kindertagesstätten finden. Und so ist zu vermuten, dass die hier aufgezeigten Prozesse und Dynamiken mindestens auch für andere Organisationen des Typs „Kindertagesstätte" zutreffen. Entsprechende Belege müssten in einer Hypothesen überprüfenden Studie erbracht werden.

Durch das theoriegenerierende Vorgehen in der Forschungsmethode sollte demnach ein Beitrag zur Theoriebildung geleistet werden. Darüber hinaus war es wesentlicher Bestandteil dieser Arbeit, einen Vorschlag für ein Forschungs- und Beratungsdesign vorzustellen, das der komplexen Konstitution des Gegenstandes angemessen erscheint. Des Weiteren sollten Hinweise zur Umsetzung von Veränderungsprojekten in Kindertagesstätten gegeben werden, die nicht zuletzt für die Diskussion um Professionalisierung einen Hinweis auf den Faktor „Organisation" enthalten.

Es war nicht das Ziel, Stufen organisatorischen und subjektiven Lernens neu zu definieren, die aus etablierten Theorien bekannt sind. Die dargestellten Momente haben sicherlich eine Nähe zu den definierten Lernstufen wie sie etwa Bateson (1985) für Subjekte oder Baecker (2003, S. 195) für Organisationen beschreiben. Neu erarbeitet wurde der Zusammenhang zwischen subjektiven und organisationalen Lernstufen. Der Erkenntnisgewinn dieser Arbeit liegt m. E. darin, gezeigt zu haben, wie Reflexionsprozesse im Falle von Kindertagesstätten auch von der Kopplung eines Systems zu seiner Umwelt abhängig sind.

Forschungsmethodisch wurde versucht, am Erkenntnisgegenstand orientiert zu arbeiten. Dabei wurden einige, ansonsten womöglich unversöhnliche, Paradigmen nebeneinander gestellt, wenn dies zielführend erschien. So treffen Systemtheorie und Kritische Psychologie, mithin Kommunikations- und Handlungstheorie aufeinander. Die Auswahl des theoretischen Referenzrahmens erfolgte pragmatisch. Gemeinsam ist soziologischer Systemtheorie und kritischer Psychologie jedoch eine grundlegende Position, die die Interventionen in ein System bzw. Subjekt problematisiert. Einerseits wird dies im Rahmen der Kritischen Psychologie aus einem Autonomiebestreben heraus abgeleitet. Andererseits liegt diese Prämisse in einer abstrakten Theorie geschlossener Systeme begründet.

Die vorliegende Studie bezog sich in beiden Fällen auf einen anspruchsvollen theoretischen Rahmen, was sich m. E. auch vor dem Hintergrund eines empirischen Forschungsvorhabens ausgezahlt hat. Zum einen konnten die abstrakten Theoriegebäude dazu beitragen, in informierter Weise in das Forschungsfeld zu gehen und theoretische Sensibilität auszubilden. Zum anderen boten sie eben durch ihre abstrakte Anlage genügend konzeptionellen Freiraum, um neue Perspektiven zu zulassen.

Das Kodierparadigma der Grounded Theory in seiner idealtypischen Form nach Strauss und Corbin (1996, S. 78), stößt mit seiner inhärenten linearen Logik an Grenzen bei der Erklärung rekursiver Prozesse, wie sie im Forschungsgegenstand dieser Arbeit auftraten. Das Kodierparadigma suggeriert aus konstruktivistischer Sicht unzulässige Kausalzusammenhänge, erwies sich forschungsstrategisch im Rahmen der forschenden Beratung aber als praktikabel im Hinblick auf die Anschlussfähigkeit an die Praxis. Eine kritische Sichtweise, die die Anwendung in der wissenschaftlichen Analyse anbelangt, wurde bereits im Kapitel 5.4 und 5.5 zum Abschluss der Methodenbeschreibung geleistet.

Die Realisierung der Aktionsforschung im konkreten Fall erwies sich naturgemäß als komplizierter als in der entsprechenden Methodenliteratur beschrieben. Dies gilt vor allem im Hinblick auf Anschlussfähigkeit zwischen Wissenschaft und Praxis. Die theoretische Arbeit ist letztlich dem Wissenschaftler überlassen. Praktikerinnen und Praktiker wurden dennoch nicht nur als Forschungsobjekte einbezogen, sondern regten mit ihren Reflexionen die wissenschaftliche Perspektive an.

Das angewendete Qualitätsmanagementsystem LQK folgt in seiner formalen Logik einem zweckrationalen Verständnis und zielt in erster Linie auf eine inkrementelle Veränderung innerhalb vorgegebener Mindestanforderungen ab. Trotz eines Verzichts auf eine Testierung innerhalb des Projektes war die dem Modell inhärente bürokratisch-schematische Logik z. B. durch die Rede von „Mindestanforderungen" und „Nachweisen", wirksam. Dies hat m. E. Lernprozesse ab einem bestimmten Zeitpunkt behindert. Ebenfalls musste ab einem bestimmten Punkt die Logik der Systematisierung überwunden werden. Diese Leitidee ist sinnvoll, um Momente von strukturierter und lernender Kopplung in einer Organisation zu implementieren. Genau diese Strukturierung wandelte sich dann aber ab einem gewissen Punkt gegen den Lernprozess und wirkte sich für das Erreichen des innovativen Momentes in der Kopplung kontraproduktiv aus. In diesem Sinne ist Willke Recht zu geben, wenn er feststellt, dass es für das Lernen von Organisationen und Subjekten nicht ausreicht, Papier mit Texten zu Verfahrensabläufen zu beschreiben (Willke 2000, S. 19 ff.).

Das LQK-Modell selbst verfügt nicht über ein differenziertes Verständnis des Verhältnisses von subjektiven und organisationalen Lernprozessen. Diese Prozesse verbleiben in einem vage gefassten Zusammenspiel von Reflexionen der Organisationsmitglieder und der Strukturierung von Abläufen innerhalb der Organisation. Es bleibt ungeklärt, auf welchem Wege sich schriftlich formulierte Verfahren auf das praktische Handeln von Subjekten auswirken bzw. wie sich ein entsprechender Transfer gestaltet.

Jeder Forschungsprozess ist mit methodischen Schwierigkeiten konfrontiert. Trotz der hier aufgeführten Kritikpunkte ermöglichte die Wahl der Methoden eine umfassende Zugangsweise zur Forschungsfrage. Im Folgenden soll dennoch benannt werden, wo m. E. offene Fragen eine weitere Bearbeitung bedürfen.

7.3 Desiderate

Vor allem durch die Gruppendiskussionen zum Ende des Projektes, erfolgten Bestätigungen der Theoretisierungen und signalisierten eine hinreichende Sättigung der Theorie. Neue Erkenntnisse kamen im Forschungsprozess nicht mehr hinzu. Dennoch ist zu bemerken, dass die Forschung in diesem Punkt wie im gesamten Projektverlauf den konkreten Gegebenheiten des Feldes in Art und Intensität der Forschung Rechnung tragen musste. Das vorgestellte Design passte zur Fragestellung, resultierte aber auch aus einer Passung zum Feld und zur Beratung. Auch fiel das Ende der Forschungsarbeit mit dem Ende des Projektes zusammen.

Eine strukturtheoretische Analyse ist naturgemäß für bestimmte Phänomene sensibilisiert. Auch wenn in dieser Studie mit der Kritischen Psychologie ein Referenzrahmen zur Erläuterung subjektiver Vorgänge eingebunden war, erscheint es gewinnbringend, die dargestellten Ergebnisse um eine organisationspsychologische Sichtweise zu ergänzen. Gerade die in Interaktionsprozessen ablaufenden „feinstofflichen" Aushandlungsprozesse bezüglich impliziter Organisationsregeln und -kulturen, konnten durch das in dieser Arbeit realisierte Forschungsdesign nicht eingehend betrachtet werden.

Eine weitere mögliche Ausweitung der Forschung bezieht sich auf den Zuschnitt des beobachteten Feldes. Wenn im Rahmen dieser Studie von der „Organisation Kindertagesstätte" gesprochen wird, ist damit eine geschlossene Organisationseinheit gemeint. Dennoch kann sie streng genommen nicht als autonome (Bildungs-) Organisation verstanden werden. Eine Kindertagesstätte ist immer, zumindest in den hier zugrunde liegenden Fällen, in das Gefüge eines Trägers eingebunden. Diese Arbeit fokussiert das Verhältnis von Subjekt und Organisation am Beispiel von Erzieherinnen bzw. Erziehern in Kindertagesstätten. Die Rolle des Trägers und der Gesellschaft wurde in dieser Studie nur angedeutet. Eine hinreichende Analyse vor dem Hintergrund des dargestellten Paradigmenwechsels (Kap. 3.1) erfordert jedoch eine Berücksichtigung dieser weiteren Zusammenhänge.

8 Ausblick

Gemäß einer gewissen pragmatischen Ausrichtung, die der gesamten Studie inhärent war, werden an dieser Stelle einige Schlussfolgerungen für Beratungsprozesse aufgeführt und Konsequenzen benannt, die sich m. E. für Kindertagesstätten ergeben. Abschließend werden Hinweise für die allgemeine pädagogische Organisationsforschung gegeben, die skizzieren, inwieweit diese Disziplin durch die dargelegte Forschungsmethode und gewonnenen Ergebnisse inspiriert werden könnte.

8.1 Schlussfolgerungen für Beratung

Organisationsentwicklungsprozesse werden mit dem Ziel durchgeführt, die Reflexions- und Handlungsfähigkeit in einem System zu steigern. Vor dem Hintergrund des in dieser Arbeit entwickelten Modells, können in einem ersten Schritt bestehende Kopplungsmomente zwischen Organisation und Subjekt identifiziert werden. Eine solche Analyse liefert erste Anhaltspunkte für die weitere Entwicklungsarbeit. Besonders in der nicht systematisierten „gelebten Praxis", den Handlungsvollzügen von Subjekten in diffuser Kopplung zur Organisation, finden sich oftmals Hinweise auf effektive Problembearbeitungen. Im Feld der Kindertagesstätten haben Erzieherinnen und Erzieher durch ihre feinsinnigen Beobachtungen und Überlegungen Möglichkeiten entwickelt, um mit alltäglichen Situationen umzugehen. Diese Vorgehensweisen sind in vielerlei Hinsicht an organisierte Rahmenbedingungen, Bildungsprozesse der Kinder und Ansprüche der Eltern angepasst und haben sich als tragfähig erwiesen. Eine Systematisierung dieser Lösungen ist dann ein sinnvoller erster Ansatzpunkt für die Synchronisation der Lernprozesse von Organisation und Subjekt.

Organisations- und Qualitätsentwicklung welcher Art auch immer, läuft im Kern auf solche Systematisierung und Konkretisierung, d. h. Festlegung von Handlungsabläufen, hinaus. Subjekten ist, zumindest vorbewusst, klar, dass eine solche schließende Bewegung der Dynamik ihres professionellen Handelns entgegensteht. Es kann dann zu Abwehrhaltungen kommen und gerade im pädagogischen Feld sind die Einführung systematischer Regeln und Verfahren mit Schwierigkeiten verbunden. Die Kunst in der Beratung und Organisationsentwicklung besteht darin, die Prozesse subjektiver Handlungserweiterung mit einer organisationalen Entwicklung zu synchronisieren. Stehen sich die beiden unterschiedlichen Logiken entgegen, kann es zu erheblichen Reibungsverlusten, Blockaden und Abwehrhaltungen kommen. Im Beratungsprozess von Kindertagesstätten müssen dabei zwei Ebenen unterschieden werden: Zum einen die organisatorischen Entscheidungen und deren Rahmung durch Kontrolle bzw. Strukturierung der Abweichung. Zum anderen die pädagogische Fachdiskussion über Vorgehensweisen. Weiterbildungen können fachliches Wissen liefern, die spezifische Aufgabe von Beratung besteht darin, im personalisierten Feld von Kindertagesstätten, den Aspekt der Organisation zu betonen.

Anhand der in dieser Studie identifizierten Formen der Kopplung konnte belegt werden, dass Qualitätsentwicklung bis zu einem gewissen Maße funktioniert, inklusive positiver Effekte auf die Professionalität der Erzieherinnen und Erzieher. Es wurde aber auch deutlich, dass in Entwicklungsprozessen, die an ein standardisiertes Qualitätsentwicklungsmodell orientiert sind, eine Verbesserungslogik vorherrscht. Vorhandene Strukturen und Abläufe werden systematisiert und optimiert. Diese Prozesse haben förderliche Auswirkungen sowohl auf die handelnden Subjekte als auch auf die Organisation Kindertagesstätte. Beide Seiten können in der Kopplung zueinander jeweils relevante Leistungen für einander bieten. Kreative Kopplungen und Innovationen waren hingegen weniger oft zu beobachten. Lernprozesse werden sich daher oftmals in Form einer inkrementellen Veränderung feststellen lassen. Wiesenthal bezeichnet dies als einfache Lernprozesse: „Primäres Lernresultat ist die gesteigerte Regeltreue des Handelns und folglich die Berechenbarkeit des Organisationsprozesses in Kategorien formaler Regelhaftigkeit" (Wiesenthal 1995, S. 138).

Dennoch kann man auch die Entwicklung von Regelungen und Strukturen an Stellen, an denen vorher individuelle Rituale und Unsicherheitszonen vorherrschten, als Innovation ansehen und als Erfolg würdigen. Die Optimierungslogik darf jedoch nicht überwiegen, um Raum für eine kreative Kopplung zu lassen. Nachhaltig verändernde Innovationen entspringen dem aufgeklärt-professionellen Handeln der Erzieherinnen und Erzieher in einer lernenden Organisation. Erfolg versprechend erscheinen in diesem Sinne Veränderungsprozesse, die sensibel mit den unterschiedlichen Momenten struktureller Kopplung umgehen und Weiterbildungen mit Organisationsentwicklungsprozessen kombinieren.

8.2 Konsequenzen für Kindertagesstätten

Es geht bei der Einführung von neuen pädagogischen Konzepten um weit mehr als um ein fachliches Wissen, das durch Weiterbildungen an Erzieherinnen und Erzieher weitergegeben werden könnte. Der Paradigmenwechsel in der Frühpädagogik beinhaltet und fordert vielmehr eine Veränderung, die den Kern der Identität von Erzieherinnen und Erziehern betrifft. Gleiches gilt für die Selbstbeschreibung von Kindertagesstätten.

Diese Erwartungen an Kindertagesstätten und Erzieherinnen und Erzieher von Seiten der Politik und Wissenschaft sind nicht selbstverständlich zu erreichen. Das Erreichen einer kreativen Kopplung und somit tief greifender Veränderungen in Kultur und Haltung ist eine sehr anspruchsvolle Aufgabe, deren Bewältigung in Anbetracht der hier vorgelegten Ergebnisse erst dann möglich wird, wenn entsprechende Grundlagen in den jeweiligen Kopplungsmomenten geschaffen wurden. In diesem Sinne sollten alle Bemühungen um die Qualitätsentwicklung in Kindertagesstätten verstanden werden. Erste Schritte der Strukturierung sind sicherlich nicht ausreichend und noch nicht das Ziel eines Veränderungsprozesses. Aber sie sind notwendige Schritte, wenn die an das Feld der Kindertagesstätten formulierten Ansprüche irgendwann erfüllt sein sollen. Die Anstrengung und der zeitliche Rahmen solcher Veränderungen sollte realistisch eingeschätzt werden und beginnende Veränderungen nicht mit ungeduldiger Kritik zusätzlich erschwert werden.

Die aktuelle Diskussion um den Paradigmenwechsel in der Frühpädagogik greift zu kurz, wenn sie nur einseitig auf die Professionalisierung von Erzieherinnen und Erziehern abstellt. Verbleiben Fragen der Organisation ausgeblendet, wird man mit dem Umstand konfrontiert, dass Erzieherinnen und Erzieher Schwierigkeiten haben, neue pädagogische Konzepte, die sie ggf. in Qualifizierungsmaßnahmen kennen gelernt haben, umzusetzen. Dies ist ein Problem, dass bereits im Zuge der Human-Relation-Trainings als „back-home-situation" bemerkt wurde (Pieper 1988, S. 47). Das in Trainingsgruppen erlernte Wissen und Können konnte nur bedingt in der Praxis umgesetzt werden, weil die Bedingungen am Arbeitsplatz unverändert geblieben waren (vgl. Gebert/Rosenstiel 1996, S. 314 f.).

Neue Konzepte der Frühpädagogik können nicht additiv zu bisherigen Aufgaben von Kindertagesstätten und zum Handeln von Erzieherinnen und Erziehern ergänzt werden, denn diese neuen Konzepte sind mit bisherigen Strukturen oftmals nicht kompatibel. Daher ist nicht nur ein Dazulernen, sondern ein tiefgreifendes Um- und Verlernen geboten, das im wahrsten Sinne des Wortes an die Substanz geht und das gesamte Feld „Kindertagesstätte" umfasst.

Diese Aufgaben können daher nicht nur subjektiv bearbeitet werden, sondern müssen die Arbeit an Strukturen der Organisation einschließen. Personalentwicklung muss zusammen mit Aspekten der Organisationsentwicklung betrachtet werden. Professionelles pädagogisches Handeln ist nur in einer lernenden Organisation möglich. Denn die Umsetzung komplexer pädagogischer Konzepte und Verfahren, wie bspw. Konzepte zur Beobachtung und Dokumentation von Bildungs- und Lernprozessen, kann nur gelingen, wenn subjektives Handeln und Organisationsprozesse ineinander greifen.

Dreifacher Habitus

Der von Erzieherinnen und Erziehern als Merkmal ihrer Professionalität geforderte „doppelte Habitus" (Nentwig-Gesemann 2008, S. 256) aus implizitem praktischen Können und Wissen und einer reflexiven Selbstdistanzierung, die von unmittelbaren Zwängen der Praxis und Handlungsnotwendigkeiten emanzipiert, kann m. E. entscheidend durch die Einbeziehung von Organisationsentwicklung befördert werden. Die kompetente Einbeziehung und Gestaltung der Organisation Kindertagesstätte könnte als weiterer eigenständiger Aspekt in einen „dreifachen Habitus" einfließen und zum Bestandteil des professionellen Selbstverständnisses von Erzieherinnen und Erziehern werden. In diesem Sinne haben die im Forschungs- und Beratungsprojekt beteiligten Erzieherinnen und Erzieher Handlungserweiterungen im Bereich des Qualitätsmanagements realisiert, wie sie im Programm der Robert Bosch Stiftung (2008, S. 157 f.) für das Studium der Frühpädagogik als Orientierungsrahmen für Hochschulen definiert sind. Als Beispiele seien hier genannt:

- grundlegende und exemplarisch vertiefte Kenntnisse über Möglichkeiten der Selbst- und Fremdevaluation,
- selbstreflexive Auseinandersetzung mit angewandten Methoden und Ergebnissen der eigenen Arbeit,
- Fähigkeit zur Analyse und Bewertung organisatorischer Abläufe in der Einrichtung aufgrund von Qualitätskriterien,
- Fähigkeit, Wissen und Verständnis gezielt für die Planung und Weiterentwicklung von organisatorischen und pädagogischen Abläufen und Prozessen ins Team einbringen zu können,
- Fähigkeit, Methoden und Instrumente der Evaluation und der Qualitätsentwicklung theoretisch fundiert und reflektiert zu planen und umzusetzen,

Organisationsstrukturen werden gerade dann zum Reflexions- und Lerngegenstand, wenn Subjekte ihre Handlungsweisen vor dem Hintergrund organisierter Verfahren, d. h. durch Anwendungen oder in informiert abweichender Weise, kritisch überprüfen. Gerade Kindertagesstätten haben hier durch die Struktur pädagogischer Professionalität enorme Potenziale zur Informationsgewinnung für Organisationsentwicklungsprozesse. Entscheidend ist, wie mit den Resultaten subjektiver Lernprozesse umgegangen wird. Dies ist dann wiederum vor allem auch eine Frage der Organisation. Bleiben subjektive Lernprozesse individualisiert und in einem diffusen Verhältnis zur Organisation, können sie nicht als Irritation für Organisationsentwicklung genutzt werden. Produktiv werden subjektive Lernprozesse erst durch ihre, durch strukturierte und offene Kopplung ermöglichte, Einbettung in den Organisationszusammenhang.

Je häufiger bisherige Vorgehensweisen in Kindertagesstätten in Frage gestellt werden, z. B. im Rahmen einer erziehungswissenschaftlichen Diskussion, desto mehr benötigt eine Kindertagesstätte interne Anlässe und Räume, bei denen Wissen und Verfahren durch die Personen der Organisation selbst kritisch hinterfragt werden können. Solche Anlässe müssen risikolos sein, dürfen nicht unter Zeitdruck stehen und müssen Nichtwissen und Irritationen zulassen (vgl. Wimmer 2000, S. 285). Es braucht „Spielräume, die auszuprobieren erlauben, ob es auch besser gehen kann, als in den gewohnten Routinen und Settings" (Müller 2003, S. 316) Dies kann auch durch eine Zusammenarbeit von Wissenschaft und Praxis in Form von Praxisforschung- und erprobung, Coaching, Beratung (vgl. Rabe-Kleberg 2008, S. 247) besser gelingen.

Organisationsentwicklung als Zusammenführung von subjektiven und organisationalen Lernprozessen ist zum einen eine notwendige Strategie, wenn den formulierten Ansprüchen an eine Professionalisierung entsprochen werden soll. Zum anderen zeigt die hier vorgelegte Untersuchung aber auch die Grenzen eines solchen Vorgehens auf. Trotz der Anwendung innovativer, Kreativitätfördernder Beratungs- und Weiterbildungsmethoden wurden Innovationen nur in Ansätzen entwickelt.

Entscheidend ist jedoch, dass die Organisation „Kindertagesstätte" auf wachsende Anforderungen und der wachsenden Komplexität der an sie adressierten Aufgaben mit dem Aufbau interner Komplexität reagiert. Dies setzt voraus, dass die Organisation entdeckt und dazu genutzt wird, die Fähigkeiten und Ideen der einzelnen Personen zusammenzuführen und auf die Bewältigung der Aufgaben zu bündeln.

Ich denke, dass in dieser Arbeit der Zusammenhang zwischen Organisation und Subjekt in seinen unterschiedlichen Formen dargestellt wurde und verdeutlicht werden konnte, wie die jeweiligen Reflexionsleistungen beider Seiten auch durch ihr wechselseitiges Zusammenwirken beeinflusst sind. Analog zu Niermann, der in der "Rückkehr der Subjekte" (Niermann 2007, S. 121) den Schlüssel zum Erkennen und Lösen von Widerständen, Blockaden und Treibern in Kommunikationsprozessen sieht, sehe ich die Einführung der Organisationsperspektive in die Professionalisierungsdebatte und das personalisierte Feld der Kindertagesstätten als Schlüssel für eine Weiterentwicklung der Frühpädagogik in der Praxis.

8.3 Hinweise für die pädagogische Organisationsforschung

Die vorgelegte Untersuchung wurde exemplarisch im Feld der Kindertagesstätten mit seinen spezifischen Merkmalen durchgeführt. In vielfacher Hinsicht durchläuft dieser Zweig des Pädagogischen im Rahmen des feststellbaren Paradigmenwechsels und der Neuorientierung von Kindertagesstätten als Bildungsorganisationen (vgl. Kapitel 3.1) derzeit in Teilen ähnliche Prozesse und Diskussionen, wie dies die Erwachsenenbildung und Weiterbildungsorganisationen schon seit den 1970er Jahren unter den Überschriften „selbstgesteuertes Lernen", „Professionalisierung", „Teilnehmerorientierung" und „Lernende Organisation" getan haben (Dollhausen 2007). Vor allem die Konzentration des durchgeführten Forschungsprojektes auf die Handlungserweiterung des pädagogischen Fachpersonals im Rahmen eines Organisationsentwicklungsprozesses rückt theoretische und methodische Fragestellungen jenseits einer spezifischen Ausrichtung des Feldes auf frühkindliche Bildungsprozesse in den Mittelpunkt, die denen des Bereichs der Erwachsenenbildung ähneln.

Die im Rahmen dieser Arbeit entwickelte Vorgehensweise und auch die gewonnenen Ergebnisse können daher auch für andere Bildungsorganisationen wie Schulen, Berufschulen, Volkshochschulen, etc. und der allgemeinen pädagogischen Organisationsforschung von Interesse sein und ggf. Inspirationen bieten. Denn nach wie vor gilt, dass sich die pädagogische Organisationsforschung derzeit noch auf der Suche nach theoretischen Konzepten und empirischen Forschungsmethoden zur Erfassung und Bearbeitung ihres Gegenstandes befindet (Dollhausen 2007; Göhlich 2005).

In theoretischer Hinsicht kann die vorliegende Arbeit mit dem Modell unterschiedlicher Momente in der Kopplung von Subjekt und Organisation eine neuartige Perspektive auf diese komplexe Thematik anbieten, vor allem auch bezüglich des Wechselspiels der Lernprozesse der unterschiedlichen Systemtypen in Qualitätsentwicklungsprozessen. Zwar speisen sich die theoretischen Grundannahmen aus Disziplinen wie der Soziologie und Psychologie, erfahren aber mit der Fokussierung auf den Aspekt des Lernens eine Ausrichtung auf diesen genuin organisationspädagogischen Aufmerksamkeitsbereich (Göhlich 2005, S. 15) und thematisiert ihn in einer ganzheitlichen Weise. In der Konzeption und Ausrichtung der Forschungsmethode kommt ein spezieller Zugang zur Anwendung, der auch einer (erwachsenen-) pädagogischen Organisationsforschung angemessen erscheint. Hier kann vor allem interessant sein, wie Lernprozesse von Subjekten und Organisationen in Forschungskontexten angeregt und stabilisiert werden können (Göhlich 2007, S. 226). Diese Arbeit demonstriert eine mögliche Form, in der durch die Kombination von Forschung und Beratung insbesondere erwachsenenpädagogische Arrangements für Lernräume in der Organisation gestaltet und institutionalisiert werden können. Somit wird eine berufliche Weiterbildung jenseits spezieller Fortbildungsseminare im Alltag integriert und auch das Lernen einer Bildungsorganisation kann auf Dauer gestellt werden. Die durchgeführte Untersuchung liefert ein Beispiel, wie die unterschiedlichen Aspekte von Forschungsmethode, Beratung bei Praxisproblemen, professionelles pädagogisches Handeln und dem Lernen bzw. der Qualitätsentwicklung einer Bildungsorganisation in ein Verhältnis zueinander gesetzt werden können. Subjektive Lernprozesse sind die unentbehrliche Voraussetzung für organisationale Lernprozesse. Durch die Beobachtung ihrer personalen Umwelt erhält eine Organisation Informationen und damit Irritationen für Strukturveränderungen. Ähnliches gilt für subjektives Lernen in organisierter Rahmung. Das Verhältnis von Subjekt und Organisation, bzw. die Sensibilisierung beider Systemtypen füreinander sollte daher nicht einseitig als eine mögliche Tendenz zur „De-Professionalisierung" (Tacke 2004, S. 37 f.) gesehen werden, sondern als Möglichkeit zur Steigerung pädagogischer Professionalität. Sicherlich kann pädagogisch professionelles Handeln nicht standardisiert und vollständig rationalisiert werden. Die Kunst in pädagogischer Tätigkeit besteht in der Bearbeitung ihres typischen Handlungsproblems, dem Bearbeiten der Differenz von Krise und Routine (Oevermann 2008, S. 57). In diesem Sinne ist pädagogische Professionalität vor dem Hintergrund der in diesem Buch vorgeschlagenen Modells unterschiedlicher Momente in der Kopplung von Subjekt und Organisation angesiedelt in der Entscheidung zwischen informiertem Handeln und informiertem Abweichen. Pädagogisches Handeln bleibt in diesem Sinne frei, ausschlaggebend für das Lernen einer Bildungsorganisation ist dann aber, wann und wie professionelle Pädagoginnen und Pädagogen das Sozialsystem Bildungsorganisation über subjektive Lernprozesse informieren.

9 Literatur

Ahlemeyer, Heinrich W. (1996): Systemische Organisationsberatung und Soziologie. In: Aleman, H. von; Vogel, A. (Hrsg.): Soziologische Beratung. Praxisfelder und Perspektiven, IX. Tagung für angewandte Soziologie. Opladen: Leske + Budrich, S. 77 – 89.

Alisch, Monika; May, Michael (2008): Praxisforschung im Sozialraum. Fallstudien in ländlichen und urbanen sozialen Räumen. Opladen: Budrich.

Allgäuer, Ruth (1997): Evaluation macht uns stark! Zur Unverzichtbarkeit von Praxisforschung im schulischen Alltag. Frankfurt am Main: Lang.

Altrichter, Herbert; Posch, Peter (2007): Lehrerinnen und Lehrer erforschen ihren Unterricht. Unterrichtsentwicklung und Unterrichtsevaluation durch Aktionsforschung. 4., überarb. und erw. Auflage. Bad Heilbrunn: Klinkhardt.

Angermann, Rainer (2005): Die Funktion der Unterrichtsevaluation im Kontext der Praxisforschung: Unterricht als Gegenstand forschend lernender Lehrerinnen und Lehrer am Arbeitsplatz Schule. Kassel: Kassel University Press.

Argyris, Chris (1997): Wissen in Aktion. Eine Fallstudie zur lernenden Organisation. Stuttgart: Klett-Cotta.

Argyris, Chris (1999): Defensive Routinen. In: Fatzer, G. (Hrsg.): Organisationsentwicklung für die Zukunft. Ein Handbuch. Köln: EHP, S. 179 – 226.

Argyris, Chris; Schön, Donald A. (2002): Die lernende Organisation. Grundlagen, Methode, Praxis. 2. Auflage. Stuttgart: Klett-Cotta.

Arnold, Rolf; Siebert, Horst (1997): Konstruktivistische Erwachsenenbildung: von der Deutung zur Konstruktion von Wirklichkeit. 2. Auflage 1997. Baltmannsweiler: Schneider-Verlag Hohengehren.

Atteslander, Peter (1995): Methoden der empirischen Sozialforschung. 8., bearb. Auflage. Berlin; New York: de Gruyter.

Baecker, Dirk (1995): Durch diesen schönen Fehler mit sich selbst bekannt gemacht. Das Experiment der Organisation. In: Heitger, B. et al. (Hrsg.): Managerie 3. Jahrbuch für systemisches Denken und Handeln im Management. Heidelberg: Auer, S. 210 – 228.

Baecker, Dirk (1999): Organisation als System. Aufsätze. Frankfurt am Main: Suhrkamp.

Baecker, Dirk (2000): Ausgangspunkte einer soziologischen Managementlehre. In: Soziale Systeme 6, H. 1. Opladen: Leske + Budrich, S. 137 – 168.

Baecker, Dirk (2003): Organisation und Management. Frankfurt am Main: Suhrkamp.

Bank, Volker (2004): Von der Organisationsentwicklung zum systemischen Change Management. Norderstedt: Books on Demand.

Baraldi, Claudio (1999 a): Funktionale Analyse. In: Baraldi, C.; Corsi, G.; Esposito, E. (Hrsg.): GLU: Glossar zu Niklas Luhmanns Theorie sozialer Systeme. 3. Auflage, Frankfurt am Main: Suhrkamp, S. 61 – 63.

Baraldi, Claudio (1999 b): Sinn. In: Baraldi, C.; Corsi, G.; Esposito, E. (Hrsg.): GLU: Glossar zu Niklas Luhmanns Theorie sozialer Systeme. 3. Auflage, Frankfurt am Main: Suhrkamp, S. 170 – 173.

Bateson, Gregory (1985): Ökologie des Geistes. Frankfurt am Main: Suhrkamp.

Beck, Ulrich; Bonß, Wolfgang (1984): Soziologie und Modernisierung. Zur Ortsbestimmung der Verwendungsforschung. In: Soziale Welt 35, S. 381 – 406.

Bellinger, Andréa; Krieger, David (Hrsg.) (2006): Ritualtheorien. Ein einführendes Handbuch. 3. Auflage. Wiesbaden: VS Verlag für Sozialwissenschaften.

Bock, Karin (2008): Einwürfe zum Bildungsbegriff. Fragen für die Kinder- und Jugendhilfeforschung. In: Otto, H.-U.; Rauschenbach, T. (Hrsg.): Die andere Seite der Bildung. Zum Verhältnis von formellen und informellen Bildungsprozessen. 2. Auflage. Wiesbaden: VS Verlag für Sozialwissenschaften.

Böttcher, Wolfgang; Terhart, Ewald (2004): Organisationstheorie in pädagogischen Feldern. In: Dies. (Hrsg.): Organisationstheorie in pädagogischen Feldern. Wiesbaden: VS Verlag für Sozialwissenschaften, S. 7 – 15.

Boos, Frank; Heitger, Barbara; Hummer, Cornelia (2006): Systemische Beratung im Vergleich. Anforderungen und Zukunft. In: Tomaschek, N. (Hrsg.): Systemische Organisationsentwicklung und Beratung bei Veränderungsprozessen. Ein Handbuch. Heidelberg: Carl-Auer-Systeme Verlag, S. 196 – 211.

Bortz, Jürgen; Döring, Nicola (2006): Forschungsmethoden und Evaluation für Human- und Sozialwissenschaftler. 4., überarb. Auflage. Berlin: Springer.

Bostelmann, Antje; Metze, Thomas (2000): Der sichere Weg zur Qualität. Kindertagesstätten als lernende Unternehmen. 2. Auflage. Weinheim: Beltz.

Brée, Stefan (2007): Künstlerische Wahrnehmungs- und Produktionsweisen - Ein Entwicklungsraum für das Lernen von Subjekten und Organisationen. Hannover: Expressum.

Brée, Stefan (2008): Künstlerische Verfahren als Modell für das Lernen von Kindern. In: Gewerkschaft Erziehung und Wissenschaft (Hrsg.): Das Bildungsbuch. Dokumentieren im Dialog. Berlin: verlag das netz, S. 143 – 161.

Brée, Stefan; Kieselhorst, Markus (2008): Qualitätsentwicklung als komplexe Herausforderung für das Lernen von und in Kindertageseinrichtungen. Abschlussbericht zum Projekt. Unveröffentlichtes Manuskript.

Bundesministerium für Bildung und Forschung (BMBF) (2005) (Hrsg.): Auf den Anfang kommt es an. Perspektiven für eine Neuorientierung frühkindlicher Bildung. Reihe Bildungsreform Band 16. Berlin und Bonn.

Bundesministerium für Familie, Senioren, Frauen und Jugend (BMFSFJ) (2005 a) (Hrsg.): Das Tagesbetreuungsausbaugesetz (TAG). Berlin.

Bundesministerium für Familie, Senioren, Frauen und Jugend (BMFSFJ) (Hrsg.) (2005 b): Zwölfter Kinder- und Jugendbericht. Bericht über die Lebenssituation junger Menschen und die Leistungen der Kinder- und Jugendhilfe in Deutschland. Berlin.

Chalupsky, Jutta; et al. (2000): Der Mensch in der Organisation. Schriftenreihe „Organisation" – Band 4. 5. Auflage. Gießen: Verlag Dr. Götz Schmidt.

Cloos, Peter (2001): Ausbildung und beruflicher Habitus von ErzieherInnen. In: Hoffmann, H. (Hrsg.): Studien zur Qualitätsentwicklung von Tageseinrichtungen. Neuwied; Berlin: Luchterhand, S. 97 – 130.

Corsi, Giancarlo (1999): Evolution. In: Baraldi, C.; Corsi, G.; Esposito, E. (Hrsg.): GLU: Glossar zu Niklas Luhmanns Theorie sozialer Systeme. 3. Auflage. Frankfurt am Main: Suhrkamp, S. 52 – 55.

Deeg, Jürgen; Weibler, Jürgen (2008): Die Integration von Individuum und Organisation. Wiesbaden: VS Verlag für Sozialwissenschaften.

Deutsches Jugendinstitut e. V. (DJI) (2007): Abschlussbericht des Projekts „Bildungs- und Lerngeschichten als Instrument zur Konkretisierung und Umsetzung des Bildungsauftrags im Elementarbereich". Abrufbar im Internet: www.dji.de/bildunglerngeschichten/BuLG_Abschlussbericht.pdf. Letzter Auf-ruf: 03.03.2009.

Dewey, John (2002): Wie wir denken. John-Dewey-Reihe; Band 2. Zürich: Verlag Pestalozzianum.

Diller, Angelika; Leu, Hans Rudolf; Rauschenbach, Thomas (2005): Der Streit ums Gütesiegel. Qualitätskonzepte für Kindertageseinrichtungen. München: DJI

Dippelhofer-Stiem, Barbara (2003): Beruf und Professionalität. In: Fried, L. et al.: Einführung in die Pädagogik der frühen Kindheit. Weinheim; Basel; Berlin: Beltz, S. 122 – 153.

Dippelhofer-Stiem, Barbara (2006): Berufliche Sozialisation von Erzieherinnen. In: Fried, L.; Roux, S. (Hrsg.): Pädagogik der frühen Kindheit. Weinheim; Basel: Beltz, S. 358 – 367.

Dollhausen, Karin (2006): Neue Lernformen – neue Lernkultur – organisationales Lernen in Bildungseinrichtungen. Bonn: Deutsches Institut für Erwachsenenbildung. Abrufbar im Internet: www.die-bonn.de/esprid/dokumente/doc-2006/dollhausen06_01.pdf. Letzter Aufruf: 03.03.2009.

Dollhausen, Karin (2007): Einführung: „Lernende Organisation" als Bezugspunkt der erwachsenenpädagogischen Organisationsforschung? In: Dollhausen, K.; Nuissl von Rein, E. (Hrsg.): Bildungseinrichtungen als „lernende Organisationen"? Befunde aus der Weiterbildung.Wiesbaden: Deutscher Universitäts-Verlag, S. 1 – 16.

Duncker, Ludwig (1999): Begriff und Struktur ästhetischer Erfahrung. In: Neuß, N. (Hrsg.): Ästhetik der Kinder. Interdisziplinäre Beiträge zur ästhetischen Erfahrung von Kindern. Frankfurt am Main: Gemeinschaftswerk der evangelischen Publizistik GEP, S. 9 – 19.

Ehses, Christiane; Heinen-Tenrich, Jürgen; Zech, Rainer (2001): Das lernerorientierte Qualitätsmodell für Weiterbildungsorganisationen. Hannover: Expressum.

Ehses, Christiane; Zech, Rainer (2002): Organisationale Qualitätsentwicklung aus der Perspektive der Lernenden - eine Paradoxie? In: Heinold-Krug, E.; Meisel, K. (Hrsg.): Qualität entwickeln - Weiterbildung gestalten. Handlungsfelder der Qualitätsentwicklung. Bielefeld: W. Bertelsmann, S.114 – 124.

Einstein, Albert (2000): Einstein sagt. Zitate, Einfälle, Gedanken. Herausgegeben von A. Calaprice. München; Zürich: Piper.

Elias, Norbert (1987): Engagement und Distanzierung. Frankfurt am Main: Suhrkamp.

Esch, Karin; et al. (2006): Qualitätskonzepte in der Kindertagesbetreuung. Ein Überblick. Wiesbaden: VS Verlag für Sozialwissenschaften.

Esposito, Elena (1999 a): Interpenetration. In: Baraldi, C.; Corsi, G.; Esposito, E. (Hrsg.): GLU: Glossar zu Niklas Luhmanns Theorie sozialer Systeme. 3. Auflage. Frankfurt am Main: Suhrkamp, S. 85 – 88.

Esposito, Elena (1999 b): Redundanz/Varietät. In: Baraldi, C.; Corsi, G.; Esposito, E. (Hrsg.): GLU: Glossar zu Niklas Luhmanns Theorie sozialer Systeme. 3. Auflage, Frankfurt am Main: Suhrkamp, S. 151 – 154.

Esposito, Elena (1999 c): Strukturelle Kopplung. In: Baraldi, C.; Corsi, G.; Esposito, E. (Hrsg.): GLU: Glossar zu Niklas Luhmanns Theorie sozialer Systeme. 3. Auflage. Frankfurt am Main: Suhrkamp, S. 186 – 189.

Esser, Hartmut (1999): Soziologie. Allgemeine Grundlagen. 3. Auflage. Frankfurt am Main; New York: Campus Verlag.

Exner, Alexander; Königswieser, Roswita; Titscher, Stefan (1987): Unternehmensberatung – systemisch. Theoretische Annahmen und Interventionen im Vergleich zu anderen Ansätzen. In: Die Betriebswirtschaft 1987, S. 265 – 284.

Fatzer, Gerhard (2002): Qualität und Leistung von Beratung. In: Fatzer, G.; Rappe-Giesecke, K.; Loos, W. (Hrsg.): Qualität und Leistung von Beratung, Supervision, Coaching, Organisationsentwicklung. Bergisch Gladbach: EHP.

Flick, Uwe (1995): Qualitative Forschung. Theorien, Methoden, Anwendung in Psychologie und Sozialwissenschaften. Reinbek bei Hamburg: Rowohlt-Taschenbuch-Verlag.

Flick, Uwe; Kardorff, Ernst von; Steinke, Ines (2004): Qualitative Forschung: Ein Handbuch. 3. Auflage. Reinbeck: Rowohlt-Verlag.

Flick, Uwe: Triangulation in der qualitativen Forschung. In: Flick, U.; Kardorff, E. von; Steinke, I. (2004): Qualitative Forschung: Ein Handbuch. – 3. Auflage – Reinbeck: Rowohlt-Verlag, S. 309 – 318.

Foerster, Heinz von (1998): Entdecken oder Erfinden. Wie lässt sich Verstehen verstehen? In: Foerster, H.; et al. (Hrsg.): Einführung in den Konstruktivismus. München: Piper, S. 41 – 88.

Friebertshäuser, Barbara (1997): Interviewtechniken – ein Überblick. In: Friebertshäuser, B.; Prengel, A. (Hrsg.): Handbuch qualitative Forschungsmethoden in der Erziehungswissenschaft. Weinheim, München: Juventa, S. 371 – 395.

Fried, Lilian (2008): Professionalisierung von ErzieherInnen am Beispiel der Sprachförderkompetenz – Forschungsansätze und erste Ergebnisse. In: Balluseck, H. von (Hrsg.): Professionalisierung der Frühpädagogik. Perspektiven, Entwicklungen, Herausforderungen. Opladen; Farmington Hills: Verlag Barbara Budrich, S. 265 – 277.

Froschauer, Ulrike; Lueger, Manfred (2003): Das qualitative Interview. Zur Praxis interpretativer Analyse sozialer Systeme. Wien: WUV-Universitätsverlag.

Fthenakis, W. E. (2002) (Hrsg.): Elementarpädagogik nach PISA. Wie aus Kindergärten Bildungseinrichtungen werden können. Freiburg; Basel; Wien: Herder.

Fuchs, Peter; Mahler, Enrico (2000): Form und Funktion von Beratung. In: Soziale Systeme 6, H. 2. Opladen: Leske + Budrich, S. 349 – 368.

Fuchs, Peter (2000): Zu viel Pickel auf der Stirn? Die Beratung der Gesellschaft – einige Überlegungen zum Phänomen von Rat und Tat. In: Die Tageszeitung (TAZ) am 26.04.2000, S. 13.

Gairing, Fritz (1996): Organisationsentwicklung als Lernprozeß von Menschen und Systemen. Zur Rekonstruktion eines Forschungs- und Beratungsansatzes und seiner metadidaktischen Relevanz. Weinheim: Deutscher Studien Verlag.

Gebert, Diether; Rosenstiel, Lutz von (1996): Organisationspsychologie. Person und Organisation. 4. überarb. u. erw. Auflage. Stuttgart; Berlin; Köln: Verlag W. Kohlhammer.

Geißler, Harald (1995): Grundlagen des Organisationslernens. 2. Aufl. – Weinheim: Deutscher Studienverlag.

Gewerkschaft Erziehung und Wissenschaft (GEW) (2005) (Hrsg.): Erzieherinnenausbildung an die Hochschule. Der Anfang ist gemacht. Abrufbar im Internet: www.gew-offenbach.de/archiv/ErzieherinnenHochschule.pdf. Letzter Aufruf: 03.03.2009.

Gewerkschaft Erziehung und Wissenschaft (GEW) (2007) (Hrsg.): Wie geht's im Job? Ergebnisse der Kita-Studie der GEW. Abrufbar im Internet: http://www.gew.de/GEW-Kita-Studie_Wie_gehts_im_Job.html. Letzter Auf-ruf: 03.03.2009.

Glaser, Barney G.; Strauss, Anselm L. (1967/1998): Grounded Theory. Strategien qualitativer Forschung. Bern; Göttingen; Toronto; Seattle: Huber.

Goethe, Johann Wolfgang von (1893): Goethes Werke. Hrsg. im Auftrag der Grossherzogin Sophie von Sachsen. II. Abteilung: Goethes Naturwissenschaftliche Schriften. Bd. 11: Zur Naturwissenschaft. Teil 1: Allgemeine Naturlehre. Weimar: Boehlau.

Göhlich, Michael (2005): Pädagogische Organisationsforschung. Eine Einführung. In: Göhlich, M.; Hopf, C.; Sausele, I. (Hrsg.): Pädagogische Organisationsforschung. Wiesbaden VS Verlag für Sozialwissenschaften, S. 9 – 24.

Göhlich, Michael (2007): Organisationales Lernen. In: Göhlich, M.; Wulf, C.; Zirfas, J. (Hrsg.): Pädagogische Theorien des Lernens. Weinheim; Basel: Beltz Verlag, S. 222 – 232.

Götz, Klaus (2000) (Hrsg.): Wissensmanagement. Zwischen Wissen und Nichtwissen. 2., verb. Auflage. München; Mering: Rainer Hampp Verlag.

Groth, Torsten (1999): Wie systemtheoretisch ist "Systemische Organisationsberatung"? Neuere Beratungskonzepte für Organisationen im Kontext der Luhmannschen Systemtheorie. 2. überarb. Auflage. Münster: LIT.

Grundmann, Matthias; Beer Raphael (2004) (Hrsg.): Subjekttheorien interdisziplinär. Diskussionsbeiträge aus Sozialwissenschaften, Philosophie und Neurowissenschaften. Münster: Lit Verlag.

Habermas, Jürgen (1971): Theorie der Gesellschaft oder Sozialtechnologie? Eine Auseinandersetzung mit Niklas Luhmann. In: Habermas, J.; Luhmann, N.: Theorie der Gesellschaft oder Sozialtechnologie – Was leistet die Systemforschung? Frankfurt am Main: Suhrkamp, S. 142 – 290.

Hartz, Stefanie; Meisel, Klaus (2004): Qualitätsmanagement. Studientexte für Erwachsenenbildung. Bielefeld: W. Bertelsmann Verlag.

Heiner, Maja (1988) (Hrsg.): Praxisforschung in der sozialen Arbeit. Freiburg i. Br.: Lambertus.

Hermanns, Harry (2004): Interviewen als Tätigkeit. In: Flick, U.; Kardorff, E. von; Steinke, I.: Qualitative Forschung: Ein Handbuch. 3. Auflage. Reinbeck: Rowohlt-Verlag.

Holzkamp, Klaus (1980): Individuum und Organisation. In: Forum Kritische Psychologie 7: Probleme kritisch-psychologisch fundierter therapeutischer Arbeit, Argument Sonderband 59. Hamburg: Argument-Verlag, S. 208 – 225.

Holzkamp, Klaus (1985): Grundlegung der Psychologie. Frankfurt a. M.; New York: Campus.

Holzkamp, Klaus (1990): Über den Widerspruch zwischen Förderung individueller Subjektivität als Forschungsziel und Fremdkontrolle als Forschungsparadigma. In: Holzkamp, K. (Hrsg.): Forum Kritische Psychologie 26. Berlin: Argument, S. 6 – 12.

Holzkamp, Klaus (1995): Lernen – Subjektwissenschaftliche Grundlegung. Frankfurt a. M.; New York: Campus.

Holzkamp, Klaus (1996): Wider den Lehr-Lern-Kurzschluß. Interview zum Thema „Lernen". In: Arnold, R. (Hrsg.): Lebendiges Lernen. Hohengehren: Schneider-Verlag, S. 21 – 30.

Honig, Michael-Sebastian; Joos, Magdalena; Schreiber, Norbert (2004): Was ist ein guter Kindergarten? Theoretische und empirische Analysen zum Qualitätsbegriff in der Pädagogik. Weinheim, München: Juventa Verlag.

Jäger, Wieland; Schimank, Uwe (2005): Organisationsgesellschaft. Facetten und Perspektiven. Wiesbaden: VS Verlag.

Kade, Jochen (1997): Vermittelbar/nicht-vermittelbar: Vermitteln: Aneignen. Im Prozeß der Systembildung des Pädagogischen. In: Lenzen, D.; Luhmann, N. (Hrsg.): Bildung und Weiterbildung im Erziehungssystem: Lebenslauf und Humanontogenese als Medium und Form. Frankfurt am Main: Suhrkamp, S. 30 – 70.

Kant, Immanuel (1998): Kritik der reinen Vernunft. Nach der 1. und 2. Orig.-Ausg. herausgegeben von Jens Timmermann. Hamburg: Meiner.

Kasüschke, Dagmar; Fröhlich-Gildhoff, Klaus (2008): Evaluation und Qualitätssicherung. In: Dies. (Hrsg.): Frühpädagogik heute. Herausforderung an Disziplin und Profession. Köln; Kronach: Carl Link Verlag, S. 126 – 145.

Kelle, Udo (1997): Empirisch begründete Theoriebildung. Zur Logik und Methodologie interpretativer Sozialforschung. 2. Auflage. Weinheim: Deutscher Studien Verlag.

Kelle, Udo; Kluge, Susann (1999): Vom Einzelfall zum Typus: Fallvergleich und Fallkontrastierung in der qualitativen Sozialforschung. Opladen: Leske + Budrich.

Kieselhorst, Markus (2002): Macht als Element in organisierter Kommunikation. Unveröffentlichte Magisterarbeit, Universität Hannover.

Kieser, Alfred (1998): Barrieren des organisatorischen Wandels. In: Kieser, A.; Hegele, C.; Klimmer, M. (Hrsg.): Kommunikation im organisatorischen Wandel. Stuttgart: Schäffer-Poeschel, S. 120 – 135.

Kieser, Alfred (2002): Wissenschaft und Beratung. Schriften der Philosophisch-historischen Klasse der Heidelberger Akademie der Wissenschaften, Band 27. Heidelberg: Universitätsverlag C. Winter.

Kieser, Alfred; Walgenbach, Peter (2003): Organisation. 4., überarb. und erw. Auflage. Stuttgart: Schäffer-Poeschel Verlag.

Kieser, Alfred; Ebers, Mark (2006): Organisationstheorien. 6. Auflage. Stuttgart: Kohlhammer.

Klatetzki, Thomas (2005): Professionelle Arbeit und kollegiale Organisation. Eine symbolisch interpretative Perspektive. In: Klatetzki, T.; Tacke, V. (Hrsg.): Organisation und Profession. Wiesbaden: VS Verlag für Sozialwissenschaften, S. 253 – 283.

Klimecki, Rüdiger; Probst, Gilbert J. B.; Eberl, Peter (1994): Entwicklungsorientiertes Management. Stuttgart: Schäffer-Poeschel Verlag.

Kneer, Georg; Nassehi, Armin (1993): Niklas Luhmanns Theorie sozialer Systeme. Eine Einführung. München: Fink.

Königswieser, Roswita; Exner, Alexander; Pelikan, Jürgen (1995): Systemische Intervention in der Beratung. In: Zeitschrift für Organisationsentwicklung, 14. Jahrgang. München: Fachverlag der Verlagsgruppe Handelsblatt, S. 52 – 65.

Königswieser, Roswita; Exner, Alexander (2001): Systemische Intervention. 6. Auflage. Stuttgart: Klett-Cotta.

Königswieser, Roswita; Hillebrand, Martin (2004): Einführung in die systemische Organisationsberatung. Heidelberg: Carl-Auer-Systeme Verlag.

Kösel, Edmund (1993): Die Modellierung von Lernwelten. Ein Handbuch zur subjektiven Didaktik. Elztal-Dallau: Verlag Laub.

Kommunalverband für Jugend und Soziales Baden-Württemberg (2007) (Hrsg.): Arbeitshilfe für Bildung und Erziehung in Kindertageseinrichtungen. Die Handreichung zum infans-Konzept der Frühpädagogik von Beate Andres und Hans-Joachim Laewen. 3. unveränd. Auflage. Stuttgart.

Krassnitzer, Verena (2008): Der Entwicklungsraum als Ort professioneller Gestaltung im Coaching – Stabilisierung und Destabilisierung als Elemente eines nachhaltigen Veränderungsprozesses. In: Gruppendynamik und Organisationsberatung. Wiesbaden: VS Verlag für Sozialwissenschaften, S. 292 – 299.

Krohn, Wolfgang; Küppers, Günter (1989): Die Selbstorganisation der Wissenschaft. Frankfurt am Main: Suhrkamp.

Kuckartz, Udo (1997): Qualitative Daten computergestützt auswerten: Methoden, Techniken, Software. In: Friebertshäuser, B.; Prengel, A. (Hrsg.): Handbuch qualitative Forschungsmethoden in der Erziehungswissenschaft. Weinheim; München: Juventa, S. 584 – 495.

Kuckartz, Udo (1999): Computergestütze Analyse qualitativer Daten. Eine praktische Einführung in Methoden und Arbeitstechniken. Opladen: Westdeutscher Verlag.

Kühl, Stefan (1996): Wenn die Affen den Zoo regieren: die Tücken der flachen Hierarchie. 4. Auflage. Frankfurt am Main; New York: Campus Verlag.

Laewen, Hans-Joachim; Andres, Beate (Hrsg.) (2002): Bildung und Erziehung in der frühen Kindheit. Bausteine zum Bildungsauftrag von Kindertagesstätten. Weinheim; Berlin; Basel: Beltz.

Laewen, Hans-Joachim (2004): Bildung in Kindertageseinrichtungen – Der schwierige Weg in die Praxis. In: Wehrmann, I. (Hrsg.): Kindergärten und ihre Zukunft. Weinheim; Basel; Berlin: Beltz, S. 149 – 166.

Lamnek, Siegfried (1995): Qualitative Sozialforschung. Band 1: Methodologie. München: Verlags-Union.

Lang, Rainhart (2007): Individuum und Organisation – Revisited: Neue Konturen eines organisationswissenschaftlichen Forschungsfeldes? In: Lang, R.; Schmidt, A. (Hrsg.): Individuum und Organisation: neue Trends eines Forschungsgebiets. Wiesbaden: Deutscher Universitäts-Verlag, S. 10 – 23.

Lehner, Franz (2000): Organisational Memory. Konzepte und Systeme für das organisatorische Lernen und das Wissensmanagement. München; Wien: Carl Hanser Verlag.

Leu, Hans Rudolf; et al. (2007): Bildungs- und Lerngeschichten. Bildungsprozesse in früher Kindheit beobachten, dokumentieren und unterstützen. 2. Auflage. Weimar; Berlin: verlag das netz.

Lewin, Kurt (1952). Field theory in social science: Selected theoretical papers by Kurt Lewin. London: Tavistock.

Lewin, Kurt; Weiss-Lewin, Gertrud; Frenzel, Herbert Alfred (1953): Die Lösung sozialer Konflikte. Bad-Neuheim: Christian-Verlag.

Looss, Wolfgang (2006): Unter vier Augen: Coaching für Manager. Bergisch Gladbach: EHP.

Luhmann, Niklas (1975): Macht. 2., durchges. Auflage. 1988. Stuttgart: Enke.

Luhmann, Niklas; Schorr, Karl Eberhard (1982): Das Technologiedefizit der Erziehung und die Pädagogik. In: Dies. (Hrsg.): Zwischen Technologie und Selbstreferenz: Fragen an die Pädagogik. Frankfurt am Main: Suhrkamp, S. 11 – 40.

Luhmann, Niklas (1984): Soziale Systeme. Grundriß einer allgemeinen Theorie. 7. Auflage. Frankfurt am Main: Suhrkamp.

Luhmann, Niklas; Fuchs, Peter (1989): Kommunikationssperren in der Unternehmensberatung. In: Dies. (Hrsg.): Reden und Schweigen. Frankfurt am Main: Suhrkamp, S. 209 – 227.

Luhmann, Niklas (1991): Wie lassen sich latente Strukturen beobachten? In: Krieg, P.; Watzlawick, P. (Hrsg.): Das Auge des Betrachters. Beiträge zum Konstruktivismus. München: Piper.

Luhmann, Niklas (1995 a): Die Form „Person". In: Ders.: Soziologische Aufklärung 6. Die Soziologie und der Mensch. 3. Auflage. Wiesbaden: VS Verlag für Sozialwissenschaften, S. 137 – 148.

Luhmann, Niklas (1995 b): Wie ist Bewußtsein an Kommunikation beteiligt? In: Ders.: Soziologische Aufklärung 6. Die Soziologie und der Mensch. 3. Auflage. Wiesbaden: VS Verlag für Sozialwissenschaften, S. 38 – 54.

Luhmann, Niklas (1997): Die Gesellschaft der Gesellschaft. 2 Bände. Frankfurt am Main: Suhrkamp.

Luhmann, Niklas (1998): Die Wissenschaft der Gesellschaft. 3. Auflage. Frankfurt am Main: Suhrkamp.

Luhmann, Niklas (2000): Organisation und Entscheidung. Opladen; Wiesbaden: Westdeutscher Verlag.

Luhmann, Niklas (2002): Einführung in die Systemtheorie. Heidelberg: Carl-Auer-Systeme Verlag.

Luhmann, Niklas (2002b): Das Erziehungssystem der Gesellschaft. Herausgegeben von Dieter Lenzen. Frankfurt am Main: Suhrkamp.

March, James G.; Olsen, Johan P. (1976): Ambiguity and Choice in Organizations. Bergen; Oslo; Tromso: Universitetsforlaget.

March, James G.; Simon, Herbert A. (1976): Organisation und Individuum. Menschliches Verhalten in Organisationen. Wiesbaden: Dr. Th. Gabler-Verlag.

March, James G.; Simon, Herbert A. (1993): Organizations. New York: Wiley.

March, James G. (2001): Wenn Organisationen wirklich intelligent werden wollen, müssen sie lernen, sich Torheiten zu leisten! In: Bardmann, T. M.; Groth, T. (Hrsg.): Zirkuläre Positionen III. Organisation, Management und Beratung. Wiesbaden: Westdeutscher Verlag, S. 21 – 33.

Marotzki, Winfried (1990): Entwurf einer strukturalen Bildungstheorie. Biographietheoretische Auslegung von Bildungsprozessen in hochkomplexen Gesellschaften. Weinheim: Deutscher Studien Verlag.

Maturana, Humberto R.; Varela, Francisco J. (1987): Der Baum der Erkenntnis. Die biologischen Wurzeln menschlichen Erkennens. 11. Auflage. München: Goldmann-Verlag.

Maykus, Stephan (2009): Praxisforschung in der Kinder- und Jugendhilfe: Theorie, Beispiele und Entwicklungsoptionen eines Forschungsfeldes. Wiesbaden: VS Verlag für Sozialwissenschaft.

Mayring, Philipp (2002): Einführung in die qualitative Sozialforschung. Eine Anleitung zu qualitativem Denken. 5. Auflage. Weinheim: Beltz, Psychologie Verlags Union.

Merton, Robert King (1989): Auf den Schultern von Riesen. Ein Leitfaden durch das Labyrinth der Gelehrsamkeit. Bodenheim: Athenaeum.

Meuser, Michael; Nagel, Ulrike (1997): Das Experteninterview – Wissenssoziologische Voraussetzungen und methodische Durchführung. In: Friebertshäuser, B.; Prengel, A. (Hrsg.): Handbuch Qualitative Forschungsmethoden in den Erziehungswissenschaften. Weinheim; München: Juventa, S. 481 – 491.

Miebach, Bernhard (2007): Organisationstheorie: Problemstellung – Modelle – Entwicklung. Wiesbaden: VS Verlag für Sozialwissenschaften.

Montessori, Maria (1909): Il metodo della pedagogia scientifica; dt.: Selbsttätige Erziehung im frühen Kindesalter; hrsg. auch unter dem Titel: La scoperta del bambino (1950); dt.: Die Entdeckung des Kindes. Freiburg i. Br.: Herder 1969.

Moser, Heinz (1995): Grundlagen der Praxisforschung. Freiburg i. Br.: Lambertus.

Moser; Heinz (2003): Instrumentenkoffer für die Praxisforschung. Freiburg i. Br.: Lambertus.

Müller, Burkhard K. (2003): Die Kindertagesstätte als lernende Organisation. In: Olk, T.; Otto, H.-U. (Hrsg.): Soziale Arbeit als Dienstleistung. Grundlegungen, Entwürfe und Modelle. Neuwied: Luchterhand Verlag, S. 302 – 320.

Nentwig-Gesemann, Iris (2008): Rekonstruktive Forschung in der Frühpädagogik. In: Balluseck, H. von (Hrsg.): Professionalisierung der Frühpädagogik. Perspektiven, Entwicklungen, Herausforderungen. Opladen; Farmington Hills: Verlag Barbara Budrich, S. 251 – 263.

Neuberger, Oswald (2000): Individualisierung und Organisierung. Die wechselseitige Erzeugung von Individuum und Organisation durch Verfahren. In: Ortmann, G.; Sydow, J.; Türk, K. (Hrsg.): Theorien der Organisation. Die Rückkehr der Gesellschaft. 2. durchgesehene Auflage – Wiesbaden: Westdeutscher Verlag, S. 487 – 522.

Neuberger, Oswald (2005): Mikropolitik. Stand der Forschung und Reflexion. Vortrag auf dem 4. Kongress der Fachgruppe Arbeit und Organisationspsychologie in der BGfPf, Bonn (19.09.2005).

Neuß, Norbert (2007) (Hrsg.): Bildung und Lerngeschichten im Kindergarten. Konzepte – Methoden – Beispiele. Berlin: Cornelsen-Scriptor; Beltz-Verlag.

Nicolai, Katharina; Schwarz, Stefanie (2008): Zwischen allen Stühlen – Frühpädagoginnen in der Praxis. In: Balluseck, H. von (Hrsg.): Professionalisierung der Frühpädagogik. Perspektiven, Entwicklungen, Herausforderungen. Opladen; Farmington Hills: Verlag Barbara Budrich, S. 225 – 233.

Niedersächsisches Kultusministerium (Hrsg.) (2005): Orientierungsplan für Bildung und Erziehung im Elementarbereich niedersächsischer Tageseinrichtungen für Kinder. Hannover: Niedersächsisches Kultusministerium.

Niermann, Peter (2007): Die Rückkehr des Subjekts. Oder: Systemische Beratung zwischen Anspruch und beobachteter Wirklichkeit. In: Tomaschek, N. (Hrsg.): Perspektiven systemischer Entwicklung und Beratung von Organisationen. Heidelberg: Carl-Auer-Systeme Verlag, S. 107 – 124.

Oevermann, Ulrich (2001): Zur Analyse der Struktur von sozialen Deutungsmustern. In: sozialersinn, 1/2001, S. 3 – 33.

Oevermann, Ulrich (2008): Profession contra Organisation? Strukturtheoretische Perspektiven zum Verhältnis von Organisation und Profession in der Schule. In: Helsper, W.; et al. (Hrsg.): Pädagogische Professionalität in Organisationen. Neue Verhältnisbestimmungen am Beispiel der Schule. Wiesbaden: VS Verlag für Sozialwissenschaften, S. 55 – 77.

Orthey, Frank Michael (2003): „Drop your tools!" Zwischenrufe zu Widerständen beim Lernen und Ver-Lernen. In: Gruppendynamik und Organisationsberatung, 34. Jahrg., Heft 2, S. 167 – 175.

Patak, Michael; Simsa, Ruth (2004): Flops oder Mißerfolge in der systemischen Beratung. In: Boos, F.; Heitger, B. (Hrsg.): Veränderung – Systemisch. Management des Wandels. Praxis, Konzepte und Zukunft. Stuttgart: Klett-Cotta, S. 114 – 126.

Patton, Michael Quinn (1990): Qualitative Evaluation and Research Methods. Newbury Park: Sage Publications.

Pfeffer, Thomas (2004): Die (Re-)Konstruktion sozialer Phänomene durch „zirkuläres Fragen". In: Moser, S. (Hrsg.): Konstruktivistisch Forschen. Methodologie, Methoden, Beispiele. Wiesbaden: Verlag für Sozialwissenschaften, S. 67 – 92.

Pieper, Richard (1972): Aktionsforschung und Systemwissenschaften. In: Haag, F. (Hrsg.): Aktionsforschung. München: Juventa, S.100 – 116.

Pieper, Rüdiger (1988): Diskursive Organisationsentwicklung. Ansätze einer sozialen Kontrolle von Wandel. Berlin; New York: Walter de Gruyter.

Presthus, Robert (1962): Individuum und Organisation. Typologie der Anpassung. Frankfurt am Main: S. Fischer Verlag.

Rabe-Kleberg, Ursula (2008): Zum Verhältnis von Wissenschaft und Profession in der Frühpädagogik. In: Balluseck, H. von (Hrsg.): Professionalisierung der Frühpädagogik. Perspektiven, Entwicklungen, Herausforderungen. Opladen; Farmington Hills: Verlag Barbara Budrich, S. 237 – 249.

Rapoport, Robert N. (1972): Drei Probleme der Aktionsforschung. Unter besonderer Berücksichtigung der Erfahrungen am Tavistock-Institut. In: Gruppendynamik. Forschung und Praxis. Heft 1, 3. Jahrgang März 1972. Stuttgart: Ernst Klett Verlag, S. 44 – 61.

Reckwitz, Andreas (2004): Die Kontingenzperspektive in der „Kultur". Kulturbegriffe, Kulturtheorien und das kulturwissenschaftliche Forschungsprogramm. In: Jaeger, F.; Rüsen, J. (Hrsg.): Handbuch der Kulturwissenschaften. Band 3: Themen und Tendenzen. Stuttgart; Weimar: Verlag J. B. Metzler, S. 1 – 20.

Reichertz, Jo (2004): Abduktion, Deduktion und Induktion in der qualitativen Forschung. In: Flick, U.; Kardorff, E. v.; Steinke, I. (Hrsg.): Qualitative Sozialforschung. Ein Handbuch. 5. Auflage. Reinbek bei Hamburg: Rowohlt, S. 276 – 286.

Reinders, Heinz (2005): Qualitative Interviews mit Jugendlichen führen. Ein Leitfaden. München; Wien: Oldenbourg.

Robert Bosch Stiftung (2008) (Hrsg.): Frühpädagogik studieren – ein Orientierungsrahmen für Hochschulen. Stuttgart: Robert Bosch Stiftung GmbH.

Sächsisches Staatsministerium für Soziales (Hrsg.) (2006): Der Sächsische Bildungsplan – ein Leitfaden für pädagogische Fachkräfte in Kinderkrippen und Kindergärten. Weimar; Berlin: verlag das netz.

Schäfer, Gerd E. (1995): Bildungsprozesse im Kindesalter. Selbstbildung, Erfahrung und Lernen in der frühen Kindheit. Weinheim; München: Juventa.

Schäfer, Gerd E. (2004): Beobachten und Dokumentieren. Professionelle Instrumente, um Lern- und Forschungsprozesse des Kindes herauszufordern und mitzugestalten. In: Seehausen, H. (Hrsg.): KiTa aktuell NW – Fachzeitschrift für die Leitung von Kindertageseinrichtungen, Heft 7/8,. Köln: Wolters Kluwer, S. 148 – 152.

Schäfer, Gerd E. (2006): Überlegungen zur Professionalisierung von Erzieherinnen. Robert Bosch Stiftung: Pik – Profis in Kitas. Abrufbar im Internet: www.profis-in-kitas.de/downloads/expertenrunden-rahmencurriculum/beitrag_schaefer.pdf. Letzter Aufruf: 12.02.2009.

Schäffter, Ortfried (2001): Weiterbildung in der Transformationsgesellschaft. Zur Grundlegung einer Theorie der Institutionalisierung. Baltmannsweiler: Schneider Verlag Hohengehren.

Schäffter, Ortfried (2007): Erwachsenenpädagogische Institutionsanalyse. Begründungen für eine lernförderliche Forschungspraxis. In: Heuer, U.; Siebers, R. (Hrsg.): Weiterbildung am Beginn des 21. Jahrhunderts. Festschrift für Wiltrud Gieseke. Münster; New York; München; Berlin: Waxmann Verlag.

Schlippe, Arist von; Schweitzer, Jochen (2002): Lehrbuch der systemischen Therapie und Beratung. 8. Auflage. Göttingen: Vandenhoeck & Ruprecht.

Scholl, Armin (2003): Die Befragung. Stuttgart: Uni-Taschenbücher GmbH.

Schreyögg, Georg; Eberl; Peter (1998): Organisationales Lernen: Viele Fragen, noch zu wenig neue Antworten. In: Die Betriebswirtschaft. 58. Jg., Stuttgart: Schäffer-Poeschel, S. 516 – 536.

Schüerhoff, Vera (2006): Vom individuellen zum organisationalen Lernen: Eine konstruktivistische Analyse. Wiesbaden: Deutscher Universitäts-Verlag.

Schülein, Johann A. (2000): Subjekt(ivität). In: Reinhold, G. (2000) (Hrsg.): Soziologie-Lexikon. 4. Auflage. München; Wien: Oldenbourg, S. 657 – 661.

Selvini Palazolli, Mara; et al. (1981): Hypothetisieren – Zirkularität – Neutralität: Drei Richtlinien für den Leiter einer Sitzung. In: Familiendynamik 6, H. 2, S. 123 – 139.

Senge, Peter (1993): Die fünfte Disziplin – die lernfähige Organisation. In: Fatzer, G. (Hrsg.): Organisationsentwicklung für die Zukunft. Ein Handbuch. Köln: EHP, S. 145 – 178.

Senge, Peter (2001): Die fünfte Disziplin. Kunst und Praxis der lernenden Organisation. Stuttgart: Klett-Cotta.

Sievers, Burkhard (1977): Organisationsentwicklung als Problem. Stuttgart: Klett-Cotta.

Simon, Fritz B. (1993): Unterschiede, die Unterschiede machen: Klinische Epistemologie: Grundlage einer systemischen Psychiatrie und Psychosomatik. Frankfurt am Main: Suhrkamp.

Simon, Fritz B. (1999): Die Kunst, nicht zu lernen und andere Paradoxien in Psychotherapie, Management, Politik … . 2. Auflage. Heidelberg: Carl-Auer-Systeme Verlag.

Simon, Fritz B. (2006): Von der deterministischen Veränderung zum evolutionären Wandel. In: Ders.: Einführung in Systemtheorie und Konstruktivismus. Heidelberg: Carl-Auer-Systeme Verlag, S. 78 – 84.

Simon, Walter (2002): Moderne Managementkonzepte von A-Z. Strategiemodelle, Führungsinstrumente, Managementtools. Offenbach: GABAL Verlag.

Soeffner, Hans-Georg (1985): Anmerkungen zu gemeinsamen Standards standardisierter und nicht-standardisierter Verfahren in der Sozialforschung. In: Kaase, M.; Küchler, M. (Hrsg.): Herausforderungen der empirischen Sozialforschung. Beiträge aus Anlaß des zehnjährigen Bestehens des Zentrums für Umfragen, Methoden und Analysen. Mannheim: ZUMA, S. 109 – 126.

Spencer Brown, George (1979): Laws of Form. Neudruck, New York: E. P. Dutton.

Steinke, Ines (2004): Gütekriterien qualitativer Forschung. In: Flick, U; Kardorff, E. von; Steinke, I. (Hrsg.): Qualitative Forschung: Ein Handbuch. 3. Auflage. Reinbeck: Rowohlt-Verlag.

Strätz, Rainer; et al. (2003): Qualität für Schulkinder in Kindertageseinrichtungen (QUAST). Ein nationaler Kriterienkatalog. Weinheim, Basel, Berlin: Beltz.

Strauss, Anselm (1991): Grundlagen qualitativer Sozialforschung. Datenanalyse und Theoriebildung in der empirischen soziologischen Forschung. München: Fink.

Strauss, Anselm; Corbin, Juliet (1996): Grounded Theory: Grundlagen qualitativer Sozialforschung. Weinheim: Beltz.

Strauss, Anselm (2007): Anselm Strauss im Interview mit H. Legewie u. B. Schervier-Legewie. In: Günter Mey & Katja Mruck (Eds.): Grounded Theory Reader. Beiheft Nr. 19. Köln: Zentrum für Historische Sozialforschung, 2007, S. 64 – 75.

Strübing, Jörg (2004): Grounded Theory. Wiesbaden: VS Verlag.

Tacke, Veronika (2004): Organisation im Kontext der Erziehung. In: Böttcher, W.; Terhart, E. (Hrsg.): Organisationstheorie in pädagogischen Feldern. Wiesbaden: VS Verlag für Sozialwissenschaften, S. 19 – 42.

Thomae, Markus (1999): Die Managementforschung auf dem Irrweg der Aktionsforschung. Ein wissenschaftstheoretischer Zwischenruf. In: Klimecki, R. G. (Hrsg.): Schriftenreihe: Management Forschung und Praxis (Research Paper), Nr. 29. Bibliothek der Universität Konstanz. Abrufbar im Internet: http://kops.ub.uni-konstanz.de/volltexte/1999/356/. Letzter Aufruf: 03.03.2009.

Thüringer Kultusministerium (Hrsg.) (2008): Thüringer Bildungsplan für Kinder bis 10 Jahre. Weimar; Berlin: verlag das netz.

Tietze, Wolfgang, Viernickel, Susanne (Hrsg.) (2003): Pädagogische Qualität in Tageseinrichtungen für Kinder. Ein nationaler Kriterienkatalog. 2., unveränd. Auflage. Weinheim; Basel; Berlin: Beltz.

Trebesch, Karsten: 50 Definitionen der Organisationsentwicklung – und kein Ende. Oder: Würde Einigkeit stark machen? In: Organisationsentwicklung 1982, Heft 2, S. 37 – 62.

Urban, Mathias (2005): Professionalisierung und Qualitätsentwicklung im System. Orientierungen für ein Rahmencurriculum „Frühkindliche Betreuung, Bildung und Erziehung" aus deutscher und internationaler Perspektive. Robert Bosch Stiftung: Pik – Profis in Kitas. Aufrufbar im Internet: www.profis-in-kitas.de/downloads/expertenrunden-rahmencurriculum/beitrag_urban.pdf. Letzter Aufruf: 12.02.2009.

Viernickel, Susanne; Völkel, Petra (2005): Beobachten und dokumentieren im pädagogischen Alltag. 4. Auflage, Freiburg im Breisgau: Verlag Herder.

Vogd, Werner (2005): Systemtheorie und rekonstruktive Sozialforschung. Eine empirische Versöhnung unterschiedlicher theoretischer Perspektiven. Opladen: Verlag Barbara Budrich.

Watzlawick, Paul (2007): Wenn die Lösung das Problem ist. Die Welt, das bin ich – ein Essay von Paul Watzlawick. In: changeX 18.04.2007. Entnommen aus: Felixberger, Peter (1994) (Hrsg.): Aufbruch in neue Lernwelten. Wien: Passagen Verlag.

Weber, Max (2005): Wirtschaft und Gesellschaft. Grundriss der verstehenden Soziologie. Frankfurt am Main: Zweitausendeins.

Weick, Karl E. (1985): Der Prozeß des Organisierens. Frankfurt am Main: Suhrkamp.

Weick, Karl E. (1995): Sensemaking in organizations. Thousand Oaks: Sage Publications.

Welge, Martin K.; Holtbrügge, Dirk (1997): Individualisierung der Organisation. In: Scholz, C. (Hrsg.): Individualisierung als Paradigma. Festschrift für Hans Jürgen Drumm. Stuttgart; Berlin; Köln: Kohlhammer, S. 161 – 178.

Wiesenthal, Helmut (1995): Konventionelles und unkonventionelles Organisationslernen. In: Zeitschrift für Soziologie, Jg. 24, H4. Stuttgart: Lucius & Lucius, S. 137 – 155.

Willke, Helmut (1996): Systemtheorie II: Interventionstheorie. Grundzüge einer Theorie der Intervention in komplexe Systeme. Stuttgart: Lucius & Lucius.

Willke, Helmut (1998): Systemtheorie III: Steuerungstheorie. Grundzüge einer Theorie der Steuerung komplexer Sozialsysteme. 2.Auflage. Stuttgart: Lucius & Lucius.

Willke, Helmut (2000): Nagelprobe des Wissensmanagements: Zum Zusammenspiel von personalem und organisationalem Wissen. In: Götz, K. (Hrsg.): Wissensmanagement. Zwischen Wissen und Nichtwissen. 2., verb. Auflage. München; Mering: Rainer Hampp Verlag, S. 15 – 30.

Wimmer, Rudolf (2000): Wie lernfähig sind Organisationen? Zur Problematik einer vorausschauenden Selbsterneuerung sozialer Systeme. In: Stahl, K. K.; Heijl, P. M. (Hrsg.): Management und Wirklichkeit. Das Konstruieren von Unternehmen, Märkten und Zukünften. Heidelberg: Carl-Auer-Systeme Verlag, S. 265 – 293.

Wimmer, Rudolf (1999): Wider den Veränderungsoptimismus. Zu den Möglichkeiten und Grenzen einer radikalen Transformation von Organisationen. In: Soziale Systeme 5, H1, S. 159 – 180.

Winnicott, D. W. (1974): Vom Spiel zur Kreativität. Stuttgart: Klett-Cotta.

Zech, Rainer (2004): Lernerorientierte Qualitätstestierung für Kindertagesstätten. LQK – das Handbuch. Hannover: ArtSet GmbH.

GPSR Compliance

The European Union's (EU) General Product Safety Regulation (GPSR) is a set of rules that requires consumer products to be safe and our obligations to ensure this.

If you have any concerns about our products, you can contact us on ProductSafety@springernature.com

In case Publisher is established outside the EU, the EU authorized representative is:

Springer Nature Customer Service Center GmbH
Europaplatz 3
69115 Heidelberg, Germany

The manufacturer's authorised representative in the EU is Springer
Nature Customer Service Centre GmbH, Europaplatz 3, 69115 Heidelberg,
Germany. If you have any concerns regarding our products, please
contact ProductSafety@springernature.com

Printed and bound by CPI Group (UK) Ltd, Croydon, CR0 4YY
26/04/2026
02097267-0001